普通高等教育“十四五”经济与管理类专业核心课程系列教材

社会保障学概论

主编 张 蕊

西安交通大学出版社
XI'AN JIAOTONG UNIVERSITY PRESS
国 家 一 级 出 版 社
全国百佳图书出版单位

图书在版编目(CIP)数据

社会保障学概论 / 张蕊主编. — 西安 ：西安交通大学出版社，2021.9

ISBN 978-7-5605-9554-2

Ⅰ. ①社… Ⅱ. ①张… Ⅲ. ①社会保障-概论 Ⅳ. ①C913.7

中国版本图书馆 CIP 数据核字(2020)第 203110 号

书　　名　社会保障学概论
SHEHUI BAOZHANGXUE GAILUN
著　　者　张　蕊
责任编辑　李逢国
责任校对　柳　晨
封面设计　任加盟

出版发行　西安交通大学出版社
(西安市兴庆南路 1 号　邮政编码 710048)
网　　址　http://www.xjtupress.com
电　　话　(029)82668357　82667874(营销中心)
(029)82668315(总编办)
传　　真　(029)82668280
印　　刷　西安日报社印务中心

开　　本　787mm×1092mm　1/16　**印张**　13　**字数**　328 千字
版次印次　2021 年 9 月第 1 版　2021 年 9 月第 1 次印刷
书　　号　ISBN 978-7-5605-9554-2
定　　价　39.80 元

如有印装质量问题，请与本社营销中心联系、调换。
订购热线：(029)82665248　(029)82665249
投稿热线：(029)82664840
读者信箱：xj_rwjg@126.com

前言
Foreword

社会保障是人类发展共同的事业。我们已然处于一个风险社会，各类风险无处、无时不在，个人抵御风险的能力总是有限的。特别是在社会阶层分化愈加明显的今天，弱势群体亟须来自国家和社会的各类保障，以帮助其抵御风险、维持生活的稳定与和谐。而随着经济、社会的不断发展进步，全体国民对社会福利的要求也越来越高，因此，除了对弱势群体的狭义的社会保障，增强全体国民福利的普惠性社会保障的需求也愈加强烈。对困难群体构建"针对性"的保障项目，为全体成员实施"普惠性"的保障制度，是社会保障事业发展的任务与目标，也是全面实现小康社会的现实诉求。

作为一种社会经济制度，社会保障制度是政府调节、管理社会经济生活与保障民生、发展全面小康社会的一项重要手段。社会保障学是研究社会保障制度的发展规律以及新形势下如何促进其更加趋于完善的重要科学，因此，社会保障学既讨论社会保障理论又注重社会保障实践。基于此，本书整体上将讨论的内容分为基本理论和社会保障制度实践两个部分。

第 1 章到第 5 章是社会保障的基本理论部分。开篇主要介绍社会保障基本概念、制度体系、原则、功能及社会保障模式等，帮助读者整体上把握社会保障的全貌，认识到其帮助社会成员抵御各类风险、维护社会稳定、促进社会进步的重要意义。

第 2 章是社会保障制度的理论基础。社会保障制度是一项庞大的公益事业，更是一项极其重要的"社会安全工程"，它的产生与发展和经济学、社会学、政治学都有密切的联系。社会保障在一定程度上是将国民收入进行再分配的过程，且社会保障所提供的物品与服务从属于经济学中的公共物品。因此，社会保障必然受到各种经济关系和经济活动规律的制约，这种内在的关联决定了经济学对社会保障具有特别重要的影响。社会保障的任务是解决各种特定的社会问题，又与社会学理论密不可分，尤其是风险社会理论、社会支持理论、需求层次理论等为社会保障制度的目标和发展理念提供了直接的理论基础。此外，社会保障事实上体现出了一种政治立场和制度设计，究竟是为了维护统治秩序还是促进全民发展与实现社会正义，社会保障的价值内涵决定了其生存和发展的形式。

第 3 章是社会保障制度的发展历程。要了解社会保障制度的规律必定要清楚其发展历程，国际社会保障制度经历了早期慈善事业时代、济贫制度时代、现代社会保障制度的建立与发展繁荣、国际社会保障制度的改革等过程，体现了国际社会保障制度的理念、保障范围、方式等的不断发展变化。而中国则在春秋战国时期就有了社会保障思想的萌芽，仓储后备论、社会互助论等保障理念及多样的官方与民间保障形式虽然并未形成严格的保障体系，却为之后社会保障活动的发展奠定了重要基础。计划经济时期形成了与当时的经济制度密切关联的社会保障制度,“文革”期间遭到破坏,影响了社会保障事业的进一步发展。1978 年,党的十一届三中全会召开,揭开了中国由计划经济向社会主义市场经济转变的历史帷幕。与此相适应,中国的城镇社会保障制度率先得到建立和发展,而农村居民的社会保障权益被忽视,形成了城乡二元保障结构。2014 年、2016 年,统一的城乡居民基本养老保险制度和统一的城乡居民基本医疗保险制度的确立,以及农民工社会保险问题的应对策略为打破城乡二元结构、实现全民保险打下了重要基础。但不可否认的是,中国的社会保障制度仍然在进一步发展、完善之中。

第 4 章是社会保障基金。社会保障制度的运转与落实必须要有充足的社会保障基金做支撑,且社会保障基金是该制度最终得以落实的物质保障。因此,社会保障基金的构成、筹集、给付及其投资等微观层面是把握社会保障制度体系运行的重要基础。

第 5 章是社会保障管理体制。社会保障是一项复杂的制度设计,需要有效的社会保障管理体制,才能确保其高效、有序运行。社会保障管理体制一般与一国的社会保障制度相适应,主要分为集中管理式、分散管理式和集散结合式三种模式。

第 6 章到第 12 章是社会保障实践部分,主要阐述具体的社会保障项目。每一项社会保障项目的产生与实施都有自己的理论基础,因此在实践部分一般也遵循首先整体介绍与社会保障项目相关的基本理论,再具体阐述中国的社会保障项目发展情况的逻辑。

第 6 章是社会养老保险。社会养老保险是现代社会保障制度的根基,消费与生命周期假说、代际交叠模型等理论为其具体运行机制提供了理论支持。不同的国家体制与国情又孕育了不同的养老保险模式。中国的社会基本养老保险在账户运营模式上经历了社会统筹、统账结合、分账管理三个阶段;在内容上历经了城镇企业职工养老保险和机关事业单位养老保险、城镇居民和农村居民基本养老保险的双轨制到城镇职工养老保险、城乡居民基本养老保险的统一,增强了社会养老的公平性。但中国的基本养老保险仍存在基金支付压力较大、区域间不平衡等多种问题,需要更加科学、合理的制度设计方能缓解。

第 7 章是社会医疗保险与生育保险。医疗保险制度在大多数国家都存在,但不同的国家采用的医疗保险制度模式却不尽相同。总体来看,大致可以分为四种模式,即全民保险模式、社会医疗保险模式、商业医疗保险模式和储蓄医疗保险模式。医疗保险是伴随人们时间最长的保险项目,由于疾病风险和医疗服务需求的特殊性,医疗保险呈现出待遇支付形式为非定额的费用补偿、补偿期短但受益时间长等自身独有的特征。且由于其涉及的主体和相互关系均非常复杂,医疗保险的运行机制即对各医疗保险主体进行保险费的筹集、医疗服务供给、保险待遇结算等做出的相关具体安排也极为复杂。中国从 1998 年起开始建立城镇职工基本医疗保险制度,2003 年启动新型农村合作医疗制度,2007 年开展城镇居民基本医疗保险试点,2016 年将城镇居民基本医疗保险和新型农村合作医疗制度合并为城乡居民基本医疗保险制度。经过艰辛探索,不断拓展目标人群,延伸制度边界,构建起了覆盖城乡、职工与居民的医疗保障体系。主要保障女性权益的生育保险于 1994 年在中国建立,覆盖范围逐渐由企业扩大到所有用人单位。2017 年,生育保险与职工医疗保险合并工作开始试点,此举为提高生育医疗保障水平、顺应人口政策奠定了重要基础,但生育保险的范围还需进一步向农村妇女扩展。

第 8 章是工伤保险。为了保障遭受工伤事故伤害或罹患职业病等情况的劳动者权益，多数国家设立了工伤保险制度。工伤保险制度经历了侵权法时期的劳动者个人责任制和雇主责任制以及工伤保险法时期的工伤保险制度，该制度的实施遵循劳动者个人不缴费、补偿不究过失等原则。工伤保险的内容包括工伤保险范围的认定、工伤鉴定、工伤保险基金、工伤保险待遇、工伤预防与职业康复等。中国的工伤保险制度于1951年开始在企业内实施，2004年、《工伤保险条例》开始施行，标志着与社会主义市场经济体制相适应的工伤保险制度基本确立。2010年12月，国务院下发关于修改《工伤保险条例》的决定，进一步对工伤保险制度进行了完善。中国工伤保险制度在覆盖范围、保障项目和保障水平等各方面都取得了较大的成就，然而随着社会经济水平的发展，该制度仍存在覆盖范围需要扩展、依法行政难度较大等问题，仍处于不断完善之中。

第9章是失业保险。失业是市场经济下的永恒话题，失业按照成因可以分为摩擦性失业、结构性失业等多种类型，当失业率高到一定程度时就可能引发社会问题。为了保障失业人口的基本权利并促进其再就业，多数国家设立了失业保险制度。从国际上看，失业保险的覆盖范围正在逐步扩大，失业保险基金的筹集方式也有所不同，且各国基本上都对失业保险待遇的领取条件做出了明确严格的规定，但在失业保险待遇的给付标准与给付期限上均有一定差异。为了实现充分就业这一目标，失业保障的范围逐渐由单纯的失业保险扩展到失业预防与促进再就业。1999年，中国颁布实施《失业保险条例》，标志着中国规范的失业保险制度正式建立。经过发展，中国基本实现了由失业预防、失业保险、促进再就业三者组成的失业保险制度框架的建立，但仍存在覆盖面过窄、受益率和替代率过低、预防失业与促进再就业功能薄弱等问题，需要进一步优化相关制度设计。

第10章是社会救助。贫困的讨论通常有物质、精神和文化等多个角度，社会保障制度涉及的贫困主要是指经济方面的贫困。贫困一般有绝对贫困和相对贫困之分，发达国家的社会保障制度主要解决的是相对贫困的问题，而发展中国家的社会保障制度则更多的是解决绝对贫困的问题。国际上通常有市场菜篮子法、恩格尔系数法等不同的贫困测量方法，具体依据各国的基本情况而定。各国对贫困人口的社会保障一般为社会救助，不同的国际在救助对象、救助内容上有所不同。中国的社会救助制度已经形成了长期生活类救助、专项分类救助和临时应急类救助于一体的社会救助体系，但从整体上看，仍存在救助水平偏低、单向救助理念难以实现自助、社会救助制度设计存在缺陷，以及社会救助管理体制仍不够完善等问题，应进一步实现由生存型救助向发展型救助的转变。

第11章是社会福利。社会福利一直存在着广义和狭义的概念之分，中国一般采用其狭义概念，将其纳入了社会保障制度的一部分。社会福利具有全民保障、权利与义务单向及待遇层次较高等特征。按照作用方式，社会福利可以分为补缺型社会福利和制度型社会福利；按照社会福利资源的提供方式，又可以分为现金给付型、实物给付型和社会服务型等福利。英国、美国、德国、日本等国家不同的社会福利项目为我国社会福利制度的完善提供了部分经验。中国社会福利主要包括老年人福利、妇女福利、儿童福利、残疾人福利等。中国的社会福利事业一直在积极发展，但现行社会福利事业仍然存在制度安排残缺、公共投入不足、监管体制不顺、运行机制陈旧及地方政府的非理性冲动导致的秩序混乱等问题，需要通过更新发展理念、明确社会福利事业的发展原则、设计合理的制度框架等方式进行解决。

第 12 章是补充保障。在基本社会保障制度之外还存在着各种社会化保障机制，被称为“补充保障”。补充保障多数具有社会性、自愿性等特征，其能增强社会保障体系的完整性与严密性，提高社会成员的抗风险能力，增加组织的诱因。政府需要在补充保障中扮演监管、宏观调控等角色。补充保障主要包括职业福利、企业年金、慈善事业和互助保障等。

社会保障学是一门与社会、经济、政治都相互联系的复杂科学，因此要求在学习的过程中注重其在理论上的交叉性与综合性。同时，社会保障学既有丰富的理论基础，又具有极强的实践性，学习社会保障学必须理论与实践兼顾，二者不可偏颇。社会保障制度总是处于不断的发展之中，对社会保障学的深入学习应该进一步关注国际社会保障的发展趋势，并思考中国社会保障制度取得了哪些成就，仍然存在哪些问题，积极吸取国际经验，将中国社会保障制度建设得更加科学、完善。

本书由张蕊担任主编。第 1 章由赵有才参与撰写、第 2 章由戴晓玲参与撰写、第 4 章由万昌鹏参与撰写、第 11 章由孟庆彦和王怡然参与撰写，其余章节由张蕊撰写并最后对全书章节进行了修改与统稿，并在此对以上撰稿人表达感谢。

编者

2021 年 8 月

目录
Contents

第1章 社会保障概述

本章要点

◎ 社会保障的概念

◎ 社会保障制度体系

◎ 社会保障的原则

◎ 社会保障的功能

◎ 社会保障制度的主要模式

1.1 社会保障的概念

“社会保障”是由英语 Social Security[①] 翻译过来的，这一词汇最早出现在 1935 年美国颁布的《社会保障法》(Social Security Act)中。1944 年，第 26 届国际劳工大会发表了《费城宣言》，正式采纳“社会保障”这一概念，之后被世界各国接受并广泛使用。但是，由于各国经济政治文化水平不同，所依据的法律体系也存在差异，不同国家对社会保障的界定也不同。

1.1.1 国际劳工组织对社会保障概念的界定

国际劳工组织在 1942 年对“社会保障”做了界定：通过一定的组织对该组织的成员所面临的某种风险提供保障，为公民提供保险金、预防或治疗疾病、失业时资助并帮助其找到工作。

1985 年，国际劳工局、亚太地区局给社会保障重新下了定义：社会保障可以理解为一个社会在出现规定的事件或在规定的情况下向其成员提供的保护。这一定义的目的在于，尽可能地防止出现收入丧失或收入锐减的意外，尽可能地提供意外发生后的医疗和财政保护，尽可能地为被救助者提供职业便利，尽可能地为接受抚养的儿童提供较高的福利待遇。

1989 年，国际劳工局社会保障司编著的《社会保障导论》一书对社会保障的概念做了进一步更新：社会保障是社会通过一系列的公共措施向其成员提供的用以抵御因疾病、生育、工伤、失业、伤残、年老和死亡而丧失收入或收入锐减引起的经济和社会灾难的保护，医疗保险的提供，以及有子女家庭补贴的提供。

1.1.2 国外典型国家对社会保障概念的界定

德国社会保险制度标志着现代社会保障制度的诞生，其基于社会市场经济理论将社会保障界定为：社会公正与社会安全，是为因生病、残疾、年老而丧失劳动能力或遭受意外而不能参

① 也有人将“Social Security”翻译为“社会安全”。

与市场竞争者及其家人提供的基本生活保障，其目的是通过保障使其重新获得参与竞争的机会。

英国作为福利国家的发源地，认为社会保障是一种以国家为主体的公共福利计划，是由于公民遇到特定的问题而导致其收入丧失或锐减，从而给予其及其家庭的经济保障，遵循普遍性原则，强调社会保障是国民收入再分配的一种手段。1942年，威廉·贝弗里奇(William Beveridge，1879—1963)起草的《社会保险及相关服务》，勾画出了一幅较完整的福利国家蓝图，将社会保障目标界定为消除贫困，并将其解释为：国民在失业、疾病、伤害、老年以及家庭收入锐减、生活贫困时予以生活保障。

美国最先采用"社会保障"一词，其对社会保障的理解介于英国和德国之间，从对老年、残疾以及遗属的生活保障逐渐发展到各项社会保险和家庭津贴等。将社会保障视为社会安全网，在这个基础上，美国将社会保障界定为：根据政府法规而建立的项目，给个人谋生能力中断或丧失以保险，还为结婚、生育或死亡而需要某些特殊开支时提供保障。

日本在经济社会发展初期将社会保障定为收入保障，内容包括社会保障和社会救济。但是，1950年，日本社会保障制度审议会对"社会保障"重新做了解释：社会保障是指对疾病、负伤、分娩、残疾、死亡、失业、多子女及其他原因造成的贫困者，通过国家援助，保障其最低限度的生活，同时谋求公共卫生和社会福利的提高，以便使所有国民都能过上真正有文化的生活。

1.1.3　中国对社会保障概念的界定

社会保障制度建设是中国推动社会主义经济建设的重要方面，1982年宪法中明确规定："中华人民共和国公民在年老、疾病或者丧失劳动能力的情况下，有从国家和社会获得物质帮助的权利。"这是中国对社会保障的解释中最简洁的概括。1986年，中国六届人大四次会议通过的"七五计划"中对"社会保障"做了解释，社会保障是"国家和社会通过立法，采取强制手段对国民收入进行再分配，形成社会消费基金，对由于年老、疾病、伤残、死亡、失业以及其他灾难发生而使生存出现困难的社会成员，给予物质上的帮助，以保证其基本生活需要的一系列有组织的措施、制度和事业的总称"。2002年，中国共产党十六大提出了全面建设小康社会的目标，而建立健全社会保障体系更是其中的重要内容。2004年，第十届全国人大二次会议修改宪法，增加了建立健全社会保障制度的规定，明确提出了"国家建立健全同经济发展水平相适应的社会保障制度"。

2007年的中共十七大报告提出，"要以社会保险、社会救助、社会福利为基础，以基本养老、基本医疗、最低生活保障制度为重点，以慈善事业、商业保险为补充，加快完善社会保障体系。"

2017年，中共十九大报告中明确提出，"加强社会保障体系建设，按照兜底线、织密网、建机制的要求，全面建成覆盖全民、城乡统筹、权责清晰、保障适度、可持续的多层次社会保障体系，全面实施全民参保计划"。这对中国社会保障制度改革提出了更高的要求，要建立全面的、严密的社会保障制度体系。

1.1.4　专家学者对社会保障概念的界定

在学术界，一些学者根据自己的理解亦给社会保障下过若干定义，例如：

陈良瑾教授将社会保障定义为"国家和社会，通过国民收入的分配与再分配，依法对社会成员的基本生活权利予以保障的社会安全制度”。

侯文若教授认为“社会保障可理解为对贫者、弱者实行救助，使之享有最低生活，对暂时和永久失去劳动能力的劳动者实行生活保障并使之享有基本生活，以及对全体公民普遍实施福利措施，以保证生活福利增进，而实现社会安定，并让每个劳动者乃至公民都有生活安全感的一种社会机制”。

郑功成教授提出“社会保障是国家依法强制建立的、具有经济福利性的国民生活保障和社会稳定系统；在中国，社会保障应该是各种社会保险、社会救助、社会福利、军人保障、医疗保健、福利服务以及各种政府或企业补助、社会互助保障等社会措施的总称”。

董克用教授认为“社会保障制度是以国家或政府为主体，依据法律规定，通过国民收入再分配，对公民在暂时或永久失去劳动能力以及由于各种原因，生活发生困难时给予物质帮助保障其基本生活的制度”。

史柏年教授在《社会保障概论》中定义：社会保障是为保障民生以及促进社会进步，由国家和社会以立法为依据出面举办，由政府机关和社会团体组织实施，对因各种经济和社会风险事故而陷入困境的人群以及有物质和精神需求的全体公民提供的、福利性的物质援助和专业服务的制度和事业的总称。

本书认为，社会保障制度是依法建立的，由国家和社会实施的帮助社会成员抵御各类风险的制度体系，目的是维护社会稳定、促进社会进步。社会保障既包括针对贫困成员的生活救助与服务，也包括面向有需求的全体成员的保险性、福利性物质援助与服务。该定义有以下特点：

1. 依据是国家立法

各国建立社会保障制度的成功经验都是立法先导，通过强制性立法建立统一的体系，用法律的形式明确利益各方的权利和义务关系，只有这样，才能确保制度的顺利运行，从而实现社会的公平和正义。

2. 目的是促进社会进步

社会保障制度建立之始的目的是为工业化进程中陷入困境的人提供最基本的生活保障，这一作用现在仍是社会保障的主要功能。但是，随着经济社会的发展，社会保障制度的目的逐渐演变成了促进社会进步。

3. 责任主体是国家和社会

①国家通过立法的形式提供法律保障；

②国家对社会保障项目进行统一的宏观管理；

③国家提供财政保障。

在国家作为社会保障的责任主体之外，社会的责任主体地位也越来越明显，表现形式为：

①社会对社会保障起监督的作用；

②社会举办补充型的保障项目；

③非营利性组织参与社会保障项目的组织实施。

4. 获益主体是全体社会成员

社会保障制度建立之始，获益的对象是弱势群体，到今天他们仍是社会保障的重点对象。但是随着社会和经济发展，全民性的保障替代了选择性的保障，全体社会成员都有从国家和社会获取帮助的权利。

5. 内容包括经济保障和服务保障

经济保障是指通过现金给付或援助的方式来满足公民的基本生活需求；服务保障是指通过劳务援助、技术培训、信息咨询、心理慰藉等方式提供非现金、非物质型的帮助。

1.2 社会保障制度体系

社会保障制度体系是指一国依法制定的社会保障制度涵盖的全部内容与项目，具体包括社会救助制度、社会保险制度、社会福利制度、社会优抚保障制度等。

1.2.1 社会救助制度

在古代，社会救助是解决民众生活困难最基本的措施，到了现代，社会救助也依然是社会保障体系当中最基础的部分。

所谓社会救助，就是指在公民难以维持最低生活水平时，由国家和社会按照法定的程序及标准向这些人提供满足其最低生活需要的援助的社会保障制度。社会救助是公民的基本权利之一，是保障社会安全的“最后一道防线”，一般起到兜底的作用。因此，社会救助是社会保障体系中具有基础地位的一个重要子系统，也是社会的重要稳定器。

1.2.2 社会保险制度

社会保险是国家依法建立的面向劳动者的一项社会保障制度，它由政府、单位(集体)和个人三方共同筹资，目标是保证劳动者在因年老、疾病、工伤、生育、死亡、失业等风险暂时或永久失去劳动能力从而失去收入来源时，能够从国家或社会获得物质帮助，以此解除劳动者的后顾之忧。

社会保险具有以下特征：一是强制性。强制性是指社会保险是通过立法强制实施的，社会保障的内容和实施都是通过法律进行的，凡属于法律规定范围内的成员都必须无条件地参加社会保险。二是权利和义务的对等性。对等性是指被保险人要承担缴费义务，才能享受保障权利。并且，享受的待遇高低通常与其缴费义务之间有直接关系。三是互济性。社会保险实行互济原则，通过多方筹集资金后进行平衡调剂，将个别劳动者在特定情况下的损失和负担，在缴纳保险的多数主体间进行分摊。四是预防性。现代社会中，几乎每个社会成员都将面临或遭受年老、疾病、工伤、失业等社会风险，社会保险制度就是预防和化解这些社会风险的有效制度，预防社会成员因遭遇风险而收入中断或陷入贫困。

在具体项目上，社会保险制度通常包括养老保险制度、医疗保险制度、生育保险制度、失业保险制度、工伤保险制度等。

1.2.3 社会福利制度

社会福利的含义有广义和狭义之分，广义上的社会福利等同于社会保障，包括国家和社会举办的所有的科教文卫等各种公益事业。而狭义的社会福利则是与社会救助、社会保险相并列的概念，是社会保障系统的一个子系统。与其他社会保障项目相比，社会福利具有保障对象的普遍性、权利义务的单向性、保障项目的多样性、保障内容的服务性和资金渠道的多元性等特征。社会福利是社会保障系统的一个重要部分，目标是改善全体社会成员的物质文化生活水平，增进国民福利。社会福利是最高层次的社会保障制度。

1.2.4　社会优抚制度

社会优抚是国家和社会依照法律规定，对为国家利益做出牺牲和特殊贡献者及其家属，通过优待、抚恤和安置等方式，确保其生活水平不低于甚至略高于当地群众的平均水平。社会优抚主要是针对军人提供的社会保障，包括经济、政治、社会等多个方面。具体保障项目主要有福利待遇、社会保险、优待抚恤、就业等。

社会优抚制度由于保障对象的特殊而具有自身的特殊性，一般保障水平较高、实施专门的管理体制。社会优抚对于提高军队战斗力、凝聚力，增强国家防卫力量、维护和平等具有很强的激励作用。

1.2.5　补充社会保障制度

在各国社会保障系中，除了上述所说的基本社会保障制度之外，往往还会有一些非正式的社会化保障措施也和基本的社会保障措施一样发挥着重要的作用，主要包括慈善事业、企业年金、互助保障等，它们都在不同程度上为社会保障事业贡献力量，也是社会保障体系的重要组成部分。

1.3　社会保障的原则

社会保障制度的建立与发展必须依据一定的价值理念，当价值理念与一国国情相适应，同时又符合时代发展需要时，社会保障制度就能快速稳定发展。该价值理念具体表现为社会保障制度建立与运行时需要遵循的基本原则。

1.3.1　公平与效率相结合原则

缩小社会贫富差距、创造并维护社会公平，是社会保障制度的基本出发点，也是社会保障政策实践的归宿。公平原则的最充分体现是建立覆盖全民的社会保障体系，让全体国民普遍享受社会保障。但究竟如何处理效率与公平之间的关系，是中国社会保障制度长期以来探索的问题。

在社会保障理论中，公平的概念一般指的是收入平等，收入平等(或其)又可分为横向公平与纵向公平两种。横向公平指的是收入相同的人缴纳相同的社会保障缴款，纵向公平指的是收入高的人多缴款，收入少的人少缴款，收入高的人的社会保障收益与其缴款的比率低，收入低的人的社会保障收益与其缴款的比率高，即社会保障有利于低收入者。市场机制能够带来高效率，但同时也会出现收入的不公平。这就要求政府进行适当干预，通过收入再分配的途径解决公平问题。社会保障并不是外在于市场的东西，社会保障的资源配置也不必然都应该由政府来管理和承担。因此，不能因为追求绝对的公平而牺牲市场的效率，如何在资源有限的前提下实现社会保障所要达到的目标以及实现资源的优化配置也是必须考虑的问题。

中国的社会保障制度应该遵循公平与效率相结合的原则，在费用承担上，采取国家、社会共同承担的形式。不仅要考虑个人的效率和公平，还要兼顾企业的效率和公平，合理确定个人和企业的缴费费率,提高社会保障制度的效率,保证社会保障制度的可持续性。

1.3.2 与社会经济发展相适应原则

社会保障是国家用经济手段来解决社会问题的制度安排,其发展必须坚持与社会经济发展相适应的原则。一方面,社会的发展变化决定着社会保障制度结构的变化;另一方面,社会保障制度的确立需要相应的财力支撑。

从英国1601年《济贫法》到二战后西方福利国家建立,社会保障项目从初期仅有的社会救助发展到社会救助、社会保险、社会福利等多层次、多元化项目选择。社会保障的覆盖对象也由《济贫法》时期的贫民和孤儿等特殊人群扩展到二战后的以全体公民为对象的普遍人群。西方发达国家社会保障发展过程中呈现了社保水平,只升不降的特征。无论是"国家福利型"国家还是"自保公助型"国家,社会保障给付总量从1950年后连年递增。另外,俄罗斯2005年的福利货币化改革虽然提高了人均福利支出,总体提高了社会保障水平增进了社会公平,但俄罗斯地方城市居民的抗议集会不断。基于西方国家社会保障发展所给出的证据,许多经济和政治评论家提出社会保障具有内在刚性。社会保障水平具有刚性增长的特征,以及缺乏弹性或者只具有单向度的弹性,表现为社会保障只能扩大不能缩小,项目只能上不能下,水平只能提高不能降低。

通过近年来的不断深入,中国社会保障事业取得了长足发展,社会保障体系框架得以基本确立,为维护社会稳定发展、深化改革、调整产业结构和促进经济发展提供了有力保障。社会保障制度领域改革的力度不断加强、覆盖面不断扩大、保障水平逐渐提升、资金筹集监管工作大大加强、社会保障的法制工作和国际交流进一步开展。社会保障制度的发展过程规律表现为保障实施范围越来越广,保障项目越来越丰富,保障水平越来越高。但西方国家的经历告诉我们,鉴于社会保障水平的刚性特征,社会保障制度的发展必须与经济社会水平相适应。既不能落后于经济社会发展水平,也不能过于超前发展,以避免经济社会难以支撑社会保障制度的运行。

1.3.3 社会化原则

社会保障制度日益呈现出政府主导和社会分责的发展趋势。一方面,在正式制度安排中,政府承担着主导责任但已经不再是全部责任,企业与个人均参与其中。另一方面,正式制度安排与非正式制度安排的结合正日益构成现阶段社会保障制度建设的新特色,而非正式制度型社会保障措施通常都是企业、社会乃至个人承担着更多责任,政府只起支持和鼓励的作用。正式制度安排与非正式制度安排的有机结合,将放大整个社会保障体系的效能。

所谓社会保障社会化,是指社会保障要实现服务对象的社会化、资金来源社会化、社会保障管理社会化、服务设施社会化、服务队伍的社会化。但当前中国社会保障仍存在非社会化的问题,严重阻碍了社会保障事业的发展。首先,社会保障对象的非社会化。虽然中国的社会保障制度在政策层面上已基本实现了全覆盖,但在实践中,仍然有部分群体未被纳入,例如部分农民工仍然没有真正享受社会保障。其次,资金筹集的非社会化。现阶段社会保障资金的筹集除了已存在的社会统筹基金,更多的可能还是需要依赖于政府财政支出,缺少更多样化的资金筹集方式。再次,服务管理的非社会化。目前中国社会保障制度还没有形成一个统一的体系,不同的领域管理呈现碎片化特征,极大地影响了社会保障的社会化水平和效果。最后,监督机制的非社会化。社会保障资金的收支透明度不高,缺乏有效的监督制衡机制,容易导致社会保障资金的流失、挪用、挤占等不良现象的产生。这些非社会化的问题严重影响了社会保障功能的发挥。因此,需要采取必要的手段来加快社会保障的社会化改革。在资金筹集、服务管理方式以及监督机制等方面均要实现社会化。

1.3.4 普遍性与选择性相结合原则

普遍性原则是1942年贝弗里奇起草的"社会保险及相关服务"政策研究报告中提出的一项基本原则,致力于实现社会保障的全覆盖,符合社会保障制度对社会公平和公正的追求,体现了人类社会的终极目标。

选择性原则是一些强调效率优先的国家与发展中国家在社会保障制度安排中遵循的一项原则。其含义在于根据国家财政的承受能力和受保障者的经济收入状况及对社会保障的需求程度,有区别地安排社会保障的项目、对象范围、筹资方式和待遇水平等。遵循选择性原则既能满足社会成员不同的社会保障需求,亦不会超越社会经济发展水平而构成沉重包袱。

建立惠及全民的社会保障制度是与我国宪法有关保障公民普遍享受社会保障权利内容相一致的,既会得到国民的广泛支持,也更符合社会主义社会保障体制实现风险分担、互助互济的原则。因此,我国在社会保障制度的覆盖范围、保障项目等多方面正在积极拓展。另外,在发展普遍性社会福利的过程中,我们也没有必要过多担心出现西方国家的"福利病"问题[①]。从历史的角度来看,正是从选择性福利走向普遍性福利的道路帮助二战后元气大伤、民怨沸腾的西方列国渡过了难关,在社会、经济建设方面起死回生并进一步取得了长足的发展。至于后来出现的"福利病"问题和人们对福利国家的诟病,很难说是普遍性福利模式本身病入膏肓,而更应当在社会保障开支过度膨胀,以致其增长速度超过国家经济承担能力方面寻找原因。

但是,我们也应当清醒地认识到,通向普遍性福利的道路是漫长的,不能操之过急,而应循序渐进。一方面,我们仍应牢记社会保障要依本国实际量力而行,防止矫枉过正和积重难返等过激行动的产生。各个国家的社会保障制度与本国的历史背景和社会环境密不可分,各个国家社会保障的内容、范围、重点、资金筹集方式都各具特点。在建设本国社会保障事业的过程中,我们绝不能照搬西方模式。进一步说,即使确定了普遍性福利的目标模式,我们在受到各方面限制的条件下,也只能逐步扩大保障范围,从援助那些最需要帮助的公民做起。

除此之外,社会保障还需要遵循互济性原则、法制性原则等。

1.4 社会保障的功能

社会保障的功能是指社会保障各个系统和具体项目在实施中发挥的实际效用。社会保障最基本的功能之一就是在社会成员陷入困境后能够给予一定的援助,随着社会经济的发展,社会保障的功能已远不至于此。社会保障通常能够发挥保护、稳定、调节、互助以及促进发展等功能,但其实际效用如何,一方面受到社会保障制度本身的影响,更重要的在于制度的设计者与运行者。

---

① "福利病"问题是指西方发达国家的福利制度过度膨胀后所导致的自愿性失业增多、经济发展迟缓、国家财政入不敷出等一系列社会经济问题。

1.4.1 保护功能:社会保障是劳动力再生产的保护器

社会保障的功能之一就是在劳动力再生产遇到障碍时给予劳动者及其家属以基本生活、生命的必要保障,以维系劳动力再生产的需要,从而保证社会再生产的正常进行。这就是说从劳动发出者与接受者这个层面,他们在社会保障上得到的是一种保护,劳动者通过社会保障可以继续输出自己的劳动力以获取收入,而管理者也可以继续得到这种劳动力以继续自己的生产。例如,政府经常实施给予下岗职工补贴等方式来实现劳动者及其家属必要生活的保障,使得劳动在继续寻找下一次劳动力生产的过程中保证了劳动力及其家人能够生存下去,这样为劳动力再生产提供保障,免除后顾之忧。

1.4.2 稳定功能:社会保障是社会发展的稳定器

通过社会保障对社会财富进行再分配,适当缩小各阶层社会成员之间的收入差距,避免贫富悬殊,使社会成员的基本生活得到保障,能协调社会关系、维护社会稳定。社会保障在许多国家被称为"精巧的社会稳定器"或"振荡器",它能够通过预先防范和及时化解风险的方式来发挥其稳定功能。

首先是预先防范风险,比如现今各公司、企事业单位都要求给自己的员工提供五险一金便是这种预先防范风险。如果劳动者没有社会保障,那么当他遇到重大疾病等困难时,就可能会处于走投无路的状态。该类问题的增多可能会使得犯罪率上升,进而危害社会稳定。反之,社会保障的存在则一定程度上减少了劳动者的后顾之忧,在其遇到困难时能够及时发挥作用,降低其危害社会稳定的风险。

其次是及时化解风险,我国的社会保障体制不断完善,在不同的领域设置了不同的保障方式,如养老保险、医疗保险等。当社会成员遇到威胁或侵害自身生存安全等问题时,可以及时地到相关领域寻求保障。问题的及时解决能够进一步协调社会关系,维护社会稳定。

1.4.3 调节功能:社会保障是经济发展的调节器

社会保障的调节功能表现在政治、经济与社会发展等多个领域,尤其在经济发展领域的作用较为突出。社会保障对经济发展的调节作用主要体现在对社会总需求的自动调节方面。在经济大萧条时期,一方面由于失业增加、收入减少等情况的出现,用于社会保障的货币积累相应的大幅度减少;另一方面,因失业或收入减少等情况的出现而需要社会救济的人数急剧增加,社会保障用于失业救济和其他社会福利方面的社会保障支出也相应增加。这使社会保障的同期支出大于收入,于是就刺激了消费需求乃至社会总需求。相反,在经济繁荣时期,社会保障的同期支出小于收入,于是此时社会保障的作用就是抑制了消费需求乃至社会总需求。

1.4.4 促进发展功能:社会保障是协调发展的促进器

在社会领域,社会保障能够促进社会成员之间及其与整个社会的协调发展。社会保障能够缓解社会成员之间或社会成员与社会发展之间的矛盾,以促进社会成员之间及其与社会之间的协调发展;促进遭受特殊事件的社会成员重新认识发展变化中的社会环境,适应社会生活的发展变化。另外,社会保障还可以促进社会成员的物质与精神生活水平的提高,促进社会文明的发展,促进政府有关社会政策的实施等。

1.4.5 互助功能:社会保障是社会成员的互助器

社会保障的分配机制实际上是一种风险分散或责任共担机制,这种分配机制包括资金的互助、物的互助和劳务服务的互助。简单地说,在国民收入的分配与再分配中,社会保障费用由国家、用人单位(集体)和个人三方共同负担,基金来源于社会统筹,用于社会成员,体现了"一人为众,众人为一"的互助互济性,表明社会保障制度是一种社会互助机制。社会保障从横向上看是各种社会成员之间彼此的互助、互济;从纵向上看则是不同年龄劳动者之间的代际抚育、赡养,是代际互助、互济的另一种模式。这有利于社会成员之间的团结互助,有利于代与代之间的沟通和交流,有利于社会公德、道德观念的维持和延续,有利于促进社会成员以及社会各阶层之间为了共同的利益而继续努力工作。这是一种先进的道德观的体现,能够更好地协调人与人之间的社会关系,形成一种团结互助、同舟共济的良好社会风气。

此外,社会保障可以解除劳动力流动的后顾之忧,使劳动力流动渠道通畅,有利于调节和实现人力资源的高效配置。

1.5 社会保障制度的主要模式

经过较长时间的发展,现代社会保障制度早已由单一项目的制度安排,逐渐发展成为一个包含多个子系统及众多保障项目在内的社会安全体系。然而,由于社会制度、经济发展水平及文化传统等的差异,以各国建立的社会保障制度的具体安排为出发点,可以将社会保障制度的模式分为四种类型,即社会保险型、强制储蓄型、福利国家型和国家保险型。

1.5.1 社会保险模式

社会保险模式是最早出现的现代社会保障模式,它起源于19世纪80年代的德国,后来被世界上许多国家引进,美国、德国、法国在内的许多发达的资本主义国家和部分发展中国家都采用这种模式。它的目标是以劳动者为核心,通过提供一系列的基本生活保障,使社会成员在疾病、失业、养老、伤残以及由于婚姻关系、生育或死亡而需要特别援助的情况下得到经济补偿和保障。

1. 社会保险模式的特点

社会保险模式的社会保障制度呈现出以下特点:

(1)以劳动者为核心,且覆盖面大,几乎涵盖了全体社会成员。社会保险制度面向劳动者,且主要是工薪劳动者(中国的养老保险和医疗保险也惠及农民),围绕着劳动者在年老、疾病、工伤、失业等风险设置保险项目,并用以保障劳动者在遭遇这些事件时的基本生活。在某些情况下,社会保障制度还通过劳动者惠及家庭成员。

(2)责任分担。社会保险费用由国家、雇主(集体)、劳动者三方负担,以雇主(集体)和劳动者个人分担社会保险缴费责任,国家财政予以适当支持,从而使一种风险共担和责任分担的社会保障机制。

(3)权利和义务的有机结合。将劳动者享受社会保障的权利与社会保险缴费的义务联系起来,享有的社会保险待遇水平与社会保险缴费多少和个人收入情况相联系。

(4)互助共济。社会保险缴费中只记录个人缴费情况,不建立以给付为目的的个人账户,社会保险基金在受保成员间调剂使用,充分体现互助共济、共担风险的原则。

(5)现收现付制。社会保障基金的筹集以现收现付制为主。

社会保险模式的社会保障制度重视社会保险中权利与义务的密切联系,强化自我保障意识,在一定程度上体现了效率原则;保险基金在全体社会成员之间统筹使用,符合大数法则原理,也体现了保险互助互济的宗旨。该模式采用现收现付模式筹集基金,费率受人口年龄结构与人口就业比例影响很大,在人口老龄化、就业比例下降时,费率会过高难以接受。因此人口的年龄结构不平衡、人口迅速老化的国家或地区,必须对不断上升的费率有所准备。

2. 社会保险模式的代表

社会保险模式的代表主要是德国。

德国现行的社会保障制度是在俾斯麦时期创建的社会保障制度的基础上发展起来的,它与战后德国所奉行的"社会市场经济"密不可分。在德国,市场效率与高水平的社会保障之间的结合被视为缺一不可、互为条件的发展基石。这种以经济效率兼顾社会公平的目标更有利于效率的发挥和充分体现公平的一致性。在实践中,社会保险型保障模式表现为享受者自己缴纳社会保险费,每个公民只要符合规定的条件,均可享受相应的社会保险待遇。政府禁止滥用社会保险基金,并采取一系列的措施限制某些社会福利费用。

不仅如此,德国还把社会保障与其他经济、政治措施结合起来运用,如把"自助"的社会保障同保持货币的长期稳定联系在一起,以防止消费和投资的膨胀,从而保持稳定的经济秩序。在保障内容方面,基本上分为两大部分:一是养老保险、医疗保险、工伤保险、失业保险、护理保险等为主体的广泛的社会保障体系,以及社会抚恤、社会救济以及青少年救助和住房补助等;二是以"共同决定权"和劳动保护为主体的雇员保护政策体系。社会保障的管理方面,德国实行由雇主与劳动者高度自治、政府加以监督的管理体制,其管理社会保障的责任主体由不同保险机构、基金会或部门所属地方机构管理和实施;除失业保险外,社会保险机构均由劳资双方共同参与,实行自治管理,政府不插手干预,但对社会保险机构的运行进行相应的监督。德国社会保障中的监督部门为联邦劳工与社会事务部,只对社会保险机构是否守法、经营管理和会计工作等方面进行监督。

由于社会保险模式既适应了工业社会的需要,又避免了福利国家的某些缺陷,从而受到了多数国家的重视。但各国的社会保障发展实践也表明,在社会保险制度方面的差异仍然是很大的,社会保险制度在整个社会保障体系中的地位亦并非是占据主体和核心地位的。有的国家确实继承了德国模式,但有的国家却只是采取了"俾斯麦模式"社会保障制度的部分做法。

1.5.2 强制储蓄模式

强制储蓄型的社会保障制度始于18世纪英国产业革命的职业保障基金,之后传到英国的殖民地国家。该制度由国家立法,强制劳资双方缴费,以职工个人名义存入储蓄金局或公积金局制定的保险公司,职工退休或在需要时连本带息发还职工,用完后国家不予补贴。

1. 强制储蓄模式的基本特征

强制储蓄模式的基本特征主要有以下几点:

(1)强调自我保障,强调统一的个人储蓄而不是分散的个人储蓄。资金来源于职工工资收入一部分,它是按政策规定强制征收储蓄的,支取方面不存在随意性,强化了自我保障意识,避免了代际转嫁而带来的社会问题和人口老龄化带来的支付危机。

(2)建立个人账户，实行完全积累。在强制储蓄模式下，每个参与其中的劳动者均拥有一个账户，雇主与劳动者自己缴纳的费用均直接计入该账户，并逐年积累，直到劳动者年老退休时才能领取，因此，这种模式实现的其实是劳动者自己一生中的收入与负担的纵向平衡。

(3)公积金是以福利为主，不具备再分配和互助调剂功能。它不存在劳动者之间的互助共济功能，从而也无法让风险在群体中分散，可见这种制度强调自我负责，而不是追求互助共济。这一点与其他社会保障模式所追求的目标是相悖的。

(4)与资本市场有机结合。由于强制储蓄模式是完全积累的财务机制，每个劳动者在劳动期间积累在个人账户上的资金是不断增长的，其间必然遭遇基金贬值的风险。因此，要将积累基金与资本市场相结合，才可能在参与社会财富创造的过程中避免贬值的风险。

(5)有较强的激励功能。职工交纳的公积金计入个人账户，透明度大，监督和约束机制强。养老金金额与个人劳动贡献或劳动报酬挂钩(联系)，不具有社会再分配功能，这样更有利于调动个人的积极性，更能激励每个人自觉提高劳动素质，掌握更多的知识和技能，做出更大的劳动贡献。

强制储蓄模式的社会保障制度具有积累性和增长性，资金供给比较稳定，在经济波动中表现出较强的抵抗能力。该模式虽然有利于树立职工的自我保险的意识，充分体现权利和义务的统一，但缺乏社会统筹，不能发挥社会保险的调剂互助功能，是一种初级的原始的社会保障制度。

2. 强制储蓄模式的代表

采用强制储蓄模式的国家以新加坡为代表，新加坡的中央公积金制度建立于1955年7月，最初只是一种简单的养老储蓄制度，后来随着社会经济的发展和收入水平的提高，逐步发展成为综合性的包括养老、住房、医疗在内的制度，会员除在达到退休年龄时能领取养老金之外，退休前还可以在特种范围内用公积金购买住房、支付医疗和教育费用等。

在新加坡，所有工人及其雇主都必须按期缴纳中央公积金。公积金的缴纳率随着经济增长和职工工资水平的提高而调整。1955年雇员和雇主的缴纳率均为5%，1971年均为10%，1981年分别增加到20.5%和22%。后来由于经济不景气，1986年把雇主的缴纳率降低为10%，雇员为25%。1988年修订的缴纳率为雇主12%，雇员24%。在公共部门工作的职员缴纳工资的15%作为公积金，政府的缴纳率与职员相同。

随着公积金制度的发展，自雇者也被纳入保险范围。目前，新加坡中央公积金制度要求55岁以下会员建立普通账户、专门账户和医疗储蓄账户三个账户。其中普通账户用于支付购房、保险、投资和子女教育，专门账户用于退休后的养老金和应急，医疗储蓄账户用于医疗住院费用，缴存的资金按一定比例分配到三个账户中。当会员达到55岁时，公积金系统自动创建一个退休账户，普通账户和专门账户中的储蓄按照一定比例存入退休账户。中央公积金制度要求的缴存率根据居民不同年龄、不同收入水平而定。年龄越大缴存率越低、收入越低缴存率越低。其中，月收入小于50新加坡元的会员，不需要缴纳；55岁以下且月收入不少于750新加坡元的会员的缴存率最高，其总缴存率为普通收入的37%加上附加收入的37%，雇员缴存率为普通收入的20%加上附加收入的20%；65岁以上且月收入在750新加坡元以上的会员缴存率最低，其总缴存率为总收入的12.5%。年满55岁的会员可以提取公积金，具体提取金额与工资收入有关。但其中包含基本金额，如2019年满55岁的会员可领取的基本退休金是

88000新元、基本医疗保健金额是57200新元,高于基本保健总额的金额则流入特别账户或退休账户,以增加每月支付。

新加坡中央公积金制度对其经济发展和社会稳定起了促进作用。初期的公积金制度积累了大量资金,并用于港口、水、电、煤气等基础设施的建设,这为后来推行出口导向的工业发展奠定了基础,促进了经济增长和工资水平的提高,经济增长和工资收入的增加又反过来扩大了公积金的财源。同时,公积金制度由于把当前消费推迟为远期消费,暂时减少了消费压力,使新加坡避免了高经济增长与高通货膨胀并存的常见现象。

1.5.3 福利国家模式

福利国家模式是指欧洲一些国家实行的由国家高度统一管理和支配的社会保障模式。"福利国家"一词出自英国著名经济学家贝弗里奇在1942年完成的一份社会保障研究报告"社会保障及相关服务",它在社会保障领域是全民福利的象征。

1. 福利国家模式的特点

(1)实行收入所得再分配,用累进税办法使得社会财富不集中于少数人手里。国家通过确立累进税制对国民收入所得进行再分配,使社会财富不再集中于少数人手里;同时,为维持福利国家高水平的福利支出,也必然需要高税收来支撑。因此,高税收不仅充当着福利国家的财政基础,而且构成了福利国家的重要特征。

(2)实行充分就业,使人人都有机会就业,消灭各种导致失业的因素。

(3)实行全方位社会保障制度,保障对象为全体社会成员。各种保险制度不局限于被保险者本人,且推及其家属;不只限定某一保险项目,凡是维持合理生活水平有困难和导致经济不安定的所有灾害,均以最适当的方法给予保障。"普遍性"和"全民性"是这一社会保障模式的原则,其目标不仅是使公民免遭贫困、疾病、愚昧、肮脏和失业之苦,而且在于维护社会成员一定标准的生活质量,加强个人安全感。

(4)政府负责和全面保障。在福利国家,政府是社会保障的当然责任主体,不仅承担着直接的财政责任,而且承担着实施、管理与监督社会保障的责任。保障项目齐全,一般包括"从摇篮到坟墓"的一切福利保障,标准也比较高。

(5)法制健全。社会保障制度依法实行,并设有多层次的社会保障法院监督体系。

福利国家模式的社会保障制度是建立在生产力高度发达的基础上的,支付标准过高,导致国家财政压力较大,且容易引发"福利病"。有的国家已陷入社会保障危机,正在进行调整改革。

2. 福利国家模式的代表

采用福利国家模式的社会保障制度的国家有许多,本书以素有"福利国家橱窗"之称的瑞典为代表进行介绍。

瑞典的社会保障相当普遍,瑞典公民和生活在瑞典的外国公民都享有保险,年满11岁就可以在当地保险机构登记入保。国家基本养老基金差不多每人都有,父母双亲为照顾刚出生的小孩最高可享受480天的假期和相关津贴;20到64岁之间的劳动者,自就业之日起就被列入国家失业保险,一旦失业,便开始享受失业保险金,最长时限为300天。

瑞典社会保障制度的显著特点有六个,具体如下:

(1)覆盖面宽,内容广,水平高。瑞典的社会保障面覆盖了在瑞典工作的所有人,不论其是否具有瑞典国籍,保障内容非常广泛,主要集中在养老金、医疗和福利方面;支付的保障费用项目繁多,而且保障水平很高。

(2)公平优先,兼顾效率的保障原则。瑞典保障模式大致可以分为两个层次,即所有人的基本保障和与收入相联系的保障。后者涉及内容较少,总体上说,瑞典的社会保障体系体现了公平优先、兼顾效率的保障原则。

(3)以福利水平为基本保障。在瑞典,由社会保险机构提供给人们的保障,主要是同整个社会收入的增加和覆盖面的扩大相关,个人贡献的大小同所得的保障没有多大关系。参保人情况相同,得到的福利也大体相同。雇员工作岗位发生变化,更换雇主,福利水平不会受到影响。在瑞典,不同条件的参保人会对应得到不同的福利待遇。

(4)现收现付制。瑞典对基本保险等由政府支出的补充项目基本上都采取了现收现付制度,以收定支,一般不保留积累。

(5)从社会保障基金的收入看,瑞典社会保障基金的主要来源是各行业的雇主方,而雇员则基本上不缴费。

(6)政府是社会保障的支配主体。瑞典成立了统一的社会保障委员会,管理全国的社会保障体系。在统一的社会保障委员会之下,形成了国家、州、市各级政府机构与服务处所构成的社会保障网络,地方自治政府在其中也发挥了很大的作用。

1.5.4　国家保险模式

1. 国家保险模式的起源

国家保险模式又称国家统包型社会保障制度,以"国家统包"为核心,由政府对福利进行直接分配,社会保障事务由国家统一办理,社会保障费由国家和企业负担,职工个人不必缴纳社会保障费用。

国家保险模式保障制度起源于20世纪20年代的苏联。1917年俄国十月革命建立苏维埃社会主义国家之前,与其他欧洲大陆国家相比,经济仍比较落后。苏维埃国家成立后,国内经济水平参差不齐,差距很大,这使得苏联社会保障设计必须调动劳动者的积极性,并尽力减小社会成员之间的收入差距。1918年,为了应对国内战争和反对外国武装干涉,在经济政策上列宁采取了"战时共产主义"政策,对国家经济生活全面垄断,如余粮征集、对大中小型工业全部实行国有化、禁止贸易、取缔私商等,在这种形势下,给予劳动者生活保障的责任也自然而然地落到了国家的身上,后来这种政策虽然被取消,但其后采取的公有制与高度集中的计划经济体制也使得国家必须承担全部社会保障的责任。

此外,苏维埃国家领导人列宁非常重视工人的保险,而"国家保险"这个词也来自他1917年起草的《俄国社会民主党第六次全体代表会议决议》。在决议中列宁明确指出:"最好的工人保险形式是国家保险。"1925年斯大林上台之后,也比较重视国家社会保险与福利的建设,他在列宁期间打下的基础上继续充实与完善国家统包的社会保障制度。由此可见,政党的性质与政治家的活动是国家保险模式在苏联诞生的因素之一。

国家保险模式在实行计划经济的同时,将老有所养是公民应享有的权利为主要内容的各项社会保障制度列入宪法,以生产资料公有制为保证,由国家和单位负担各项社会保障的全部费用,个人不需缴费。与这种模式相适应,国家是社会保障的主体,从上至下统一由政府社会保障部门直接管理和操作。在20世纪40年代许多社会主义国家纷纷效仿苏联，如波兰、捷克斯洛伐克等东欧社会主义国家以及中国等都曾采取过这种模式，并把其视为社会主义国家的优越性的一种体现。

2. 国家保险模式的特点

国家保险模式下的社会保障事业由国家统一制定法律、统一领导、统一收支标准、统一管理。社会保障支出由政府和企业承担，其资金由全社会的公共资金无偿提供，由于国家已事先做了社会保障费的预留和扣除，个人不需要缴纳社会保障费。实行低工资、高福利政策，实行公费医疗、低房租政策，没有失业保障。

保障的对象是全体公民，每一个有劳动能力的人都必须积极参加社会劳动并在劳动中获得相应的社会保障。同时，国家对无劳动能力的社会成员也提供物质保障。工会参与社会保障事业的决策与管理，社会保障的目标是追求社会公平。

国家保险模式作为社会主义国家普遍采用过的社会保障模式，曾经造福于亿万人民。但这种保险模式经过半个多世纪的实践，逐渐随着苏联的解体与东欧国家的巨变而被摒弃，即使是仍然坚持社会主义的中国，也从20世纪80年代开始改革这套制度，并代之以能够适应市场经济体制的社会化社会保障制度。

如果不是以社会保障制度主体内容为依据，而是从社会保障制度的整体出发，那么许多国家选择的和正在改革中的社会保障制度其实是社会保险型与福利国家型乃至强制储蓄型并存的混合型保险模式，例如中国在摒弃社会主义国家传统的国家保险模式后，经过多年的改革正在逐渐形成的即是一种混合型社会保障制度，其中既有个别全民性福利，也有社会保险，还引入了个人账户制，社会救助亦因需要者众多而与社会保险制度具有几乎同等重要的地位。

本章小结

社会保障是维护社会公平、促进社会和谐发展的重要制度保障。本章阐述了社会保障的概念界定、社会保障制度体系、社会保障的原则及社会保障的功能，这些构成了学习社会保障知识的基础理论。

社会保障制度是依法建立的，是由国家和社会实施的帮助社会成员抵御各类风险的制度体系，目的是维护社会稳定、促进社会进步。它既包括针对贫困成员的生活救助与服务，也包括面向有需求的全体成员的保险性、福利性物质援助与服务。

在中国，社会保障制度体系具体包括社会救助制度、社会保险制度和社会福利制度、社会优抚保障制度等。

社会保障制度的运行应遵循公平与效率相结合原则、与社会经济发展相适应原则、社会化原则、普遍性与选择性相结合原则等。

社会保障制度能够发挥保护、稳定、调节、互助以及促进发展等功能，决定了社会保障在社会发展中的特殊地位。

以各国建立的社会保障制度的具体安排为出发点，可以将社会保障制度的模式分为四种类型，即社会保险型、强制储蓄型、福利国家型和国家保险型。

思考题

1. 如何理解社会保障概念界定的差异?
2. 为什么说社会保障具有多重功能?
3. 社会保障制度体系包含哪些内容?
4. 社会保障应当遵循哪些原则?
5. 比较分析社会保险模式、强制储蓄模式、福利国家模式和国家保险模式的异同。

案例讨论

智利养老保险的私有化模式

智利所实行的养老保险私有化模式是:一是养老基金的社会统筹取代了强制性的个人退休账户;二是养老基金管理由公共管理部门转到私人机构;三是养老金筹资模式由现收现付制转变为基金制;四是社会养老计划从原有的固定养老金制转变为固定缴费制,养老金数额主要取决于投保人员缴费与养老基金投资收益状况。

智利模式作为社会保障改革的一项新制度,其运营具备以下特点:

1. 缴费规定。养老金缴费均由雇员承担,单位雇主从雇员月薪中按一定缴费比例扣除,划入由AFP(养老基金管理公司)管理的雇员养老金个人账户。雇员还必须支付AFP佣金,其中一部分用于残疾和遗嘱两个保险费用,其他部分用于支付AFP的运营和管理成本,以提供一定的利润源。

2. 投资管理。AFP公司是管理养老基金和以提供养老金为目标的私营部门,具体承担养老金账户管理、费用收缴及投资运营,其资本注册、业务范围、投资政策、信息披露等方面均需符合政府部门的相关规章制度和监管要求。

3. 给付条件。养老金给付额度主要取决于参保人员退休时的个人账户资产积累、预期寿命、折现率等多种因素。通常情况下,领取养老金的最低年龄为男65岁、女60岁。如果参保人员账户余额可以保障发放的养老金高于社会平均工资的50%或社会最低养老金1.1倍,参保人员也可以提前申请领取养老金,即"预期老年退休金"。

4. 监管担保。政府部门在私有化实际运行中仍具有不可替代的作用,承担着私营养老金体制运营担保者和监管者的双重角色。担保上,对缴费已满20年,但因诸多因素无法达到最低养老金标准的参保人员,弥补账户不足,保障其领取最低养老金;对无法达到规定投资回报率的AFP,首先由AFP的自有资金和储备金补足,如采取该措施仍不能完全弥补回报缺额,将会对该基金管理公司实施清算并保障基金持有人的权益;当保险公司出现停付或破产等情形,对于选择终身年金支付方式的参保人员,政府部门为其提供一定程度的养老金保障。监管上,专门成立了养老基金监管局,行使对AFP的监督和管理职能,其经费由政府拨款,该机构的局长由总统任命。

资料来源:金俊杰,童桂林,杨婧. 社会保障私有化研究:以智利养老保险为例[J]. 齐齐哈尔大学学报(哲学社会科学版),2018(8):55-57.

问题:

1. 社会保障的私有化有哪些利弊?
2. 社会保障私有化对我国养老保险制度有什么启示?

第2章　社会保障制度的理论基础

本章要点

◎ 经济学理论与社会保障
◎ 社会学理论与社会保障
◎ 政治学理论与社会保障

2.1　经济学理论与社会保障

社会保障与经济学密切相关,因为社会保障在一定程度上是将国民收入进行再分配的过程,且社会保障所提供的物品与服务从属于经济学中的公共物品。“经济学是研究各种经济关系和经济活动规律的科学,而社会保障则是通过经济手段来达到特定社会目标与政治目标的制度安排,其本身亦可以被视为一种经济活动。因此,社会保障……必然受到各种经济关系和经济活动规律的制约,这种内在的关联决定了经济学对社会保障具有特别重要的影响。”

2.1.1　社会保障的经济学理论基础

在资本主义社会中,价值规律自发地调节生产,在经济的运行过程中出现了贫富差距和两极分化,社会公平与社会稳定受到挑战。因此,如何解决这一问题并提高社会的整体福利水平成了西方经济学家关注的焦点,在此过程中逐渐形成西方社会保障的经济学理论体系。

西方社会保障经济学理论可以追溯到亚当·斯密(Adam Smith)的《国民财富的性质及其原因的研究》,他在书中提出了经济的发展应该由“看不见的手”即市场来引导,提倡自由竞争,反对政府干预。论述了通过“看不见的手”来推动个体利益和社会福利的共同增长,进而实现社会整体福利水平提高的一种思想愿望。德国新历史学派针对德国在19世纪70年代所面临的劳资问题,第一次系统地阐述了社会保障的经济思想。从改良社会主义观点出发,提出要增进社会福利,实行社会改革,并通过工会组织来调整劳资之间的矛盾,主张由国家来制定劳动保险法、孤寡救济法等。例如,施穆勒提出国家是人们在道义上的结合,国家可以通过办理社会保险和铁路国有化等方式来协调劳资之间的矛盾。

当代西方社会保障经济学理论开始于20世纪20年代的福利经济学。福利经济学是寻求最大社会经济福利的经济理论体系,它主要研究如何进行资源配置以提高效率,如何进行收入分配以实现公平,以及如何进行集体选择以增进社会福利等问题。1920年,英国经济学家庇古出版了《福利经济学》一书,第一次将福利经济学作为一门独立的学科来看待,并首次建立了福利经济学的理论体系,主张国家实行养老金制度和事业救助制度。庇古声称要将经济学“作为改善人们生活的工具”,并从边沁的功利主义出发,将马歇尔的均衡价格和消费者剩余理论作为依据，创立了福利经济学。庇古将如何增进世界或一个国家的经济福利作为福利经济学的研究对象，并把福利分为“社会福利”和“经济福利”两部分，社会福利中能够用货币衡量的部分才是经济福利。同时，庇古指出国民收入总量的增大和国民收入分配的平均程度是经济福利增大的两个决定因素，也是检验社会福利的两个标准。基于效用基数和边际效用递减规律，庇古提出两个基本的福利命题：一是国民收入总量越大，社会经济福利就越大；二是国民收入分配越平均，社会经济福利越大。他认为，在不减少国民收入总量的前提下，提高穷人所获得的实际收入的绝对份额，将增加经济福利。同时也提出由国家采取征收累进税、举办社会福利设施、发放失业津贴、进行社会救济等措施，实现财富由富人向穷人的转移，以达到收入的均等化。庇古的这些思想对实行有利于穷人的收入再分配政策和西方福利国家的发展产生了重要影响。

20 世纪 30 年代末期，希克斯和萨缪尔森等人对福利经济学进行了一系列新的探讨，提出了“效用序数论”“边际替代率”“无差异曲线”等分析方法，被称为是新福利经济学。新福利经济学理论根源可以追溯到帕累托的经济学说。帕累托提出效用序数的概念，认为边际效用不是数量概念而是次序概念 ，而且效用的高低取决于消费者偏好。基于此，新福利经济学提出福利概念，包括三个基本命题：①个人是他本人福利的最好判断者；②社会福利取决于组成社会的所有个人的福利；③如果至少有一个人的境况好起来，而没有个人的境况坏下去，那么整个社会的境况就算好了起来。以帕累托最优条件为出发点，萨缪尔森等引入了社会福利函数。他们指出，社会福利是社会所有个人购买的商品和提供的要素以及其他有关变量的函数，这些变量包括所有家庭或个人消费的所有商品的数量、所有个人从事的每一种劳动的数量、所有资本投入的数量等。因此，社会福利函数是多元函数，从而由帕累托最优化原理所确定的最优化状态是不确定的。社会福利函数论派认为如何在无限多的帕累托最优状态中确定福利程度最高，除了帕累托最优化条件之外，还必须包括将最优收入分配这一条件与生产和交换的最优条件结合起来。经济效率是最大福利的必要条件，合理分配是最大福利的充分条件。但通过合理分配达到社会福利最大化状态不可以通过市场机制自发达到，这就需要国家的适当干预。

1936 年凯恩斯在《就业、利息、货币通论》中提出了“有效需求”不足理论，认为资本主义制度下存在着的生产过剩和失业是“有效需求”不足造成的，应当通过刺激需求来解决这一问题。他指出有效需求是商品的总供给价格和总需求价格达到均衡时的社会总需求。由于边际消费倾向递减规律、资本边际效益递减规律和流动偏好规律的影响，造成有效需求不足，从而造成失业现象的产生，引致经济危机的爆发。为增加有效需求，他主张实施国家干预。在凯恩斯的国家干预思想中，社会保障占有相当重要的地位，他主张通过累进税和社会福利等办法重新调节国民收入分配，通过财政转移支付，对失业者、贫困者给予救济，刺激总需求。他认为政府干预的方针是“国家必须改变租税体系，限定利率及其他办法，指导消费倾向”，主张通过财政政策来大幅度提高社会福利水平，增加社会总需求，维持再生产顺利进行。

2.1.2 经济学理论对社会保障的贡献

当代社会保障经济理论在其历史的发展过程中，提出了一系列富有特色的理论，为社会保障的发展做出了重要贡献。它主要包括：税收作为再分配的工具来实现社会保障的途径之一成为西方资本主义国家公认的原则；把社会保障作为财政政策的内在稳定器来调节宏观经济运行以及为社会保障的法制化提供思路指导。

以税收作为再分配的工具来实现社会保障的途径之一成为西方资本主义国家公认的原则。福利经济学的代表人物庇古通过论述经济福利与国民收入之间的关系，针对如何衡量和增进社会经济福利的问题提出了"收入均等化"的观点。除此之外，庇古还提出了向富人征税，以转移支付的方式将这部分收入转移给穷人的主张，以实现收入的均等化。累进所得税原则和个人间收入转移支付制度形成了独特的思想，这一做法直到今天仍被许多国家的社会保障实践所采用。

通过帕累托提出的帕累托效率我们可以通过两种形式来增加社会福利：一是使每个社会成员的境况变好；二是在没有使任何一个社会成员境况变坏的前提下使至少一个社会成员的境况变好。帕累托的主张在西方经济学界被采纳，广泛应用于对经济问题的分析之中，并为如何增进社会福利提供了重要指导。

西方社会保障经济理论通过将社会保障作为国家财政政策的内在稳定器来调节宏观经济的运行。这一点在凯恩斯的社会保障经济理论中表现得尤为突出，凯恩斯的追随者在凯恩斯的思想体系框架中，论证了社会保障对宏观经济的长期均衡效应。在经济繁荣时期政府税收会增加，而由于失业率低、社会保障支出会减少，由此会抑制个人消费需求和投资需求的过度增加。在经济萧条时期，政府税收将会减少，而失业率增加，社会保障支出将会增加，这既维护了失业者的基本生活，又刺激了消费需求与投资需求的增加，从而使经济走出萧条的境地。这样不仅发挥了社会保障制度的稳定功能，也发挥了社会保障制度的经济调节功能，针对不同时期的经济运行态势，采取不同的社会保障收支方式，使社会保障收支成为财政政策的内在稳定器，并在宏观经济运行中起到调节作用。

2.2 社会学理论与社会保障

社会保障的任务是解决各种特定的社会问题，因此与社会学是有紧密联系的。一方面，社会学从整体上研究社会以及社会发展中存在的问题，社会保障则作为社会发展的一部分，其目标与内容都与社会息息相关。另一方面，"社会学研究的社会问题、社会公正、社会稳定、社会价值、社会进步、家庭与社区、社会化、社会阶层与人口问题等，不仅为社会保障研究奠定了必要而坚实的理论基础，而且直接指导着社会保障理论研究与制度实践的发展"。社会学构成了社会保障制度在发展过程中最早和最直接的理论渊源。

2.2.1 社会保障的社会学理论基础

1. 风险社会理论

风险社会理论最初是由德国社会学家贝克于 1986 年提出来的，在其《风险社会》一书中，贝克首次使用风险社会这一概念来描述后工业社会并进而加以理论化。继而，吉登斯、卢曼等加入其中，形成了风险社会理论体系。

贝克和吉登斯主要从制度维度讨论风险社会，认为现代社会风险是现代性变异的一种结果，是 20 世纪以来高科技的突飞猛进以及各种制度建构所内在具有的自反性，他们强调技术性风险、制度性风险和风险分配。贝克认为社会风险的定义是特定文化背景下的规则、制度和对风险的认定和评估能力，是一系列特殊的社会、经济、政治和文化因素，这些因素具有普遍的不确定性特征，它们承担着现存社会结构、体制和社会关系向着更加复杂、更加偶然和更容易分裂的社团组织转化的重任。贝克指出，现代风险具有人为性、制度性、全球性、不可感知性以及更快扩散性和更大危害性等特征。英国学者吉登斯特别强调了当代社会风险的结构性特征，认为风险社会是由于新技术和全球化所产生的，是现代性的一种后果。从根源上讲，现代风险是内生的，是伴随着人类的决策与行为，是各种社会制度，尤其是工业制度、法律制度、技术和应用科学等运行的共同结果。

事实上，在制度维度之前先有了风险研究的文化维度，最早由道格拉斯(1921—2007)开创，之后经拉什等学者的努力将其发展成为风险文化理论流派。他们主张从文化的角度研究现代风险问题，关注现代风险如何在特定的风险文化背景中被建构出来，突出强调在风险形成、评估等过程中的价值判断、道德信念等所起的重要作用。道格拉斯和拉什都强调现代风险制造、扩散的文化特质。道格拉斯等主张从风险文化的角度来寻求应对现代社会风险的方法。他们认为用风险文化来描述当代社会的风险现象更恰当，文化的意义就在于提醒人们关注生态威胁和科学技术迅猛发展带来的副作用和负面效应造成的风险。因此，他们认为要更多地依靠非政府组织和亚政治文化来防范和化解风险，对社会的治理不仅仅依靠法规条例，还要依靠高度自觉的风险文化意识，即对风险社会的自省与反思。

卢曼等从系统与环境维度对风险社会进行了研究，认为现代社会是一个功能不断分化的自我指涉系统，伴随功能分化而产生的社会结构的多重复杂性和不确定性以及时间结构的复杂性是现代社会风险产生的根源。他指出现代社会本身就是一个充满风险的社会，风险从社会系统分化后形成的充满复杂性和偶然性的社会结构中衍生出来，认为社会风险是难以完全消除的。

2. 社会支持理论

社会支持作为一个社会事实是伴随着人类社会的产生存在的，随着风险社会的到来，人们之间的支持与依赖越来越紧密，人与人之间的相互支持成为人类存在的一种基本生活方式。与社会支持相关的研究，最早可追溯到 19 世纪末法国社会学家迪尔凯姆(又译为涂尔干)对自杀的研究，他发现社会联系的紧密程度与自杀率有关，提出从机械团结到有机围绕的过渡，可以促进社会整合。20 世纪 60 年代后期，鲍尔比在精神病学研究中提出了依恋理论，强调早期关系的重要性，从而社会支持作为一个学术问题被正式提出。20 世纪 70 年代，卡普兰提出社会支持从本质上来说就是一种持续的社会集合，这种社会集合为个体认识自我提供了机会，并且构成这个集合的具有支持性的他人可以在个体需要的时候，为个体提供有用的信息或认知指导以及实际的帮助和情感支持，来帮助个体走出困境。自此，社会支持有了明确的概念。到了 20 世纪 80 年代，社会支持的理论研究与实务运用进入到一个繁荣阶段。美国社区支持方案(community support program，CSP)迅速发展，非正式网络发挥了无可替代的作用。这一阶段，越来越多的研究者对社会支持的内涵提出更多的见解。如巴拉雷等人从客观的角度认为，社会支持包括帮助别人应付情感压力、分担责任、提供建议、传授技能、给予物质援助等活动。林南给出了一个综合的定义：社会支持是由社区、社会网络和亲密伙伴所提供的感知的和实际的工具性或表达性支持，他将社会支持分为工具性支持和表达性支持。

国内研究社会支持的学者以肖水源为代表，在 20 世纪 80 年代，他把社会支持归纳为三个方面：一是客观的或可见的支持，包括物质上的援助和社会网络、团体关系的参与和存在；二是主观的、体验到的情绪上的支持，包括个体在社会中被尊重、被支持和被理解的情绪体验及对这种体验的满意程度；三是个体对所能得到的社会支持的利用情况。丘海雄则提出社会支持既涉及家庭内外的供养与维持，也涉及各种正式和非正式的支持与帮助。后来的研究者们更倾向于将社会支持看作一个系统，包括社会支持的主体、客体与介体三大部分。社会支持的主体是各种社会形态，包括国家、企业、社团和个人。社会支持的客体，部分学者认为单指“社会脆弱群体”，部分学者认为每个个体都可能是社会支持的客体。社会支持的介体是指联结社会支持主体与客体之间的纽带，一般分为情感支持、信息支持、友谊支持和工具性支持。

社会支持理论的核心价值与社会保障基本一致，都是为了追求社会公平、减少社会风险、维护社会稳定、促进社会发展，都将社会作为终极目标。社会支持体现出深刻的互帮互助思想，与社会保障的互助性相吻合。

3. 需求层次理论

社会学家马斯洛主张“需要构成了一个人类内在价值系统和利益系统的基础，这些价值和利益本身就是自身意义的明证，无须进一步证实”。马斯洛的需求层次理论将需求分成生理需要、安全需要、社交需要、尊重需要和自我实现需要五个层次。第一层次生理需要主要包括衣食、住房以及基本生活保障等，这些都是处于低收入阶层的社会成员所必需的。第二层次安全需要主要包括人身安全、职业安全以及经济安全等。第三层次社交需要包括友谊、情感、归属等，当社会成员的基本生活需要以及安全感得到满足时，社会成员追求更多的则是精神交流与精神慰藉，社会成员可以通过家庭、社会以及其他组织来满足，但对于部分鳏寡孤独者则需要相关工作人员来满足他们对社交的需要。第四层次尊重需要包括了自尊、能力、权威、地位等，是社会成员获得知识与能力需要的相应的尊重。在第五层次自我实现需要方面，社会成员想要获得成就感等更多的是取决于成员的个人发展空间与个人自由度的扩张。马斯洛说过：“通常作为动机理论基点的需要是所谓的生理驱力。”这些需要是每一个人都具有的本能，是不可改变的。在马斯洛需求层次理论中，各个阶段的需要的满足在客观上都离不开社会保障制度的保障。社会保障制度的建立，正是促使社会成员的需要获得满足，并由低级向高级转移的良好社会机制。

2.2.2 社会学理论对社会保障的贡献

社会学是从整体上研究社会问题及社会发展等的一门综合性学科，社会学理论对研究社会保障问题提供了重要的理论支持与理论指导。

社会保障的一个重要目的就是帮助社会成员应对社会风险，且社会风险更容易发生在弱者身上，因此，风险社会理论为其提供了重要的理论基石。风险社会理论让人们意识到现代社会风险的性质、特征及难以根除性，因此，人们只能正视风险并尽可能地规避风险，却无法完全消除风险。贝克提出的现代社会中人类自身知识的增长和科学技术的发展而导致自然与传统的终结，取而代之的是不明的和无法预料的风险，这成为现代社会的主宰力量，社会充满了各种人为的风险，同时，人类为控制这些不确定性而做出的各种决定又会导致新的风险的产生，这些风险无论是在结构和特征上，还是在影响范围和程度上，都发生了根本性的变化，这将进一步导致现代社会在制度组织机制、社会形态和个人生活方式等方面发生重大变化，社会由此进入风险社会。卢曼等人提出的社会系统与环境风险更是警示人们社会风险的普遍存在性。社会风险学者们虽然没有直接提出社会保障问题，但基于社会保障自身的性质，社会保障制度的出发点就应该以社会风险为基础。制度学者们提出从制度设计的角度规避和化解风险，认为应该发挥政府组织的作用，同时也提出风险社会是网络的、平面扩张的，因此需要多元主体的合作治理。而风险文化学者们则更倡导发挥非政府组织的力量，这就为社会保障的公共性、社会性奠定了重要基础。

社会支持体现的互助思想在一定程度上反映出社会保障的萌芽，社会保障的互助性、社会性等特征与社会支持理念相符合。社会支持系统的提出更是为社会保障的制度设计、制度运行提供了重要的理论框架，社会支持系统将国家与社会力量视为社会支持的主体，社会保障的主体也逐渐由政府主导转变为政府与社会力量的结合。在社会支持系统的客体界定上，虽然不同学者有不同的看法，不管是将其界定为脆弱群体还是社会公众，都体现了社会支持对陷入困境的、有需要的群体的帮助。而社会保障制度的覆盖范围也逐渐由部分群体向全体社会公众扩展，更大程度上体现出社会公平。因此，社会支持理论为社会保障提供了直接的理论基础。

需要是一切利益的起始点，人们因此提出各种各样的要求。社会保障的终极目的是通过满足社会成员的需求来实现社会利益，维护社会和谐。需求层次理论体现的是人类不同层次的需求，体现出人类的自我发展过程。社会保障的最低标准也是满足社会成员的最低生活需求，随着社会经济的发展，社会保障的层次也在不断提升，社会保障制度的内容从社会救助等低层次逐渐向全体成员的社会福利扩展。此外，社会保障也不仅仅是物质层面的保障，还包括职业需求、精神层面等方面的保障。因此，需求层次理论是社会保障的重要理论基石。

2.3 政治学理论与社会保障

政治学理论与社会保障息息相关。社会保障是一种履行对公民生活安全责任的国家行为，涉及政府、政党、政体等政治要素。首先，设计与执行社会保障措施是一种政治过程，影响社会保障政策制定的有意识形态、利益集团、权力结构等政治因素。其次，社会保障本质上是政府对人们生活的干预，政治体制、政府结构、政治决策等难以避免地会卷入社会保障活动。再次，政治学研究政治制度的过程、原则和结构，而社会保障中的政府行为显然符合这一内容。简而言之，政治理论、政策制定、行政管理、政党政治、选举体制、公众舆论等构成了社会保障研究的重要对象。

2.3.1 社会保障的政治学理论基础

作为现代社会的一种道德理念、一种政治立场和制度设计，社会保障从开始就和政治道德争论不可分割地联系在一起。人们通常认为，社会保障的道德伦理源于宗教关于神对人要行善的道德命令，“慈善”即源于这种道德要求。早期的社会保障实践中，慈善作为一种善行或德性，主要建立在怜悯和同情的道德情感基础上。但这种源于宗教的慈善主要受“救赎”思想或“来世报应”观念的支配，善行带有极强的功利主义色彩。在神学语境下，慈善作为社会保障的实践形式，表达了人们对友爱、互助和团结的道德追求，以及通过“神道”而改善穷人的不幸命运、追求社会平等和公正的政治向往。因而，慈善作为一种救助行为，确定了社会保障的一个基本构件：救助穷人或弱势群体，减轻或免除他们的痛苦与不幸。但是，由于要服从神圣的目的，这种人道主义只有在世俗化了的慈善目的之后，才有可能成为人性的要求来推动慈善朝着追求世俗幸福、追求自由平等和社会公正的福利道德的方向发展。文艺复兴和资本主义工业制度建立以后，神道的福利道德观在不断的“祛魅”过程中隐退，而人道的福利道德观逐渐主宰了社会慈善事业，慈善开始了在真正社会保障的意义上发展。

到 18、19 世纪，慈善事业主要集中于对工业化造成的农村破产，人口向城市集中带来的贫困人群和城市失业工人的济贫服务上。从事这种社会福利服务的机构，既有政府的官办救济机构，也有教会和非宗教性的民间慈善组织。他们的主要工作理念是"救济"，即把保障穷人和失业者的基本生活需要作为主要工作，防止这些人因为失去基本生活来源而对社会秩序产生破坏作用。这时的社会福利基本上是作为防止社会动乱的措施来看待的，而在社会保障的道德价值判断上，它把大部分贫困理解为人的道德缺陷，把受救济的人看作失败者和无能者，认为是个人品格的缺陷和懒惰导致他们在市场经济的竞争中失败或落伍。救助变成了道德歧视，救济与其慈善的宗旨发生了背离。这种慈善救济与 19 世纪主张的自由主义经济理论一致，它的政治动机就是希望在最小干预的水平上，最大限度地维护社会秩序，以保护自由市场经济。

以济贫法为代表的补救型社会保障政策所持的道德及政治立场，引起了社会政治领域对自由放任资本主义的激烈批判。与自由主义的福利观相对应的是改良主义和社会主义，它认为虽然市场本身作为社会的基本制度要素具有特殊的不可替代性，但市场不应该成为支配人命运的唯一力量，也不能成为社会再生产的唯一调节机制。国家在保护每一个人基本权益不受侵害方面不仅负有道德的义务，而且应当承担政治的责任。因而应通过政府干预社会财富的分配，用再分配的方式来使社会"去商品化"。在某种意义上，福利国家的出现是 19 世纪以来主张民主和平等的社会主义思想的胜利成果。

与改良主义思潮不同，马克思则对造成贫困的社会政治经济结构问题进行了激烈的批判。马克思没有直接地研究社会保障问题，而是把这个问题当作他整体社会理论的一个部分，通过揭露社会保障掩盖资本主义罪恶的虚伪性，说明不从根本上消除贫穷和罪恶的经济政治根源，对穷人的福利救助只是使资本主义得以延续的有效措施。马克思基本上是以政治批判的方式讨论社会福利问题，把一切关于社会福利的政策和措施归结为资产阶级用以维护和改良其统治的工具。他试图通过建立一种新的社会政治规范理论，向我们阐明：没有社会秩序的根本变革，靠再分配性质的福利计划或对穷人的救济来维护所谓社会的平等及公正，仅仅是一种政治上的装饰。

社会主义从社会正义的高度在政治和道德方面对资本主义和工业社会化过程中出现的种种社会问题的反思、批判，使得古典自由主义在政治观念和道德观念上不断地演变，形成了近代以来的各种政治思潮。现代自由主义、社会民主主义、社会主义等，在自由、平等、权利、公正等问题上的争论，为社会保障制度的产生与发展奠定了重要的基础，从而形成了从慈善救济到制度保障的发展轨迹。

2.3.2 政治学理论对社会保障的贡献

社会保障与社会全体成员的利益相关，会触及社会各个阶层不同的利益，因而社会保障产生的过程必然与政治相关，同时社会保障也是各种政治力量角逐的产物，承担着政治功能。社会公正是社会保障或福利国家的政治理论基础，而政治体系是实现社会公正和角逐政治权力的场所。英国政治学教授巴里曾提到"最初的福利供给是因为担心来自异化的社会贫民阶级的社会动乱"。社会保障通过帮助每个社会成员防范风险和实施社会救助从而减少生活困难者对于社会的不满，减少社会冲突，维护了社会秩序的稳定。在政治学意义上，社会保障是政治系统的一种产品，这种政治产品在不同的社会发展阶段主要为了满足不同阶层的要求。"人类社会工业化进程所引致的社会问题导致了一系列公共政策的出台。而所有这些政策的目标都旨在使城市化过程中不断扩大的不平等和潜在的社会不满等社会问题变得缓和，也即这些政策都致力于建设这样的一个国民共同体，其中代表各自利益的不同阶级和政党能找到一种共存共荣的方式。”

在劳动阶层还没有形成自己的组织之前，保障制度只是统治阶层满足自身要求而生产的“政治产品”，而不是劳动阶层要求的产品，比如济贫制度。而随着劳动阶级的壮大和觉醒，他们有了自己的利益集团和明确的要求，在相关理念的支持下进行政治力量之间的斗争，对这些要求进行取舍，输入政治体系，产生“政治产品”，这才是真正满足了劳动阶层要求的产品，比如福利制度。济贫到社会保险，进而到福利，这一发展是递进的过程，体现社会保障的刚性发展规律。

政治学理论对社会公平、社会正义、权利、国家责任等的强调为社会保障奠定了重要的基础。马克思通过对改良主义的批判，揭示了社会保障的政治根源在于，不进行政治改革，仅仅是物质生活条件的改善只能加强资产阶级的统治地位，只能是在承认社会不平等的前提下，缓和阶级对立的政治手段。提出要变革社会秩序，真正消除不平等，这样才能实现社会的普遍福利状态。罗尔斯(1921—2002)在其《正义论》一书中强调“正义是社会制度的首要价值”，并提出：“正义的主要问题是社会的基本结构，或更准确地说，是社会主要制度分配基本权利和义务，决定由社会合作产生的利益之划分的方式。”也就是说，正义是一个涉及社会的制度性的安排如何将各种社会资源公平地分配给每一个社会成员的政治和道德问题，以保证每个社会成员都能得到公正的待遇，实现其权利。罗尔斯还主张所有社会价值都将被均等地分配，但针对每个人的优势而进行的各种不均等分配除外，认为社会应当将优先权交给平等。罗尔斯关于社会正义的观点充分体现了对弱势群体的保护和对实质性平等的追求，他倡导的通过资源配置实现社会公平恰是社会保障制度的核心思想。

本章小结

现代社会保障制度涉及整个社会经济资源的分配与社会公平、公正等，并非一项简单的社会制度安排，而是有着深厚的理论基础。经济学、社会学和政治学理论都对社会保障制度的价值理念、制度设计与运行等产生重要影响。

经济学理论中的“看不见的手”、德国新历史学派的“改良主义”观点、边际效用价值说、福利经济学、有效需求理论等都为社会保障制度提供了重要的理论基础，虽然不同的流派提出了不同的观点，但恰是这种分歧表明了社会保障制度的复杂性。

社会学理论中的风险社会理论、社会支持理论、需求层次理论等从本质上反映出社会保障制度的功能，对其发展起到重要作用。

社会保障是一种履行对公民生活安全责任的国家行为，涉及政府、政党、政体等政治要素。社会保障从开始就和政治道德争论不可分割地联系在一起，不同时代的社会保障制度体现出不同的政治属性。政治学理论对社会公平、社会正义、权利、国家责任等的强调为社会保障奠定了重要的基础。

思考题

1. 试比较经济学理论、社会学理论和政治学理论对社会保障产生的不同影响。

2. 如何看待社会保障制度中的公平和效率问题?

3. 如何理解现代社会是一个风险社会?

4. 比较分析社会保障的社会价值和政治价值。

5. 如何理解马克思的“贫困观”?

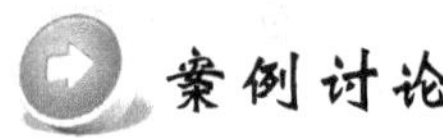

案例讨论

美国不同党派下的社会保障制度

自1933年罗斯福新政以来,美国政府实行了一些社会救济措施,以缓和社会矛盾和经济危机所带来的严峻问题。1935年8月14日,美国国会通过了《社会保险法》,对老年人、残疾人及贫苦无靠的儿童和失业者给予最低限度的救济金。本法案旨在增进公共福利,通过建立一个联邦的老年救济金制度,使一些州得以为老人、盲人、受抚养的儿童和残疾儿童提供更为可靠的生活保障,为妇幼保健、公共卫生和失业补助法的实行做出妥善的安排。

此后,历届美国政府不断对该法进行补充和修改。美国的社会保障制度对保障退休人员的生活和维护社会稳定起了重要作用。据美国社会保障局介绍,美国有11%的老年人生活在贫困线以下,而如果没有社会保障制度,全国的老年贫困人口将高达50%。对于三分之二的老年人来说,社会保障制度是其退休后的主要收入来源;对于三分之一的老年人来说,社会保障制度则是其唯一的生活来源。然而,随着社会和经济的发展,由于人均寿命延长和人口出生率下降,美国依靠社会保障制度生活的老年人会越来越多。

为了改革社会保障制度,2001年5月,布什总统下令专门成立了一个由16人组成的“加强社会保障总统委员会”,提出了“社会保障私有化”的主张。布什改革计划的核心内容是,允许该制度的受益者利用部分社会保障税设立可以投资于金融市场的私人账户,以获得较高的回报率。但是,布什政府的改革计划遭到民主党的强烈反对。民主党指责“加强社会保障总统委员会过度夸大财政危机”,并指出证券和投资公司在总统选举中为布什捐款390多万美元,是第四大捐款利益集团,布什政府允许社会保障税投资金融市场是对华尔街特殊利益集团“投桃报李”,并没有考虑到普通家庭的利益。并且,“私有化”无异于将社会保障退休体系置于充满风险的“股票市场”之中,布什的方案将危及退休人员及其他社会保障受益者的生活。

2020年美国大选中,民主党候选人拜登和共和党候选人特朗普在社会保障方面的主张依然各执一词。拜登主张提高最高个人所得税率、企业所得税率和资本利得税,同时提高最低工资;增加联邦政府对低收入地区学校的资助;根据收入水平削减学生贷款还款;支持奥巴马医改方案中的公私合营的平价医疗体系。但特朗普却主张实施减税2.0计划,降低中产阶级税率和资本利得税,对提高最低工资态度较为暧昧;提出削减教育领域的政府支出;任期内基本废除了奥巴马医改。

问题:

1. 该案例反映了社会保障制度的哪些特征?

2. 你认为社会保障制度的根本目标是什么?

第3章 社会保障制度的发展历程

本章要点

◎ 国际社会保障制度的发展历程
◎ 中国社会保障制度的发展历程
◎ 对中国社会保障制度的评价

3.1 国际社会保障制度的发展历程

3.1.1 国际社会保障制度的萌芽

在人类社会的发展进程中，社会保障制度是伴随着社会经济的不断发展而逐步发展起来的，历史非常悠久。社会保障最早源于济贫思想，早在公元前二千多年颁布的《汉穆拉比法典》中，就规定“要保护寡妇、孤儿，严禁以强凌弱”；亚里士多德也认为，人是一种社会性的动物，他与同伙相互协力、帮助。这些早期济贫思想的核心就是要以慈善之心去关心那些生病、年老、残疾和贫穷者。

1. 早期慈善事业时代

在不发达的农牧社会，民族国家逐渐形成并不断巩固，但生产力水平依然非常落后。统治者更为关注的是防御外来入侵与开拓疆土，加之国家财力匮乏，致使当时需要帮助者众而提供帮助者寡。并且，开展的救灾济贫活动也往往取决于举办者的意愿和财力，这就意味着它通常是一种随机的、临时的、非常落后的救助活动。

这一时期，西方宗教团体是开展慈善事业的主体，他们大多将行善列为基本原则，指导各个宗教团体组织开展慈善活动。由教会组织的救灾、济贫等活动成为当时的主要社会保障方式，并随着宗教影响范围的扩大而不断推广。宗教慈善事业经历了较长时间的发展，迄今仍未间断，对现代社会保障制度起到了重要的补充作用。当宗教慈善事业不能满足贫弱社会成员的需要时，政府就会直接出面举办一些临时性的救济活动，此类活动代表着国家对慈善事业的介入，并且通常基于传统道德与政治需要而产生。因而形成了由官方组织的却并未制度化的救济活动，被称为官办慈善事业。官办慈善事业虽未制度化，但也发挥过非常重要的作用。例如：公元前560年起，希腊政府就开始对伤残的退伍军人及其遗属发放抚恤金，对贫困者发放补助。此外，还存在着民办慈善事业，即由民间人士自发举办的各种慈善活动。例如起源于欧洲中世纪的基尔特(Guild)制，是指职业相同者基于互助精神组成团体并相互救济的制度。该制度创始之初，分为商人基尔特和手工基尔特两种，当团体中的会员死亡、疾病或遭受火灾、窃盗等灾害时，共同出资予以救济。例如德国的手工业者互助基金会，以向会员收取会费的方式筹集基金来帮助那些丧失工作能力又没有土地作为生活依托的手工会员。之后，英国在基尔特制度的基础上发展成立了“友爱社”，对相互救济事项的范围和社员社费的缴纳等都有了明确规定。

早期慈善事业时代，即宗教慈善事业、官办慈善事业与民间慈善事业共生时期，虽然这一时期的社会保障水平比较低下，却展现出了人类社会对于社会保障机制的需求，并出现了以宗教、官方与民间为主体的不同的救济模式，为之后社会保障事业的发展奠定了重要基础。

2. 济贫制度的形成与发展

1）济贫制度的形成

1601年，英国颁布《济贫法》，它将社会保障体系中最低层次的措施，即社会救助第一次以立法的形式公之于世，成为社会保障发展史上的一个重要里程碑。

中世纪的欧洲随着封建制度的建立，土地掌握在封建贵族手里，佃农的人身关系依附于土地之上，封建贵族为了争夺土地和扩大领地，不断发动大规模的战争。佃农一方面要为封建主耕种土地，另一方面要跟随封建领主征战杀戮。为了再生产的需要和兵力供给的充足，封建主对佃农给予了一定的保障，如为年迈的佃农免费提供住处，在教区内主持和管理慈善事业，并为丧失劳动能力的人提供最低生活保障等。当时的教会在济贫事务中充当了重要角色，如中世纪，全英国被划分为若干教区，教区的主教对辖区内的穷人负有救济责任。早期的保障带有很强的慈善性质，完全取决于封建主的乐善好施，并未形成一套有保证的制度。

中世纪末期，随着工商业的兴起，封建社会的人身依附关系开始瓦解，连年的战争和瘟疫使得成千上万的农民离开土地而涌向城镇，他们在离开土地、摆脱封建土地人身依附关系的同时也失去了基本的生活来源，他们中的许多人沦为城镇游民或乞丐阶层。加之英国圈地运动的开始，使得失地农民变成流民，社会动荡问题加剧。当时教权衰落、王权兴起的现象也使得政府希望通过逐渐介入济贫事务来发展世俗政权的势力。为了促进民族国家的发展和巩固王权，英国开始采取济贫立法。如英国的亨利八世1531年颁布法令，规定地方官吏对其辖区内的老弱贫民要进行调查登记，颁发许可证，允许其在指定辖区内行乞。

1601年，伊丽莎白女王在以前各种法令的基础上，颁布了著名的《济贫法》，该法最大的特点是确认国家具有救济贫民的责任。该法规定，全国普遍设立收容贫民的济贫院，对贫民实施救济是每个济贫区的责任，每个济贫区都要委任若干贫民救济官，其任务是为所有贫民和他们的家属根据不同的情况分别采取不同的方法予以解决：一是健壮贫民，要求通过做工来实现自给；二是无工作能力的老弱残障者，以院内收容和院外救助两种方式救助；三是对于孤儿，以孤儿院收养、家庭补助、家庭寄养等方式来抚养。该救济费用主要来源于济贫税、自愿捐赠、罚款等。实施《济贫法》的目的主要是通过强迫劳动来解决贫民流浪问题。

《济贫法》的颁布通常被认为是济贫制度的形成，而济贫制度也成为西方国家由农业社会向工业社会过渡的主要社会保障形式。

2）济贫制度的发展

伊丽莎白《济贫法》被称为英国济贫法制度史上的“旧济贫法时代”。1647年和1649年，英国议会先后颁布两项《改善现状给贫民以工作机会并惩罚市内和市郊的游民及其破坏秩序者》法令，要求各地“建立贫民习艺所来收容、救济并安置平民工作，建立感化院来惩罚流浪汉、无业游民和乞丐”。英国政府为了有效应对贫民，逐渐放宽对地方政府实施济贫法制度所施加的种种限制，这一时期的济贫法制度呈现出一种不断扩展的趋势。17世纪英国济贫法制度的基本内容对值得救济者的救济有所扩大，对身体健全、有劳动能力者的劳动救济更加强调，而对于流民与恶丐的严厉惩罚依然基本延续16世纪济贫法制度的传统与措施。

1834年，英国通过了《济贫法修正案》，被称为"新济贫法"。其最重要的特点是确立了济贫院内救济的原则，如：严格限制对贫民的救济津贴，强迫需要救济的贫民重新回到习艺所去，实行残酷的苦役制度，设立济贫法专员署，对贫民和救济基金实行总的管理。济贫院内的状况却悲惨不堪，导致新济贫法制度的推行一度遭到民众的反对。但新济贫法在改善救济管理、实施区别性救济方面的措施、济贫法制度的实施在缩小城乡收入差距和降低济贫支出方面的积极影响，也是不容忽视的历史事实。

自英国颁布济贫法之后，欧洲其他国家，例如瑞典、荷兰等国也开始纷纷效仿。《济贫法》通过法律的形式将早期的社会保障活动固定下来，成为社会保障制度化的契机，一方面这是历史的进步，而另一方面济贫制度也存在着立法不平等、条件苛刻等状况，并未使得济贫活动成为一项固定的、经常性的制度。

处于萌芽阶段的国外社会保障制度为现代社会保障制度的建立打下了重要基础，但基于当时较低的生产力与经济发展水平以及简单的社会结构特征，使得社会保障活动非常有限，且保障的目的也多是为了维护统治者的统治而不是满足社会的需求，因此保障活动也呈现出居高临下、施舍的性质，保障效果也极其有限。

3.1.2　国际社会保障制度的建立

1883年，德国颁布了第一部社会保险法令——《疾病保险法》，标志着现代社会保障制度的诞生。现代社会保障制度是工业化的产物，其主要表现内容为社会保险制度。

在18世纪工业革命中，欧洲国家取得了巨大胜利，并且先后进入了工业社会。机器大生产逐渐取代手工生产，市场经济兴起并且逐步取代了封建自然经济，社会结构日趋复杂，工人阶级壮大。工业生产的社会化和规模化使得越来越多的劳动者从乡村进入到城镇工作生活，形成了无产者阶层。疾病、工伤、失业等事件逐渐演化成一种社会性的群体风险，这意味着失去收入来源与生活保障的这部分群体，可能会成为破坏社会稳定的因素。以往的济贫和慈善事业已经无法解决当时的问题，各国纷纷需要建立新的保障机制来适应工业化社会的需要。然而，作为工业化产物的社会保障制度却不是产生于最先进行工业革命的英国，而是产生于德国，其中有着各种因素的推动。一方面在理论上，德国新历史学派主张国家干预社会经济生活，主张法律至高无上，主张实施包括社会、工厂法在内的社会政策，主张调和劳资关系以消除德国面临的最大的社会问题。这些主张极大地影响了德国的社会政策，使得政府将各项社会保险当作管理社会的工具；另一方面在政治条件上，19世纪下半叶，德国无产阶级力量相当强大，工人运动不断，迫使当局考虑社会保障问题。加之当时处于俾斯麦执政时期，其深谙要想进行工业发展继而对外扩张，关键在于安抚好工人。在种种因素的作用下，德国率先建立了社会保险制度。

社会保险制度属于制度化的社会保障机制，是由雇员、雇主共同供款和国家资助建立起来的社会保险制度，真正确立了社会责任与风险的共同分担机制，受保障者无须以牺牲人格尊严和接受惩戒为受益条件，免去了济贫制度的不足。尽管德国的社会保障制度不够完善，保障水平较低且带有明显的政治色彩，但为现代社会保障制度提供了一个基本框架。随后，奥地利、瑞典、匈牙利、丹麦、挪威、英国、法国等欧洲许多国家相继制定和实施了保险制度。此后，以社会保险形式来推广社会保障制度成为社会保障体系发展的主流，并进而推广到世界范围。

3.1.3 国际社会保障制度的发展

1935 年，罗斯福当政时美国国会通过《社会保障法案》(The Social Security Act)，首次出现"社会保障"一词，标志着社会保障制度进入发展阶段。

1929—1933 年的经济大危机对美国的国民经济造成了巨大的影响，失业人口剧增，到 1933 年失业工人达 1500 万。1934 年，直接接受紧急援助和依靠政府救济的人数上升到 1900 万人，占全美人口的 15%，形成了前所未有的饥饿者队伍。民众对政府及民间救济的需求空前增多，但时任总统仍坚持自由放任主义，要求把政府的干预控制在最低限度，同时认为保证预算收支平衡是国民经济健康发展的必需条件。这就造成了"一方面要求救济的人数倍增，另一方面救济金的来源又陷于枯竭"的局面。随着经济危机的不断恶化，原先主张失业救济应由地方政府和私人组织来解决的工商业态度开始发生改变。同时击碎了美国人对市场的信仰，使得美国民众对政府的期望与依赖不断强化。

1933 年罗斯福出任美国总统，并开始推行"新政"，主张增加社会总需求来干预经济。1933 年颁布了《民间护林保土队救济法》，1934 年颁布了《铁路职工退休法》，1935 年颁布了《瓦格纳—克罗塞铁路职工退休法》，对美国社会保障制度具有里程碑意义的则是 1935 年 8 月 14 日通过的《社会保障法》。美国最初的社会保障项目包含两个社会保险项目和三个救助项目：老年社会保险、失业保险、盲人救济金、老年人救济金、未成年人救济金。虽然该法的实施遭受过共和党一段时期的阻挠，出现了"罗斯福执政不到三年，各下级联邦法院已有一百多位法官发出大约一千六百个指令，禁止施行新法"的局面。1936 年，罗斯福再次当选美国总统，进而民主党在国会中取得了优势，使得罗斯福有了对社会保障制度进行初步完善的时间：1937 年罗斯福成立了社会保障顾问委员会；1939 年对《社会保障法》进行了修改完善；1939 年 6 月建立了联邦贷款机构和联邦工作机构。

此后，美国社会保障制度的演变基本上是 1935 年社会保障法的发展和调整。以社会保障法及其修正案为契机的一系列社会保障制度立法涉及就业和失业社会保障、老年保障、健康医疗保障、教育福利保障、住房福利保障、退伍军人福利保障，以及其他公共援助、妇幼和残疾福利保障等。美国可以说建立了包括社会保险和社会救助的"一揽子"社会保障制度，为社会保障制度的进一步发展提供了基本框架和发展方向。1929 年的经济危机是世界性的，一些工业国家都遇到了同样的问题。因此，各国也像美国一样，纷纷采用凯恩斯主义的主张，扩张财政支出，增加社会保障项目，使得社会保障在这一时期得到较大发展。

3.1.4 国际社会保障制度的繁荣

1948 年，英国第一个宣布建成"福利国家"，标志着社会保障制度的发展进入鼎盛时期。这一时期不仅工业国家纷纷向福利国家迈进，而且一些发展中国家也开始实施社会保障项目或建立了综合性的社会保障制度，使得社会保障成为全球性的事业。

第二次世界大战后，社会保障制度全面发展完善，战后初期至 20 世纪 50 年代，西欧各国迅速恢复战争创伤，并且采取了一系列相应的社会救济和保障措施。1942 年，英国经济学家贝弗里奇提交了题为"社会保险和相关服务"的报告，即著名的贝弗里奇报告。该报告继承了新历史学派理论有关福利国家的思想，从英国现实出发，指出贫困、疾病、愚昧、肮脏和懒惰是影响社会进步、经济发展和人民生活的五大障碍，并据此提出政府要统一管理社会保障工作，通过社会保障实现国民收入再分配的建议。报告设计了一整套“从摇篮到坟墓”的社会福利制度，并于1944年被英国政府基本接受。英国政府逐步制定和实施了国民保险法、国民卫生保健服务法、家庭津贴法、国民救济法等一系列法律，增加了众多的福利项目，将保险范围扩大到全体公民。1948年，英国工党领袖、首相艾德礼宣布英国第一个建成了福利国家。

从20世纪50年代后期到70年代初期，西欧国家社会保障制度不断扩大改善，进而达到鼎盛阶段。20世纪50年代后期，多数欧洲国家基本完成了有关社会保障制度的立法，设立了社会保障制度所包含的主要保险项目和管理机构。社会保障制度继而得到体系化、制度化的发展，并成了全体公民应受法律保护的权利。20世纪70年代，社会保障制度发展达到高峰状态，“福利国家”大范围出现。如英国、西欧以及北欧的一些国家和地区相继建成了福利国家，建立了全方位的福利保障制度。日本虽然未走上福利国家的道路，但也曾制定过“福利六法”，为后期社会福利制度的建立和发展提供了法律基础。

而在发展中国家，印度开始了靠先进技术提高粮食产量的“绿色革命”的第一次试验，结果粮食总产量有了大幅度提高，使印度农业发生了巨变；泰国实施的乡村发展计划、小农发展规划和乡村就业工程；巴西、菲律宾、印度尼西亚等国家也实施了扶贫计划，一定程度上缓和了贫困问题，取得了保障乡村贫民最低生活的良好效果。虽然发展中国家的社会保障制度仍然不能与发达国家相提并论，但却表明了社会保障已经成为一项全球性的事业。

3.1.5 国际社会保障制度的改革

这一阶段以1979年英国保守党撒切尔政府对现行保障体系进行的改革为起点。

20世纪70年代以来，西方各个发达国家的社会保障制度在获得空前发展的同时，其弊端也逐渐显露，出现了社会保障“危机”。主要表现在经济和社会两方面：从经济方面看，社会保障支出大大超过社会保障基金的增长速度，普遍超过本国经济的同期增长率。庞大的社会开支，加剧了这些国家的财政不平衡，加重了公民的税务负担，降低了国内投资和产品的国际竞争力。从社会方面看，全面的、高标准的保险津贴以及福利补助，使得部分公民滋长了懒惰习性，即“福利病”。对于这种“高福利社会”越来越多的反思以及批评开始出现。许多国家开始进行社会保障制度改革，一方面是新兴国家和地区的“加法”改革，如中国、韩国等，随着经济的增长不断增加社会保障投入，提高保障水平；另一方面则是发达国家的“减法”改革，增加税收的同时通过减少保障项目或降低保障水平等方式来控制社会保障支出，或者是将社会保障事务私有化以减轻政府的责任。在此，我们主要讨论发达国家的改革情况。

发达国家社会保障制度的改革主要体现在以下几个方面：

(1)增加社会保障资金来源。解决社会保障资金入不敷出问题的首要方式即是增加资金来源，一些国家提高了社会保险基金的缴费率。如英国的老年、残障和遗嘱保险在20世纪80年代雇员个人应缴的社会保险费率为7.75%，1999年提高到10%。挪威、爱尔兰等国家通过对资源课税等方式建立国家储备基金，以缓解社会保障基金的压力。此外，还有美国等国家的扩大缴费基数、英国等开征社会保障收入所得税、德国等增加收费项目等举措。

(2)削减社会保障总支出。缓解社会保障资金压力除了“开源”，另一个重要手段就是“节流”。首先，改普遍性原则为有选择性原则，重点帮助低收入者。例如，英国政府缩减“产妇津贴”和“死亡津贴”的范围，由不论贫富的发放改为只对低收入家庭发放。其次，改进社会保障金的计发办法，降低保障水平。如丹麦于 1996 年将失业津贴有效期从 9 年降低到 5 年。德国 1992 年将养老保险法规定的受教育年限视作缴费年限，由最长 13 年改为 7 年，又规定，从 2012 年到 2029 年，逐渐将退休年龄从 65 岁提高到 70 岁。再者，对医疗保险费用进行改革。一方面采取了病人承担部分医疗的办法；另一方面，对病假补助做了某种程度的改革。如丹麦新增了病人领取补助的等候期；又如英国规定所有疾病补助都要交纳所得税等。

(3)调整社会保障格局。20 世纪 80 年代后，受新自由主义的影响，发达国家的社会保障理念由“福利型”转变为“保障型”，增加个人在社会保障中的责任。如 1994 年世界银行提出了基本养老金、职业养老金和私人储蓄养老金组成的三支柱养老保障模式。2005 年，世界银行又将其扩展为包括非缴费的国民养老金的零支柱和家庭养老的四支柱，形成了五支柱的养老保障格局。

(4)社会保障私有化改革。它主要是指实行社会保障制度的“私人化”“资本化”。所谓“私人化”就是改变把社会保障系统全由国家包下来的办法，政府尽量缩小干预社会保障的范围和项目，把这些项目交由工人合作社和其他社会团体、家庭、慈善机构和互助组织承担，即让“私人介入社会福利”。所谓“资本化”，主要是为了解决养老金的资金储备问题，如允许在养老金的管理上采取私人保险公司的做法，用储备积累来支付养老金。

(5)改进社会保障管理制度。一方面，将管理方式由统一管理改为分散管理，以提高地方积极性。例如意大利在 1992—1993 年的改革中，将医疗保险的部分组织和监管权由中央转移到地方。另一方面，注重从制度上建立完全独立于国家预算的社会保障基金，如英国于 1991 年 4 月重新组建了社会保障部并成立了两个独立的管理组织，即保险费管理机构和待遇管理机构。

发达国家的社会保障制度虽然在二战后发展到了较高的水平，但 20 世纪 70 年代以来人口老龄化等客观因素的出现，使之受到挑战并走上改革之路。由于福利刚性等特征，任何一项社会保障制度的改革都要经历一个痛苦而长期的过程。不管是发达国家还是发展中国家，社会保障制度改革的脚步都不会停歇。

3.2 中国社会保障制度的发展历程

虽然中国的社会保障制度现在仍处于不断探索的改革发展时期，但其社会保障活动的历史却十分悠久，自舜时期就提出了“慎身”和“安民”的思想。春秋战国时期，诸子百家的思想得以创立之后，被认为社会保障思想的萌芽正式形成。由于鸦片战争以后，中国便陷入特殊时期，因而在此近代的社会保障思想略微提及，重点讨论古代社会保障活动及新中国成立之后的社会保障制度发展历程。

3.2.1 中国古代社会保障活动

1. 中国古代社会保障思想

1) 大同社会论

《礼记・礼运》中记载：“大道之行也，天下为公。选贤与能，讲信修睦。故人不独亲其亲，不独子其子，使老有所终，壮有所用，幼有所长，鳏、寡、孤、独、废疾者皆有所养。男有分，女有归。货恶其弃于地也，不必藏于己；力恶其不出于身也，不必为己。是故谋闭而不兴，盗窃乱贼而不作，故外户而不闭，是谓大同。”大同思想不仅包含了“天下为公”的最高理想，更是体现出了生活上实现社会统筹，各得其所；生产上人人尽自己的努力去劳动，以使所有的社会成员均有生活保障等社会保障思想。

2）仓储后备论

《礼记·王制》中记载：“国无九年之蓄，曰不足；无六年之蓄，曰急；无三年之蓄，曰非其国也。三年耕，必有一年之食，九年耕，必有三年之食，以三十年之通，虽凶旱水溢，民无菜色。”从中已经明显体现出了储备思想，通常被称为“仓储后备论”，即主张建立谷物积蓄以备荒年并济贫民的社会思想。

3）社会救济论

中国古代社会的农业受自然灾害的影响较大，加之战事频繁，使得农民随时可能变成灾民和难民，引发社会动荡。因此，统治者为了维护统治、减少农民起义等，很多时候会采取措施赈济灾民，而历史上关于社会救济的观点也多体现在赈济思想中。如《礼记·月令》中记载：“天子布德行惠，命有司发仓廪，赐贫穷，振乏绝。”《左传》中也指出：“楚大饥……振廪同食。”此外，社会救济论还包括“移民调粟思想”，即在全国范围内通过对丰收和受灾的不同区域间进行粮食的调拨或移民，来保障灾民的基本生活。如《孟子》指出：“河内凶，则移其民于河东，移其粟于河内。河东凶亦然。”

4）社会互助论

墨子在《兼爱·下》中曾经提出：“为贤之道将奈何？曰：有力者疾以助人，有财者勉以分人，有道者劝以教人。若此，则饥者得食，寒者得衣，乱者得治。”孟子亦主张：“出入相友，守望相助，疾病相扶持，则百姓亲睦。”这些主张体现出人们对社会成员之间互助共济的追求，成为中国古代社会保障思想的重要组成部分。

2. 中国古代社会保障项目

中国古代社会保障项目可以根据实施的主体不同分为官方保障与民间保障。

1）官方保障

官方保障主要是指古代政府采取的保障措施，其中多以社会救济的形式出现，重点包括赈济和养恤。

赈济包括赈谷、赈钱和赈工等。赈谷是指由政府设立各种谷仓，遇到灾害时开仓赈谷。如在战国时期楚国就建有二仓，韩国也建有谷仓。到了宋代，仓储制度更为完善，建有惠民仓、广惠仓、丰储仓、平籴仓等。赈钱是指政府直接向灾民赈济金钱，以帮其渡过难关。赈工有时也被称为“以工代赈”，是指政府部门组织灾民劳动，再给予报酬。

养恤主要包括施粥和居养两大类。施粥在我国古代有着悠久的传统，《礼记·檀弓下》记载：“昔者卫国凶饥，夫子(公叔文子)为粥与国之饿者。”此为灾年施粥赈饥之始。后世朝代在救荒中多用此法，到汉代已经比较普及。宋代以后发展到兴盛阶段，到了明代开始采取“立厂施粥”的方式，管理更加规范化。粥厂的形式一直到清朝仍然在采用。居养起于汉代，到宋代发展成为比较规范的收容机关，当时建立了居养院、福田院、养济院等居养机构。明代建立了东、西、南、北四个福田院，专门收容贫病流民。到清代，养济院已成为政府救济的主要机构，各个州县几乎都建立了养济院之类的机构。

2）民间保障

民间保障是指由个人或社会组织提供的保障活动，主要包括宗族保障、同乡互助和私人慈善等。

（1）宗族保障主要包括宗族救助和宗族养老两方面。宗族救助是指同一宗族成员之间在日常基本生活方面的相互帮助和相互支持，是不同历史时期共有的保障项目。最重要的宗族救助有三种：一是贫困救助。它是指通过提供基本生活资料以维持和保障贫困族人的最低生活。如三国时期，宗族成员中的富者有赈济贫者的义务。二是灾荒救助。如章帝建初年间，南阳大饥，“米石千余，(朱)晖尽散其家资，以分宗里故旧之贫羸者，乡族皆归焉；汝南平舆人寥扶，逆知岁荒，乃聚谷数千斛，悉用给宗族姻亲，又敛遭疫死亡不能自收者”。三是残障救助。由于国家主要救助无依无靠和生活无着的残疾人，大量虽有亲属可依但生活贫困的残疾人仍然难以或不能得到国家救济，宗族组织在很大程度上承担起了这部分残疾人的救助责任。较为典型的有北宋范氏义庄。

宗族养老主要体现在四个方面：一是宗族制定赡养老人的族规，对族人进行孝道教育，规范族人赡养父母的行为；二是宗族组织为族内贫困无依的老人提供生活资料保障；三是宗族内部不同家庭之间互助养老；四是宗族组织为族内的贫困家庭提供丧葬支持。

此外，还有宗族教育(即宗族组织为培养族内子弟，利用公共族产举办的宗族义学)和宗族医疗(即宗族组织为宗族成员提供看病治病服务，保障宗族成员的身体健康)。

（2）同乡互助。同乡互助是指在乡里建立互助组织，大家共同捐赠财物以便为贫困成员提供救济。如“社仓”，最早就是由同乡组织建立起来的救济机构，后来逐步演变为政府提供社会救济的机构。明朝时期，居住在外的同乡往往成立同乡会馆，会馆是由流寓各地的同乡人所建立的专供同乡人集会、寄寓的场所。到了清代，同乡会馆广泛建立，发挥了重要的保护同乡利益和救助遭受灾难的同乡的重要职能。具体来说，同乡会馆主要作用有：第一，酬答神祇，促进乡谊。会馆于岁时节令聚集同乡，共同祭祀本乡本土所尊奉的神祇，以联络乡情。第二，为同乡办理善举。会馆为落难的同乡举办公益事业：向贫病交迫的同乡提供钱财和药物救济；为老死异域、无力归葬故土的同乡提供义园、义地；有些会馆还设义塾以教育同乡的后代。此外，清朝末年还出现了“父母轩”“孝子居”等互助机构，其中尤以清末福建各地出现的“父母轩”最具代表性。参加者每月缴纳一定费用，在缴足一定的期限后，参加者死亡时，其家属可以领取一定数量的丧葬救济补贴。

（3）私人慈善。中国古代私人慈善也为社会保障事业做出了重要贡献。一些具有慈善之心的有钱人建立慈善机构，从事多种慈善救济活动。如清朝年间建立的普济堂，影响较为深远的是康熙四十五年（1706 年）捐资兴建于广宁门外的京师普济堂，该堂主要收养外地来京的孤贫残疾者，冬施粥，夏施茶。之后在雍正皇帝的肯定下，普济堂的设置一时极为兴盛。清代还建立了清节堂，主要收养和抚恤“青年孀妇贫苦无依、年在三十以内者，及未嫁夫立志在夫家守节之贞女”。除此之外，还有义冢(慈善团体收埋无主尸骸的墓地)、救生局(从事水上救生活动)等。到清朝中期，私人慈善提供救济的时候逐渐开始重视受济者的品行，并往往将申请救济者的品行作为是否提供救济的资格标准。

中国古代社会保障活动虽然严格来讲并未形成体系，但其中包含的保障思想却为之后社会保障活动的发展奠定了重要基础。

3.2.2 计划经济体制下的社会保障

新中国成立之始,最严峻的问题是恢复战争的创伤。当时采取的政策是各项社会经济政策首先保证工业发展和城市建设,开启了农村支援城市的时代。基于此,我国的社会保障活动采取了城乡分治模式。

1. 城镇劳动保险制度

从新中国成立之初到改革开放之前,我国施行的所有社会保障政策几乎都是由企事业单位负责实施的。城镇劳动者与机关、事业和企业单位绑定,通过各个单位组织运行,实施劳动保险制度。当时最主要的社会保障活动就是劳动保险制度的建立。

1)养老保险制度的建立

1951 年,政务院颁布实施了《中华人民共和国劳动保险条例》,标志着企业养老保险制度的建立,规定了职工在疾病、伤残、残废、生育及老年后获得必要的物质帮助,并且,职工的直系亲属也可以享受一定的保障。1955 年,国务院颁布实施《国家机关工作人员退休处理暂行办法》和《国家机关工作人员退职处理暂行办法》,标志着机关和事业单位养老保险制度的建立。至此,企业养老保险与机关、事业单位的养老保险是分立的,并且后者的保障水平高于前者。

在管理体制上,授权中华全国总工会为全国劳动保险事业的最高领导机关,各级工会基层委员会为执行劳动保险业务的基层单位;同时授权中央人民政府劳动部为全国劳动保险业务的最高监督机关。

2)医疗保险制度的建立

1952 年,政务院发布了《关于全国各级人民政府、党派、团体及所属事业单位的国家工作人员实行公费医疗的指示》,规定了公费医疗经费统筹统支,国家机关及全额预算管理单位的公费医疗经费来源于各级财政拨款,差额预算管理及自收自支预算管理的事业单位从提取的医疗基金中开支。当时,公费医疗与劳保医疗是分立的。

企业职工的劳保医疗是根据 1951 年的《劳动保险条例》建立起来的,覆盖范围与企业养老保险的覆盖范围一致。劳保医疗待遇主要由企业和保险基金双方予以支付。

3)工伤、生育及职业病防治等制度的建立

1950 年颁布的《革命工作人员伤亡抚恤暂行条例》,是机关、事业单位工伤保险制度建立的标志,后经过 1952 年、1953 年和 1955 年的三次调整,制度体系不断完善,待遇标准逐步提高。《劳动保险条例》的颁布也标志着企业职工工伤保险制度的建立,其明确规定保障内容覆盖诊疗费、住院费、药费等短期项目以及因工残废抚恤费和因工残废补助费等长期项目。《劳动保险条例》还对女工生育保险覆盖范围、待遇标准、补助办法、基金管理等做出具体规定。1957 年,卫生部发布《关于职业病范围和职业病患者处理办法的规定》,对职业病的范围、标准以及职业病防范等做了统一规定,建立了我国职业病预防和补偿制度。

这一阶段的保险制度保障对象为城镇企业职工(医疗保险还为其家属提供保障),在保障内容上是不分险种的一揽子保险计划,与当时的“零失业”政策一致,没有失业保险,采用的是以企业保险为主、社会保险为辅的风险分散机制。

2. 农村互助保险制度

1949—1978 年，中国农村社会保障制度的经济基础主要是集体经济，因此将其称之为互助保险，主要是以农户自我保障为主，集体经济适当扶助。农村互助保险制度主要的保障项目包括以下方面。

1)农村五保供养制度

在中国农村社会救助制度中，五保供养被认为是唯一具有相对连续性的农村社会救助项目。1956 年，《1956 年到 1967 年全国农业发展纲要》和《高级农业生产合作社示范章程》都规定农业合作社对于社内缺乏劳动力、生活无依靠的鳏寡孤独农户和残废军人，应当在生产上和生活上给予适当的安排，做到保吃、保穿、保烧(燃料)、保教(儿童和少年)、保葬，使这些人的生、养、死、葬都有指靠。五保供养制度与当时的农村人民公社制度是相对应的。

2)合作医疗制度

1959 年卫生部召开全国农村卫生工作会议，肯定了一些地方自发建立的合作医疗制度，并开始在全国范围内推广。该制度基于集体经济而设立，农民在自愿、互惠、适度原则的指导下，通过合作形式、民办公助、互助共济建立起来，以解决农民基本医疗问题。1962 年，开始在农村普遍建立县、乡及村三级医疗保健网，合作医疗制度得以在广大乡村建立。

1966 年，“文化大革命”开始，共产主义与集体主义成为风尚，城镇公私合营和私人企业几乎消失，城镇经济变成国有经济的天下，农村则全面进入“一大二公”的公社化时期。国家和单位对社会成员的生活保障被视为社会主义制度的优越性，并与各个单位的生产活动和劳动分配混同在一起。劳动保险仅仅为国有企业和集体企业提供保障，并且，1969 年财政部规定国营企业一律停止提取劳动保险金，原在劳动保险金开支的劳动保险费用改在企业营业外列支。这意味着劳动保险由以企业保险为主、社会保险为辅的形式彻底转变为企业保险制度。并且，保险基金停止了积累，劳动保险失去了统筹的机能。

计划经济体制下的社会保障呈现出以下特征：第一，与国家体制紧密关联。由国家统包统配，劳动保险虽然由用人单位在运行，但最终责任人也是国家。第二，体现出以单位为基础的等级特征。个体的福利、社会保障待遇和单位密切相关，且存在干部、工人、农民等身份差别，不同的身份群体享有不同的制度安排。第三，社会福利不足而企业福利过度。企业向其职工提供从手纸到住房的福利，不仅企业之间的福利水平不同，更是造成了社会福利薄弱并导致社会不公。第四，呈现出城乡二元结构。劳动保险建立伊始即为城镇劳动者享有，在 1956 年户籍制度实施之后，城乡居民界限分明，农村居民无法享受城市社会保障。这种长时期的城乡二元结构也是导致农村社会保障水平低下的一个重要原因。

3.2.3 中国城镇社会保障制度的建立和发展

1978 年，党的十一届三中全会召开，揭开了中国由计划经济向社会主义市场经济转变的历史帷幕。国有企业改革使得劳动者的“铁饭碗”被打破，城镇企业保险制度逐步改革为社会保险制度。1993 年十四届三中全会通过了《中共中央关于建立社会主义市场经济体制若干问题的决定》，首次在党的文件中规定要建立社会保障制度，这也成为中国社会保障发展史上的里程碑。

1. 劳动保险转变为社会保险

计划经济体制下建立的以企业保险为主的劳动保险制度主要是保障国有企业职工的利益，随着计划经济体制向市场经济体制的转变，越来越多的人口需要却又被排除在保障范围之外；国有企业改革导致的大批人员下岗，使得他们一夜之间失去了保障；原有的国有企业员工老化，企业承担的保险事务繁重等因素，都促成了劳动保险的改革。

1984 年，四川、广东、江苏、辽宁等省份进行了国有企业退休费用的社会统筹试点，开始了由劳动保险向社会保险的转变。1986 年，国务院发布了《国营企业实行劳动合同制暂行规定》，传统意义上的工人不再是捧着“铁饭碗”甚至“钢饭碗”的永不失业的就业群体。1991 年，国务院颁布了《关于企业职工养老保险制度改革的决定》，开始在城镇推广养老保险基金社会统筹。

2. 城镇职工“五险”制度建立

从 1994 年到 1999 年，中国城镇先后建立了生育保险、工伤保险、城镇职工基本养老保险、城镇职工基本医疗保险和失业保险制度，通常被称为“五险”。五险保障的对象均为城镇就业人员，保险费用来自企业或员工，保障水平为保基本。

1） 生育保险

1994 年颁布实施的《企业职工生育保险试行办法》规定，生育保险按属地原则组织，根据“以支定收、收支基本平衡”的原则筹集资金，由企业按照其工资总额的一定比例向社会保险经办机构缴纳生育保险费，建立生育保险基金。生育保险基金由劳动部门所属的社会保险经办机构负责收，职工个人不缴纳生育保险费。

2） 工伤保险

我国工伤保险制度一直沿用新中国成立初期劳动保险制度确立的框架，直到《企业职工工伤保险试行办法》颁布前，我国一直都没有工伤保险制度的专门立法。1996 年 8 月劳动部发布的《企业职工工伤保险试行办法》标志着工伤保险制度的建立，该制度保障的对象为各类企业及其职工。工伤保险费用由企业按照职工工资总额的一定比例缴纳，职工个人不缴纳工伤保险费。工伤保险费根据各行业的伤亡事故风险和职业危害程度的类别实行差别费率，该费率每五年调整一次，收费标准为工资总额的 1.3％至 2.5％不等。

3） 城镇职工基本养老保险

1984 年国务院在广东、四川、江苏、辽宁等省的地级市，开始探索实行地区退休费用社会统筹试点。1991 年，国务院下发了《关于企业职工养老保险制度改革的决定》，肯定了试点成绩，确立了社会统筹方向。1997 年国务院颁布的《国务院关于建立统一的企业职工基本养老保险制度的决定》中规定：“城镇各类企业职工和个体劳动者，都应当参加城镇企业职工基本养老保险。”实现了养老保险实施主体由企业负责向社会统筹的转变，保障模式由现收现付制向“统账结合”的转变，覆盖范围由国有企业职工扩大到城镇各类劳动者。

4） 城镇职工基本医疗保险制度

1998 年国务院出台《关于建立城镇职工基本医疗保险制度的决定》，规定城镇所有用人单位及其职工都要参加基本医疗保险，基本医疗保险费由用人单位和职工双方共同负担，基本医疗保险基金实行社会统筹和个人账户相结合。1999 年又相继实施了《城镇职工基本医疗保险定点零售药店管理暂行办法》《城镇职工基本医疗保险定点医疗机构管理暂行办法》《城镇职工基本医疗保险用药范围管理暂行办法》和《关于城镇职工基本医疗保险诊疗项目管理的意见》等配套文件，成为新型医疗保险制度实施的重要依据。新的“统账结合”方案取代了原来的公费医疗和劳保医疗制度，通过国家、企业、个人三方共同负担，强化了个人在医疗保险中的责任，实现了医疗保险基金的部分积累，有效控制了医疗费用不合理使用。

5）失业保险

计划经济时期实行的“零失业”政策决定了当时并不需要失业保险，改革开放以后，为适应经济体制改革的需要和企业劳动合同制建立的要求，1986 年国务院颁布了《国营企业职工待业保险暂行规定》，成为我国失业保险制度建立的起点。1999 年颁布的《失业保险条例》标志着失业保险制度的正式建立。国有企业、城镇集体企业、外商投资企业、城镇私营企业以及其他城镇企业的职工均在保障范围之内，确立了用人单位和职工共同缴费（城镇企业事业单位招用的农民合同制工人本人不缴纳失业保险费）以及财政补贴的筹资机制，明确了失业保险保障生活、促进就业的两项基本功能，规定了待遇项目及标准，规范了失业保险金申领条件，严格了失业保险基金管理。

3. 城镇居民社会保险制度

计划经济体制向市场经济体制转型之后，社会保险制度也发生了变化。一部分未就业或从事灵活就业的城镇居民无法参加城镇企业职工社会保险，因此被社会保障排除在外。在这种情况下，城镇居民社会保险制度亟须改革。城镇居民社会保险制度主要包括城镇居民养老保险制度和城镇居民医疗保险制度。

1）城镇居民社会养老保险制度

“国有企业福利功能的消失和养老保险制度的全面建立之间，明显存在着一个福利真空期，使得大量的退休职工生活得不到保障。”此外，城市中还有不少“4050 人员”[①]下岗后无法再就业，养老问题没有保障。此情况下，作为弥补养老保障体系短板的城镇居民养老保险应运而生，即为城镇非从业居民提供养老收入的自愿性养老保险制度。

2011 年国务院下发《国务院关于开展城镇居民社会养老保险试点的指导意见》，并从 2011 年 7 月 1 日启动试点工作。城镇居民养老保险试点的基本原则是“保基本、广覆盖、有弹性、可持续”。一是从城镇居民的实际情况出发，低水平起步，筹资标准和待遇标准要与经济发展及各方面承受能力相适应；二是个人（家庭）和政府合理分担责任，权利与义务相对应；三是政府主导和居民自愿相结合，引导城镇居民普遍参保；四是中央确定基本原则和主要政策，地方制定具体办法，城镇居民养老保险实行属地管理。

2）城镇居民基本医疗保险制度

为实现基本建立覆盖城乡全体居民的医疗保障体系的目标，国务院决定，从 2007 年起开展城镇居民基本医疗保险试点。不属于城镇职工基本医疗保险制度覆盖范围的中小学阶段的学生（包括职业高中、中专、技校学生）、少年儿童和其他非从业城镇居民都可自愿参加城镇居

① 4050 人员，是指城镇登记失业人员中，女性年满 40 周岁、男性年满 50 周岁，本人就业愿望迫切，但因自身就业条件较差、技能单一等原因，难以在劳动力市场竞争就业而又未达到退休年龄的劳动者。其中，多数是国有企业、集体企业的下岗职工，是企业转制的时代产物。

民基本医疗保险。城镇居民基本医疗保险以家庭缴费为主,政府给予适当补助。

4. 城市居民最低生活保障制度

20 世纪 90 年代,国有企业改革使得大量工人下岗,失去了生活来源,城市中出现了大批的贫困人口。1993 年,中国政府首先开始对城市社会救助制度进行改革,将原来由用人单位提供的低收入救助制度改为最低生活保障制度。1999 年 10 月 1 日起开始施行《城市居民最低生活保障条例》,标志着中国城市最低生活保障制度正式建立(以下简称城市低保)。城市低保的保障对象是共同生活的家庭成员人均收入低于当地城市居民最低生活保障标准的持有非农业户口的城市居民,保障水平为保障基本生活,具体按照当地维持城市居民基本生活所必需的衣、食、住费用,并适当考虑水电燃煤(燃气)费用以及未成年人的义务教育费用确定。

3.2.4　中国农村社会保障制度的建立与发展

改革开放初期,中国主要以工业化和城市化的发展为目标,社会保障制度建设仍然以城镇为重点,导致农村社会保障制度长期缺乏,农村居民的社会保障权益被忽视。20 世纪 90 年代中后期,城镇职工初步拥有了比较齐全的社会保障项目,但广大农民能够享受的社会保障项目却仅仅是救灾、救济和五保供养制度等。因此,对社会保障制度的需求逐渐增强。中国长期的城乡二元结构带来的城乡差距不断扩大,与党的领导理念相悖,在这种情况下,亟须实现城乡统筹协调发展。此外,中国农村的社会保障经费主要来源于政府财政,因而经济的快速发展也为在农村建立社会保障制度提供了重要的经济基础。

1. 新型农村养老保险制度

根据中国国家“七五”计划关于“抓紧建立农村社会保险制度”的要求,民政部早在 1986 年就开始建立农村社会养老保险制度的探索。1992 年,民政部下发了《县级农村社会养老保险基本方案(试行)》,奠定了农村养老保险(又称“老农保”)的基本制度框架。“老农保”方案是中国第一次从国家层面对农村养老问题进行的制度安排,具有开创性的历史意义。但是,“老农保”制度因财政投入和自身的制度缺陷,没有得到各方面的认可,在实际工作中也没有得到很好的落实。1998 年将原民政部负责的农村社会保障划入新成立的劳动和社会保障部,1999 年停办了原民政系统的“老农保”业务。

2008 年 10 月召开的党的十七届三中全会明确提出要“建立新型农村社会养老保险制度”,同年 12 月召开的中央经济工作会议和 2009 年《政府工作报告》,均提出了在全国开展新型农村社会养老保险(又称“新农保”)试点的要求。2009 年国务院下发《关于开展新型农村社会养老保险试点的指导意见》,确立了“新农保”试点的基本原则是:“保基本、广覆盖、有弹性、可持续”,要求从农村实际出发,低水平起步,筹资标准和待遇标准要与经济发展及各方面承受能力相适应;要坚持个人(家庭)、集体、政府合理分担责任,权利与义务相对应;要把政府主导和农民自愿相结合,引导农村居民普遍参保;中央确定基本原则和主要政策,地方制定具体办法,对参保居民实行属地管理。同时提出 2020 年之前基本实现对农村适龄居民的全覆盖。

2. 新型农村合作医疗制度

2002 年中共中央发布了《中共中央　国务院关于进一步加强农村卫生工作的决定》,要求逐步建立以大病统筹为主的新型农村合作医疗制度,重点解决农民因患传染病、地方病等大病而出现的因病致贫、返贫问题。并且,农村妇女住院分娩医疗费用也由新型农村合作医疗制度解决。2003 年，国务院发布了《关于建立新型农村合作医疗制度的意见》，指出新型农村合作医疗制度（简称“新农合”）是由政府组织、引导、支持，农民自愿参加，个人、集体和政府多方筹资，以大病统筹为主的农民医疗互助共济制度。

3. 农村最低生活保障制度

中国最初对建立农村最低生活保障制度的设想出现于 1994 年 6 月山西省阳泉市下发的《阳泉市农村社会保障试行办法》中，其中规定：县、乡、村根据各自经济发展的不同状况，确定基本保障线，对生活在基本保障线以下的贫困户，以户建档，逐年核定，实行救济，使其生活水平达到基本保障线。1995 年 12 月，广西壮族自治区武鸣县颁布了《武鸣县农村最低生活保障线救济暂行办法》，规定从 1996 年 1 月 1 日起正式实施，这是中国出台的第一个县级农村最低生活保障制度的文件。

党的十六届六中全会中提出“逐步建立农村最低生活保障制度”，切实解决农村贫困人口生活困难。2007 年，国务院下发了《关于在全国建立农村最低生活保障制度的通知》，决定在全国建立农村最低生活保障制度，农村最低生活保障对象是家庭年人均纯收入低于当地最低生活保障标准的农村居民，主要是因病残、年老体弱、丧失劳动能力以及生存条件恶劣等原因造成生活常年困难的农村居民。农村最低生活保障制度实行地方人民政府负责制，按属地进行管理，所需资金由地方政府纳入财政预算，中央政府要对贫困地区予以补贴。

4. 五保供养制度

1994 年，国务院颁布了《农村五保供养工作条例》（以下简称《条例》），这是我国第一部关于五保供养工作的专门法规，它不仅延续了劳动保险时期的制度安排，也是由国家确定的一项农村社会保障的基本制度，它的颁布和实施标志着农村五保制度走上法制化轨道。与 1956 年的五保供养制度不同的是，五保主要指在吃、穿、住、医、葬方面给予的生活照顾和物质帮助。所需经费和实物由农村集体经济组织负责提供，从村提留或者乡统筹费中列支。

2006 年国务院再一次颁布《农村五保供养工作条例》，相对 1994 年的《条例》，对供养对象的规定更加详细，并且新增规定供养对象的疾病治疗，应当与当地农村合作医疗和农村医疗救助制度相衔接。供养资金在地方人民政府财政预算中安排，这与 2006 年的农业税改革是相适应的。《条例》还规定了要保障五保对象受教育的权利，根据不同教育阶段需求，采取减免相关费用、发放助学金、给予生活补助等方式，保障其学习和生活。同时，开始注重满足五保对象的精神需求，并加强供养服务机构的建设和管理，开始关注社会组织的优势和作用。这项制度一直延续至今且发挥了作用。

3.2.5 中国城乡一体化的社会保障制度改革

“城乡二元结构”是长期存在于中国社会保障制度中的一个重大问题，也是导致农村社会保障薄弱、城乡差距增大的一个重要因素，因此，建立一个城乡统筹、一体化的社会保障体系是中国社会保障事业改革的方向。

1. 城乡居民养老保险

经过长时间的不断努力，中国终于基本建成了覆盖城乡的养老保险制度，但城乡之间在保障水平上却存在着高低差异（见表 3 - 1）。养老金水平的差别不仅远远超出城乡人均消费水平的差别，而且农村养老金水平连满足参保人群基本生活需求都存在困难。例如，2008 年农村居民人均养老金水平为892.52元,而同年农村绝对贫困线为1196元。因此,要想缩小城乡居民之间养老保障的差距,必须从制度上实现统一。

2014年,国务院下发《国务院关于建立统一的城乡居民基本养老保险制度的意见》(以下简称《意见》),该《意见》提出将新型农村社会养老保险制度和城镇居民社会养老保险制度合并实施,并与职工基本养老保险制度相衔接,在全国范围内建立统一的城乡居民基本养老保险制度(简称城乡居民养老保险)。

表3-1 城乡养老保险水平差距

年份	人均养老金水平比较/(元/年)			支出规模/亿元		占社保总支出比重/%	
	城镇	农村	城镇/农村	城镇	农村	城镇	农村
2005	9096.0	518.01	17.56	4623.7	21.0	53.30	0.24
2006	10476.0	682.28	15.35	5341.3	30.0	52.70	0.30
2007	12024.0	862.25	13.94	6524.3	40.0	54.54	0.33
2008	14016.0	892.52	15.70	7389.6	56.8	—	—
2009	15528.0	488.43	—	8894.4	76.0	—	—

注:(1)城镇养老金水平为职工养老保险统筹地区内离退休养老金待遇,农村人均养老金水平为养老金支出额与领取人数之比;其中,农村养老金支出额和领取人数均来自《中国劳动统计年鉴》(1998—2008)。

(2)2009年9月,全国新农保开始试点,养老金领取人数从2008年的512万人增加到1556万,因新农保是从9月开始试点的,因而2009年人均养老金水平不能算全年。

本表资料来源:陈正光.我国基本养老保障城乡统筹发展问题研究[D].合肥:合肥工业大学,2012:59.

2. 城乡居民医疗保险

2009年4月6日,《中共中央国务院关于深化医药卫生体制改革的意见》(以下简称《意见》)正式公布,《意见》提出了"建设覆盖城乡居民的基本医疗卫生制度,把基本医疗卫生制度作为公共产品向全民提供"的新医改方略。并提出到2020年"建立健全覆盖城乡居民的基本医疗卫生制度,为群众提供安全、有效、方便、价廉的医疗卫生服务"的长远目标。由此,全民医保的制度架构基本建立。为了进一步推进医药卫生体制改革、实现城乡居民公平享有基本医疗保险权益、促进社会公平正义,2016年国务院印发《国务院关于整合城乡居民基本医疗保险制度的意见》,整合城镇居民基本医疗保险和新型农村合作医疗两项制度,建立统一的城乡居民基本医疗保险制度。城乡居民医保制度覆盖范围包括现有城镇居民医保和新农合所有应参保(合)人员,即覆盖除职工基本医疗保险应参保人员以外的其他所有城乡居民。在筹资上,继续实行以个人缴费与政府补助相结合为主的筹资方式,主张渐进性地确定一个城乡统一的筹资标准。同时,采取统一的保障待遇,要求均衡城乡保障待遇,逐步统一保障范围和支付标准,为参保人员提供公平的基本医疗保障。在统筹层次上实行市(地)级统筹。

3. 农民工社会保险

改革开放以来,随着工业化和城市化的发展,越来越多的农村劳动力脱离农业生产,从事二、三产业,形成了一支户籍身份和职业身份分离的规模庞大的农民工队伍。农民工是城市化进程中形成的一个边缘群体,他们虽然在城市工作生活,但难以进入城市社会社会保障体系;而农村社会养老保险主要以从事农业生产的职业农民为目标群体,保障水平低,不能满足农民工基本养老保障的需求。由于农民工工作性质的特殊性，长期以来都没有一个统一的社会保障制度，只是部分地方政府出台了一些地方性的农民工社会保险。地方性农民工社会保险虽然在一定程度上满足了农民的保障需求，但存在覆盖面窄、制度分割严重等问题。2008 年底，全国参加城镇养老保险的农民工 2416 万人，只占在城镇就业农民工的 17%。

2009 年 2 月 5 日，人力资源和社会保障部发布了《农民工参加基本养老保险办法》和《城镇企业职工基本养老保险关系转移接续暂行办法》面向社会公开征求意见的公告，该办法将参保农民工与其他参保人员一视同仁，被认为是该暂行办法最大的亮点。若单独为农民工建立个人账户制度，一是会强化农民工的“农民身份”，不利于中国城镇化的发展；二是个人账户不具再分配性质且基金保值增值不易，使未来农民工的养老保障面临很大风险。2014 年，人力资源和社会保障部印发《城乡养老保险制度衔接暂行办法》，解决了农民工由于流动性而带来的养老保险难以接续的问题，为保障农民工权益奠定了重要基础。

在医疗保险方面，中国一直向着全民医保的方向努力改革，确保应保尽保。在 2016 年印发的《国务院关于整合城乡居民基本医疗保险制度的意见》中规定，农民工和灵活就业人员依法参加职工基本医疗保险，有困难的可按照当地规定参加城乡居民医保。

3.3 中国社会保障制度的评价

3.3.1 中国社会保障制度的成就

中国社会保障制度从诸子百家提出的萌芽思想到进入城乡一体化社会保障制度改革，历经了悠久的历史过程，其中经历了计划经济时期单位制下独特的社会保障制度与“文革”期间对制度的破坏，改革开放之后渐渐走向发展社会保障体系的正轨。现在，中国面临的社会保障制度改革的方向则是如何更进一步保证社会公平、提高保障质量等方面。

(1) 中国社会保障制度是“大同思想”“社会公平”与法律规定的共同结晶。中国社会保障制度萌芽时期的主要思想即是“大同”，这也是中华民族一直以来奉行的价值理念。社会公平既是社会主义追求的目标，也是党和国家的执政原则。社会保障本身就是一项救助弱势群体、保障社会基本需求的制度，其存在的意义即保障社会公平。社会保障作为一项国家战略被提高到了宪法的高度，2004 年宪法中明确规定“建立健全社会保障制度成为国家目标”。而 2011 年开始实施的《社会保险法》则从立法上明确规定了社会保障制度的原则，使得中国社会保障制度更规范、更权威。

(2)中国社会保障制度为转变城乡二元结构、维护社会公平做出了重要贡献。城乡二元结构是中国长期存在的一块心病，也是导致城乡贫富差距、多项制度分割的重要因素。中国覆盖城乡的社会保障制度尤其是城乡一体化社会保障制度的改革为农村社会保障事业的发展、农民利益的维护、城乡差距的缩短做出了实质性的贡献。农村社会保障为农民提供了风险分散渠道，使得公共产品的提供更公平。

(3)中国社会保障制度推动了市场经济的进一步发展。计划经济时期的劳动保险制度完全将城市与农村割裂开来，城市劳动力市场也按照所有制被进一步分割。这种分割严重阻碍了劳动力的流动，降低了劳动力市场资源配置的有效性，损失了社会效率。社会保障制度的发展与改革则在很大程度上改善了这一问题，特别是针对农民工等流动人口的社会保险制度，极大促进了劳动力的流动，激活了劳动力市场，促进了市场经济的发展。

(4)中国社会保障制度坚持了与经济发展相协调原则。在保障水平上，中国吸取了国外社会保障的经验教训，强调社会保障的水平为基本生活保障。这是与中国经济正处于发展阶段还不能提供过高的社会保障相适应的，同时，也能够有效避免"福利病"的产生。

3.3.2 中国社会保障制度存在的问题

尽管中国社会保障制度的建立与发展取得了较大的成就，但其仍然存在着一些问题。

(1)社会保障制度的广覆盖面与低覆盖率并存。在覆盖城乡的社会保障体系理念下，中国的社会保障制度基本实现了全覆盖，主要保险项目已经惠及农村。但事实上，实际人群的覆盖率并不高。特别是涉及财政转移支付的保障项目，地方可能会为了获得上级补贴而虚报参保人数，实际缴费人数则比统计数据要低。另外，中国存在较多的流动人口，也大量存在着重复参保的现象。

(2)社会保障水平有待进一步提高。虽然中国的社会保障制度定位在保障基本生活水平上，但就实施的具体项目来看，社会保障水平仍然偏低。例如，城乡居民养老保险、社会救助等项目提供的保障水平都处于较低状态。

(3)社会保障制度给予地方政府过大的财政压力。中国的社会保障制度虽然有很多项目采取政府、单位、个人共同承担费用的模式，但在农村和居民的社会保险项目中，政府发挥着极大的作用。特别是在人口老龄化加剧、货币贬值风险的情况下，地方政府的财政压力更加沉重，这将会影响到社会保障制度发展的可持续性。

社会保障的刚性特征会使得社会保障事业的投入不断增加，所幸的是中国经济一直处于平稳增长的状态，且党和政府对社会保障事业都给予高度重视。随着城乡一体化的社会保障体系的建立与逐步完善，中国公平公正的社会保障制度将会得到进一步发展。

本章小结

在人类社会的发展进程中，社会保障制度是伴随着社会经济的不断发展而逐步发展起来的，历史非常悠久。

国际社会保障制度的萌芽，最先出现的是早期慈善事业时代，之后是济贫制度时代。

1883年，德国建立社会保险制度，标志着现代社会保障制度的诞生。1935年，罗斯福当政时美国国会通过《社会保障法案》，标志着社会保障制度进入发展阶段。1948年，英国第一个宣布建成"福利国家"，标志着社会保障制度的发展进入鼎盛时期。20世纪70年代以来，西方发达国家出现了社会保障"危机"，随后进入改革时期，主要是进行"减法"改革。

中国社会保障活动的历史十分悠久，古代主要是社会救济思想，包括大同社会论、仓储后备论、社会救济论等；社会保障项目主要有官方保障与民间保障。

计划经济时期，中国建立了城镇劳动保险制度和农村互助保险制度，开启了城乡二元分立的社会保障制度。在由计划经济向社会主义市场经济转变中，社会保障制度不断完善，城乡均建立了一定的社会保障项目。为打破城乡二元结构，开始了城乡一体化的社会保障制度改革。

中国社会保障制度的发展经历了颇为曲折的过程。现在，中国面临的社会保障制度改革的方向则是如何更进一步保证社会公平、提高保障质量等方面。

思考题

1. 简述国际社会保障制度的发展脉络。
2. 简述中国社会保障制度的发展脉络。
3. 发达国家社会保障制度的改革对我国社会保障制度的发展有什么启示？
4. 中国社会保障制度的基本框架是什么？
5. 中国社会保障制度依然存在哪些问题？
6. 你认为中国社会保障制度的发展趋势如何？

案例讨论

撒切尔政府的社会福利制度改革

1942年12月，英国经济学家贝弗里奇提出《贝弗里奇报告》，成为推行福利国家的政策基础。1948年7月5日，《家庭津贴法》(1945年)、《国民保险法》(1946年)、《工业伤害法》(1946年)、《国民卫生服务法》(1946年)、《国民救助法》(1948)正式生效，工党首相艾德礼宣布英国建立起世界上第一个福利国家。战后的英国社会福利制度目的已不是“济贫”而是实现全民福利，社会福利制度项目也日益增多，范围涉及生、老、病、死、伤、残、孤、寡、失业、教育、住房等各个方面。英国政府通过立法保证公民的权利，只要符合有关规定，公民就有权享受相应的权益，并且有选择社会福利种类的“自由”。英国福利制度主要依靠国家的财政预算维持运行，教育、国民卫生服务、社会服务以及非交费性的福利均由国家通过税收解决。住房福利方面，国家也承担主要财政支出。即使是要由个人和企业缴费的社会保险，政府也要提供一定的补贴。为了管理好这一庞大的社会系统工程，政府专门建立一系列机构。

在英国，由于福利增长过快，政府干预加强，其结果必然是财政负担沉重，经济效率下降。社会福利开支在政府支出中所占的比例由1951年的36%骤增至1978年的53%。但同时，英国经济在进入20世纪60年代后的发展速度就已经放缓，政府一度只能依靠举债、实行赤字财政来维持庞大的福利开支，甚至被讥讽为“靠借债度日的安乐国”。英国的社会福利制度对经济增长依赖极大，且福利国家制度对市场的干扰和破坏过多，导致英国在20世纪70年代末期进入进退两难的境地，要福利就损害效率，要效率就必须削减福利，而要削减福利，必然会遭到广大人民群众的反对。1979年保守党上台执政时，撒切尔夫人所面临的就是这种困境。

撒切尔政府上台后，摒弃失灵的凯恩斯主义，转而奉行货币主义，开启私有化改革模式。从撒切尔政府的第三任期始，当私有化在经济领域取得突破性进展后，私有化政策的重点开始转向社会领域的福利制度改革。这一时期对社会保障制度的改革，主要目标是变“普遍性原则”为“有选择原则”，减少福利支出，提高福利供应的效率。

(1)在现行体制下增收节支。1980年，英国政府宣布，无论长期性还是短期性津贴只能和物价挂钩，不能和工资挂钩，以此确保社会保障开支的增加速度无法超过工资的增长速度。这实际上减少了津贴的实际价值。1982年，英国政府把所有与收入有关的补助取消，如取消对病人、孕妇、残疾人及失业人员的附加补助。在失业待遇方面，1984年采取延迟两周支付的办法，大约节省800万英镑；在未成年人福利方面，则延期4周支付；以前规定养老金按照通货膨胀率和工资增长率调整，以高者为准，1982年，政府规定养老金的每年调整只与通货膨胀挂钩。在免费医疗制度领域，1982年和1986年两次要求雇主承担疾病和产妇的津贴。

(2)对一些社会保障项目实行私有化。到1988年7月5日为止，英国的“国民医疗保健制度”已经实施40年，是仅次于养老保险的第二大福利项目。1987年大选后，政府借鉴教育改革的经验，着手进行免费医疗制度的市场化改革，提高国民保健服务的效率。1988年11月，政府发表改革医疗制度的白皮书。1991年4月，新的免费医疗体制正式开始运行。与以往相比，新的体制有三个主要变化。首先，改变国民医疗保健制度的管理结构。1982年法案取消英国原先强调集中化管理的“区域卫生局”，其职权下放到改组后的200个左右的“选区保健管理局”(DHAs)。选区保健管理局的拨款不再按照其所辖医院、全科医生的规模与数量，而是按照其所辖地区的人口多寡来决定。其次，引入竞争机制。旧体制中，病人往往必须到某一指定的医院就诊，方能享受免费服务。在新体制中，强调公民有权自行选择医院，选区保健管理局选择多家相互竞争的医院(包括一些私人医疗机构)供病人选择。医疗费用由地方卫生局与这些医院进行结算。病人选择权的增加，加剧了医院之间的竞争。再次，政府改变对卫生及福利服务机构的补贴办法，引进市场竞争机制，接受补贴的机构按照政府提出的任务，提出工作和支出计划，互相竞争，政府择优资助，在福利领域形成所谓的“准市场”机制。

资料来源：毛锐. 私有化与撒切尔政府的社会福利制度改革[J]. 山东师范大学学报(人文社会科学版). 2007(4):69－72.

问题：

1. 该案例反映了“福利国家”模式的哪些问题？
2. 撒切尔政府的社会保障制度改革对我国的社会保障制度设计与发展有哪些启示？

第4章　社会保障基金

本章要点

◎ 社会保障基金的构成
◎ 社会保障基金的筹集
◎ 社会保障基金的给付
◎ 社会保障基金的投资
◎ 全国社会保障基金

4.1　社会保障基金概述

4.1.1　社会保障基金的基本概念

社会保障基金是国家和社会从已有的社会财富中提存、积累并用以援助或补偿社会保障对象的资金，是社会保障制度得以确立并能够解决特定社会问题的物质基础。在社会保障制度实践中，一方面，国民收入经过初次分配，形成国家、企业或集体、个人的原始收入，政府通过财政预算拨款、企业和单位、个人缴费等方式来建立社会保障基金；另一方面，根据一定的法定条件，通过国民收入再分配，向不同项目的社会保障对象提供现金援助和福利服务，其功能在于解除保障对象的后顾之忧，保障国民的基本生活，不断增进国民的福利。

4.1.2　社会保障基金的构成

社会保障基金的最终目的是保证社会保障制度的实现，因此社会保障基金的构成是与社会保障体系相一致的。我国社会保障基金包括社会救助基金、社会福利基金、社会优抚基金、社会保险基金、全国社会保障基金以及企业自愿提供给员工的补充养老保险基金，即企业年金基金。社会保险基金作为社会保障基金的主要组成部分，又分为养老保险基金、医疗保险基金、生育保险基金、失业保险基金和工伤保险基金等五个子目。养老保险基金在整个社会保障基金体系中占有最为重要的地位，在整个社会保障基金体系中所占的比重和规模最大，养老保险基金主要包括完全由政府财政支撑的保障项目（即全国社会保障基金），由国家、企业、职工共同负担的基本养老保险和企业与个人出资的企业年金（见图4－1）。

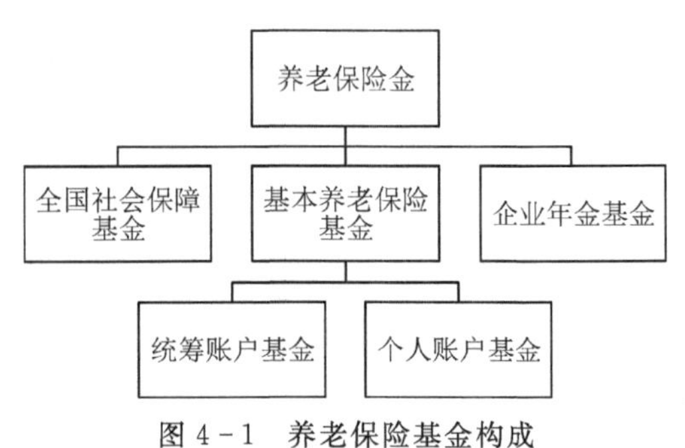

图4－1　养老保险基金构成

4.1.3 社会保障基金的特征

社会保障是国家为了维护社会稳定,通过一定的手段保障社会成员的基本生活需要。社会保障的性质决定了社会保障基金的性质,决定了社会保障基金的特征。

1. 强制性

强制性是社会保障基金的显著特征之一,也是社会保障的基本特征。社会保障基金种类、筹集、支付的标准和方式等都是国家以法律和政府的条例规定的形式确定的,企业和劳动者个人均无权自由选择与更改。

社会保障基金之所以采取强制征集,是因为只有这样才能使社会保障确保稳定的经济来源,从而实现国家的社会与政策目标。国家有责任保障每个劳动者的基本生存权利,而劳动者是社会财富的创造者,社会财富是国家乃至全社会赖以生存和发展的物质条件,所以国家应采取强制手段保障每个劳动者的基本生活。同时,社会保障以社会公平分配为目标之一,借助于国家的权威强制性的实施社会保障基金的征集,可以缓解社会成员收入分配不公的矛盾和问题。

2. 基本保障性

社会保障基金所提供的保障,只能以一定时期劳动者的基本生活需要为基准,因为社会保障制度是满足人的最低生活需求的社会安全制度,是保障公民生存权利的制度,这决定了他并不保证被保险人可满足其全面生活需求。

当然,基本生活需求是一个相对的概念,是与一个国家或地区在一定时期内的经济发展水平相联系的。它可以根据同一时期劳动者的平均工资水平而定,一个劳动者从社会保障中获得的物质补偿不能超过自己在业时的工资收入。就其内涵而言,社会保障要保障劳动者在失去工资收入时,又能够基本维持生计。在具体补偿水平上,各个国家的社会保险各不相同,社会保险各个险种的补偿水平也不相同,如养老保险的保障水平比较高,失业保险相对较低。养老保险是由人的生理因素所决定的,与劳动者个人劳动技能和劳动态度没有必然的联系,因此,养老保险应该保障劳动者退休后的生活水平,不能太大幅度地下降;而失业除与整个社会经济发展状况有关系外,还与劳动者个人的劳动技能和劳动态度有一定的关系,劳动者自身应承担一定的责任,因此保障水平不能太高,这样也可以激励劳动者不断提高劳动技能、勤奋工作,并在失业后积极寻找机会重新就业。

3. 互济性

社会保险属于国民收入的分配和再分配范畴,它所形成的社会保险基金,是在全社会范围内统一调剂使用的。一般而言,在社会保险基金的形成过程中高收入的社会劳动者比低收入的劳动者缴纳更多的保险费;在使用的过程中则是根据实际需要进行分配的,不是完全按照缴纳保险费的多少给付保险金。由此可见,社会保险具有较强的统筹互济性,个人享受的权利与其所承担的义务并不严格对应。

4. 储存性和增值性

储存性是指社会保障基金一般总是先征集保险费,形成基金,再分配使用。从劳动者来说,在其具有劳动能力的时候,社会就以一定方式将其所创造的一部分价值逐年逐月进行强制性的扣除,经过长年储蓄积累,当其丧失劳动能力或劳动机会、收入减少或中断时,从积累的资金中为其提供补偿。因此,社会保障基金从征集到使用存在着时间间隔,但其储存性意味着这种资金最终要返还给劳动者,所以不能移作他用。保险的经办机构只能利用时间差和数量差使之增值,使劳动者因基金增值而得益,从而进一步体现社会保险的福利性。

与储存性相对应,社会保险基金还具有增值性。被保险人领取的保险金有可能高于其所缴纳的保险费,其差额除了企业缴纳和政府资助外,还需要保险基金的运营收入来补充。从投保开始到领取给付,物价在不断上涨,基金只有投入运营才能保值增值,否则就达不到社会保险的保障目的。

4.2 社会保障基金的筹集

社会保障基金的筹集,是指由专职的社会保障机构按照法律规定的比例或税率向计征对象征收社会保障费(税)行为。社会保障基金的来源大多由国家、雇主和雇员三方组成:国家主要通过财政拨款、税收优惠或让利、承担社会保障管理费用等形式对社会保障提供支持;雇主和雇员主要通过交纳社会保险费的形式承担责任。此外,社会捐赠和发行彩票等构成了社会筹资渠道。社会福利服务收费、基金运营收益、发行特种国债与国际援助等,在社会保障基金的筹集上发挥着越来越重要的作用。

4.2.1 社会保障基金的筹集方式

社会保障基金的筹集是指社会保障资金的来源渠道,有许多研究者将现收现付制、积累制视为社会保障基金的筹集方式,本书将其视作基金的财务运行模式,而将税收、缴费等视为社会保障基金的筹集方式。

1. 税收

对于作为社会保障财政基金来源的税收来说,一般地,纳税人不存在从社会保障中直接受益的关系,而是按照纳税人的纳税能力进行征收。把税收纳入社会保障财政基金的原因是:①基于政府对社会保障的权力和义务。我们在前文已做分析,作为政府必须保障其国民有最低限度的生存权,对没有纳税能力的低收入个人或群体给予最低的收入或生活保障是政府应负的责任。②对凭个人或家庭力量难以应付的社会风险,必须通过政府行为控制和化解。③降低了社会风险,有可能使全体社会成员受益。④实现社会保障在社会财富再分配方面的功能,采用税收是最为有效的方法。

通过税收筹集社会保障经费,也有其不足的方面:①交纳与受益间体现不出直接的关系,财政运行上也与市场规范不相吻合。②将税收用于社会救济,如上所述,为了避免因过度发放而造成浪费,救济者的受益权应伴随着对其财产的严格审查,杜绝非法受益。③通过税收提供社会保障基金,行政的介入、干预甚至控制就会经常化,使财政运转受政治、人为的干扰。④在基金的来源上,与政府的其他政策在财政上容易产生摩擦、冲突,容易损坏社会保障财政基金的稳定性。⑤对中央和地方政府关于社会保障责任和权限的划分,以及国家税和地方税对社会保障财政基金的负担比例等,都需及时协调。⑥税收按照能力性原则征收,在代与代之间和同代的不同收入阶层间也会产生新的矛盾和不公平感。⑦西方国家为应付不断增大的社会保障财政负担,纷纷创设社会保障目的税,财政基金相对有了稳定性。但另一方面,基金固定化也使社会保障政策操作的弹性减小,目的性单一的财政基金的任何变动都会直接影响到社会保障费的支出，等等。所以，若以税收作为全部社会保障的财政基金来源，是难以行得通的。

2. 社会保险费

随着社会保险范围的不断扩大，在西方发达国家，社会保险费已成为社会保障最重要的财政基金来源。在日本，社会保险费占社会保障总基金的 60%，税收占 24%，其他收入占 16%。社会保险费集社会性和保险性为一体，按照能力原则即按负担能力进行征收是其社会性的一面，如失业保险的定额比例负担制就是一个非常典型的例子。另一方面，根据被保险者全体平均的风险发生率进行征收的保险费又带有典型的保险性。还有，虽然社会保险费的交纳与个人期待的发还之间不具完全对等的关系，但就强制征收这一点来说，又多少带有一些目的税特征。

在财政运行上，社会保险费面临着以下几个方面必须加以研究的问题：①保险费征收的基础，是以在职人员正式的工资为基础征收，还是以在职人员的总收入为基础征收；征收基数里是否应包括诸如存款利息、其他财产所得等。随着收入来源的多层次化，基本工资以外的收入，在有的阶层早已大大地超过了原来的基本工资，将其置于保险费征收范围之外，难以体现社会再分配调整社会公平的功能。②关于社会保险费征收基准的上限和下限。保险费在多少标准内征收，涉及城市基本生活水准的最低收入线。收入超过下限标准，就须按定额比率交保险费，但收入达到一定上限，超过部分就不再征收保险费。所以，征收的上限和下限，关系到低收入者和高收入者的实际利益，更关系到社会保障财政的维持，是财政运行的重大课题。③社会保险费征收的比率。同一征收比率，对于高收入阶层来说可能无足轻重，但对于低收入阶层来说就可能成为沉重的负担。尤其是对于非工薪阶层来说，收入差距会非常大。而且收入的额度也难以把握，征收起来会相对困难。④如何确定企业和个人分担的比例，既要保证企业的合理积累和发展，又要保证职工的社会保障权益。劳动者作为企业的人力资本，是主要的生产要素，只有劳动者的基本生活有了保障，才有可能提高劳动生产率。消除社会风险会使企业或雇主从中受益，因此，预防和抗击风险应主要是企业的责任。正是基于这样的考虑，各国在制订企业和个人分担社会保险费的比例的时候，企业或雇主总被赋予更大的责任。

3. 强制储蓄

强制储蓄是由雇员和雇主按照规定的缴费比率交纳，并存入为雇员建立的个人账户，需要时再按规定从个人账户中支取。强制储蓄是由国家立法强制实施的，只要是覆盖范围内的应参保单位和个人，都必须依法履行强制储蓄义务，不得擅自更改或退出。强制储蓄一般在养老保险项目中存在，我国医疗保险制度也设置了个人账户部分。

社会保障的财政基金，除上述几方面来源之外，还有对社会保险积累金的投资运作增值部分。

4.2.2 社会保障基金筹集的原则

社会保障基金是社会保障项目顺利运行的物质基础，也是社会保障活动的核心。社会保障基金在筹集的过程中，应遵循以下原则。

1. 公平与效率相结合的原则

社会保障基金的筹集首先要保证公平，即每一个社会成员或劳动者，即使失去了收入来源或收入极低时，也应有获得基本生活资料的权利。社会保障基金筹集在考虑公平的同时，还要考虑效率，就是说按个人工资比例缴纳保费，工资高者多缴，享受标准也高，这就激励劳动者更好地工作，以提高经济效率。当然，这种差别要有一定的限度。合理的制度设计要尽可能在不同目标间达成平衡，着力避免过分注重单一目标而忽视其他目标或不断在各种目标间摇摆的倾向。

2. 社会性原则

基金筹集的社会性原则取决于社会保障制度的普遍性要求。所谓社会保障制度的普遍性，是指社会保障应在尽可能广的范围内实施，覆盖尽可能多的社会成员或全体社会成员。社会保障制度的普遍性，还表现在它的国际性上。随着全球经济一体化的推进，国家之间的移民、贸易和人们的交往越来越多，社会保障的实施范围已超越了一国边境，成了国家之间相互交往需要解决和谈判的重要问题之一。许多国家之间为了保护旅居国外的本国人平等享受社会保障的权利与义务，以及从贸易竞争等立场出发，都订有双边或多边社会保障互惠协定。在此基础上，社会保障基金的筹集要充分体现出社会性原则，拓宽筹集渠道，积极吸纳社会力量，以减轻政府财政压力，并维持社会保障制度的可持续性。

3. 强制性原则

一般认为，社会保障是由政府管理的一项事务，该项制度所调整的是社会利益冲突问题。由于企业的目标是追求利润最大化，降低人工成本是实现这一目标的措施之一，企业不会主动为社会保障基金增加投入。故国家应当而且也能够主动地利用对社会政治经济活动的干预手段，通过立法、行政等手段调整利益冲突，建立符合社会公共利益的社会保障制度，实施强制性的方法筹集社会保障基金。理论上，社会保障基金筹集不能采取自愿而要进行强制的根源在于，由于个人的财富、面临的风险等因素不同而具有不同的效用函数，因而具有不同的保障需求和为获得同样的保障愿意支付不同的价格。特别是对于社会保障由国家这样的大组织提供来说，组织内的个人都有采取策略式行动的倾向，因为个人的利益取向同组织的利益取向并不能完全吻合，结果社会保障成了一种公共品或准公共品，“搭便车”的行为就会在组织及其制度内泛滥，没有强有力的强制手段约束，制度就会崩溃或不能充分发挥其作用。

4. 经济适应性原则

经济适应性原则是指社会保障水平不仅在待遇上，而且在基金筹集上要与经济发展水平和经济运行规律相适应。

社会保障与经济活动运行的差异性，要求社会保障基金的积累速度要稍快于经济的平均发展速度，否则就会出现基金入不敷出的情况。因为经济总是向前发展的，经济的周期也不是原地踏步，而是一个螺旋式的上升状态。如果社会保障基金积累比经济增长的速度慢，那么即使经济繁荣时期积累的剩余保障基金，也不足以弥补经济衰退时期的基金支出过多的缺口。要实现社会保障基金比经济增长的速度快，必要条件之一是推行“收支平衡”策略，建立“以收定支”的政策导向，避免社会保障在经济高涨时待遇水平上涨，在经济低迷时待遇又降不下来。

4.3　社会保障基金的给付

社会保障基金的给付是指由专门机构向符合条件的保障对象支付相应的财物支持的过程，是社会保障制度的真正落实，也是社会保障的核心内容。

4.3.1　社会保障基金给付的原则

随着社会保障制度的发展，社会保障项目越来越多样化，社会保障基金的给付也成为一个复杂的问题。社会保障基金在给付的过程中，要遵循以下原则。

1. 保障保障对象基本生活需要的原则

人的生活需要可以分为生存的需要、发展的需要和享受的需要，社会保障的一个基本功能就是在社会成员生存受到威胁时保障其基本生活需要。当然，在不同时期，基本生活需要的内容和水平并不完全相同，在确定社会保障待遇支付水平时，就要有一个基准，使之能与经济发展水平相适应。保障基本生活需要要求社会保障给付水平标准既不能过高，给经济、财政带来沉重的负担，也不能过低，无法保障社会成员的基本生活需要。

2. 效率原则

在社会主义市场经济条件下，社会保障基金的给付必须具有效率性，即社会保障基金支付的效果必须是有效的。从保障与劳动供给的角度出发，保障基金支付的有效性，是指支付会带来劳动供给的增加，至少不至于减少。在西方一些发达国家，如英国、瑞典等，曾积极推行高福利政策，其出发点无非是想通过提高福利待遇从而提高人们的生产积极性，但结果却不尽如人意。一方面是国家财政负担加重，政府不堪重负，将部分负担转移给企业，造成企业成本增加，导致经济的萎缩；另一方面，过高的福利待遇使人们丧失经济动力，效率降低。失业后，享受着高福利待遇的人们并不急于寻找工作，税收用于转移支付懒汉的生活费用，因此社会保障水平必须同经济发展水平相适应，这是效率的前提。

3. 公平性原则

公平和效率经常被视作一对矛盾，矛盾是相互依存、相互转化的。我国过去的分配制度有绝对平均主义倾向，使我们付出了牺牲效率的代价。就我国目前的基本国情而言，效率依然是我们追求的重要原则，但同时也要兼顾公平。作为社会保障制度应将公平视为重要的原则，符合法定条件的人应享有平等的社会保障待遇；同时，公平又与经济发展水平相适应，不应一味追求过高的标准。

4. 法制化原则

明确了社会保障的目的，围绕目的制定一系列的保障措施，在制定保障措施和保障标准时，必须做到规范化、法制化。坚持公平和效率的原则，服务于经济、社会、政治的需要。统一管理，加强协调，在保证措施的实施执行中严格照章办事，充分显示社会保障的积极作用，避免无序现象的泛滥。法制化原则有利于增强社会保障基金的有效性，避免失序与浪费，更有助于维持社会公平与社会正义。

4.3.2 社会保障基金的给付方式

社会保障基金的给付方式有很多，最基本的有三种，即货币给付、实物给付和服务给付。因为社会保障基金基本上是以货币形式筹集的，同时货币作为一般等价物具有很大的灵活性和适应性，领取者有较大的自由支配空间，所以，社会保障基金的给付方式大部分采取货币形式。如养老保险金、工伤保险金、失业保险金、生育保险金等社会保险均采用货币形式支付。医疗保险待遇虽然以提供医疗服务的方式提供，但实际上仍然主要以货币形式结算。社会救助给付也是以货币给付形式为主。

实物给付是指政府直接为社会成员提供特定物资的一种社会保障给付方式，这种给付方式在社会救助、社会福利与军人保障制度中都被不同程度地采用，如美国的食品券制度就是实物支付的典型代表。在美国的住房救助和医疗救助中也经常使用这种方式，我国的灾害救助中也常见实物救助的方式。

服务给付是指通过为有需要的社会成员提供服务及服务设施而实现保障目的的一种社会保障给付方式，如医疗保险中的身体检查、疗养基地和康复基地的建设，以及敬老院、福利院、幼儿园和各种青少年活动中心等的兴建都属于服务及服务设施支付。

4.4 社会保障基金的投资运营

社会保障基金的投资运营是指将社会保障基金投入金融资本市场，以实现其保值增值的目的。社会保障基金的积累制和部分积累制使得基金有了一定的积累，在出现贬值风险的同时也为其投资运营提供了可能。

4.4.1 社会保障基金投资运营的原则

保值增值是对社会保障基金结余资金进行投资的目的，无论是完全积累制和部分积累制都存在结余资金的问题。通货膨胀的存在对基金提出了保值增值的要求，如果不能很好地解决社会保障基金在运作过程中的保值与增值问题，就会在保障基金支付过程中遇到难以解决的各种问题。

要使社会保障基金在投资运营过程中实现良性循环，就必须遵循下列基本的运营规则。

1. 安全性原则

社会保障基金在投资时往往把安全性原则放在首位，同时遵循收益性原则、分散投资原则并兼顾流动性原则，力求在保证社会保障基金运营安全的前提下，达到收益最大化。

社会保障基金运营的安全性原则是指社会保障基金投资经办机构必须保证投资的社会保障基金能够按期如数收回，并取得预期投资收益。社会保障基金是对保障对象未来给付的负债，是用来支付保障对象基本生活保障待遇的积累金，在保障对象遭遇事故需要这笔资金时，社会保障管理机构必须履行给付责任。如果投资失败，则无力支付社会保障金，从而影响保障对象的基本生活，甚至影响社会的安定。所以，社会保障基金的投资必须首先考虑安全性原则。

2. 收益性原则

追求社会保障基金投资的安全性并不排除社会保障基金投资追求利润最大化。收益是社会保障基金实现自我积累的重要途径，也是衡量社会保障基金投资成败的关键指标。从理论上讲，社会保障基金投资的目的是保值增值，但是由于通货膨胀、工资增长及替代率等因素的影响，必然需要社会保障基金投资有较好的收益，这样才能使社会保障基金在不断积累的过程中逐渐壮大起来，并有利于减轻国家、企业和个人的负担，增进社会成员的福利。因此，不少国家都规定了投资的最低收益率。在实践中，要实现社会保障基金投资运营安全和收益的双重目标并不容易。因为通常情况下，收益与风险成正比关系，要取得收益，就得冒一定的风险，这两者很难兼顾，这就要求投资者要有较高的专业水平和投资技巧。当然，社会保障基金投资不能只讲经济效益，不顾投资的社会效益，而应该将投资的经济效益和社会效益兼顾起来。必须与政府的公共目标保持一致，这也是社会保障基金不同于其他金融性投资的一个重要特性。

3. 流动性原则

社会保障基金投资不是为了拥有大量的流动性差的资产，而应当具有迅速融通、变现的能力。为了保证社会保障基金随时可支付现金的需要，在基金的投资过程中要特别注意资金的流动性。一般而言，应根据不同基金支付期限的规律，选择变现性能与之相适应的金融投资工具，尤其是对短期的社会保障基金投资来说，流动性原则更为重要。其目的在于保证投资之后在不发生价值损失的条件下，随时可以变现，这样才不至于发生收支矛盾。违背了流动性原则，可能导致入不敷出。

4.4.2 社会保障基金投资运营的基本方式

实施组合投资是社会保险基金投资运营的基本策略，世界各国普遍将组合投资作为社会保障基金的投资方向。组合投资也能较好地体现安全性、盈利性、流动性的投资原则，能够有效地分散投资风险。在通常情况下，一部分投资项目的收益率降低，另一部分投资项目的收益率就可能上升。通过分散投资，安排好投资比例，实施恰当的投资组合，社会保险投资基金就可以取得一个较稳定的平均收益率。由于组合投资是投资的长、中、短期相结合，也解决了基金的及时支付问题。

一般情况下，社会保障基金具体可选择的投资品种有以下5种。

1. 购买政府债券

政府债券，即公债，它是政府为了某种特定目的向社会各界和特定的对象举借的债务。政府举债目的可能是用于弥补财政赤字，也可能是为了对社会经济的运行实施针对性调节。债券应该是社会保障储备基金最经常，也是比较理想的投资渠道。公债是政府的债务，它由政府税收作为担保，因而又被称作“金边债券”，它是最安全的盈利性投资品种，符合安全性和盈利性的投资原则。同时，公债又是一种可以上市流通的证券品种，也符合流动性原则，可以随时变现，满足社会保障基金的支付需要。

2. 购买企业债券

企业债券是企业为了筹措生产经营资金的需要，按照法定程序在一定范围内发行的债券。由于企业债券往往是为了解决某些重大投资项目的资金不足问题而发行的，其利率一般都会比银行存款利率高。但企业债券是企业的债务，其债务主体是具有独立法人资格的企业，故其预期收益的取得完全取决于债券投资项目以及企业的经营情况，相对政府债券而言，其投资风险较大。

3. 储蓄存款

储蓄存款是社会保障基金管理机构把基金存入银行,以取得一定利息的投资方式。储蓄存款有活期和定期之分,活期可随时提现,但利息较低;定期较活期利息高,但一般只能到期提取。定期又有时间长短之分,时间越长,利息越高。储蓄存款的优点是安全可靠,投资风险相对较低,收益稳定,流动性较好,而且操作简便,省事省力。其缺点是收益相对偏低,不能有效化解通货膨胀的威胁。在社会保障基金刚刚进入资本市场时,储蓄存款所占比例较高,随着投资工具选择的多样化,比重逐步降低,只用来做短期投资工具,以满足流动性需要。

4. 股票

股票一般有较高的收益率而且变现能力强,因而成为社会保障基金投资的一种重要工具。股票投资的收益来自股票买卖的价差和持股期间的股息收入,目前多数国家都允许社会保障基金投资于股票市场。但是由于股票市场风险较高,绝大多数国家限制社会基金投资股票的比例。

5. 实业投资

除了金融投资工具外,社会保障基金还可以进行实业投资。实业投资包括房地产、基础设施等不动产。不动产投资在经济持续发展的情况下,可以保证有较高的盈利率,安全性有保证,能在一定程度上防范通货膨胀的风险。但不动产投资一般投资周期长,流动性也差。其中房地产市场受经济周期波动影响,有较大的风险,由于较强的专业性,投资的管理成本较高。一些国家对社会保障基金投资于房地产的比重有严格规定,多数国家社会保障基金用于不动产投资的比重都比较低。然而,在经济快速成长时,进行实业投资,又可能给社会保障基金带来稳定的高收益。

4.4.3 中国基本社会养老保险基金的投资运营

在中国,基本社会养老保险基金(以下简称基本养老金)通常被称为"养命钱",因此,基本养老金一直没有走进资本市场。然而,随着货币贬值风险的加剧,人们对基本养老金投资运营的呼声越来越高。但同时反对的声音也不断高涨,因而基本养老金的投资运营一再被提起又被搁置。

包括基本养老金在内的社会保险基金的结余规模在不断扩大,1993 年社会保险基金所有收入规模仅为 461 亿元(不含系统统筹部分),累计结余仅为 288 亿元(包括购买国家特种债券部分),而 2013 年收入达 3.3 万亿元,累计结余 4.77 万亿元(含城乡养老),分别增长了 72 倍和 157 倍。城镇职工基本养老保险基金规模的增长幅度更令人叹为观止,1990 年收入仅为 179 亿元,滚存结余只有 98 亿元,而 2013 年则分别高达 22680 亿元和 28269 亿元,分别增长了 126 倍和 288 倍。社会保险基金投资运营体制却始终没有任何改变,与基金增长幅度相比,与国外投资体制相比,都显得严重滞后。绝大部分基金作为财政专户存款被存入银行,利息较低,基金的保值增值能力很差。

2011 年,中国曾经开始过基本养老金的投资事宜,被称为"2011 改革",但由于种种原因,无果而终。2013 年召开的党的十八届三中全会明确提出"加强社会保险基金投资管理和监督，推进基金市场化、多元化投资运营”，中央最终确定采取“统一委托投资”模式即全国社会保障基金理事会（下简称“社保基金会”）作为受托人负责集中投资的方案。2015 年 8 月，国务院发布了《基本养老保险基金投资管理办法》；2016 年 3 月，国务院总理签署了第 667 号国务院令，公布了《全国社会保障基金条例》。这两个重要文件以国务院行政法规的形式将基本养老保险投资管理体制正式确定为“统一委托投资”模式。经过近 2 年的准备，作为受托人，社保基金会做了大量前期工作，地方养老保险基金分批陆续上解到社保基金会，资本市场终于迎来首批资金的到来，旷日持久的关于养老基金投资改革大辩论就此终结。

4.5 全国社会保障基金

4.5.1 全国社会保障基金概述

1. 全国社会保障基金的概念及特征

全国社会保障基金于 2000 年 8 月设立，是国家社会保障储备基金，由中央财政预算拨款、国有资本划转、基金投资收益和国务院批准的其他方式筹集的资金构成，专门用于人口老龄化高峰时期的养老保险等社会保障支出的补充、调剂，由全国社会保障基金理事会（简称社保基金会）负责管理运营。全国社会保障基金与地方政府管理的基本养老、基本医疗等社会保险基金不同，资金来源和运营管理不同，用途也存在区别。

全国社会保障基金作为战略储备基金，具有自己独到的特征。

1）法定性

全国社会保障基金是依据国家法律建立的，并由法律明确规定基金的性质、来源、筹集、运营和监管等，所有的环节都要依据国家相关法律法规严格执行。

2）强制性

全国社会保障基金是依据法律强制筹集的，其管理和使用都要依法进行，任何机构和个人都不得违反法律规定。

3）储备性

全国社会保障基金与其他社会保险基金不同，是国家的战略储备基金，一般在社会保险基金和社会救助基金等出现财务危机时，充当补充、调剂基金的作用。

4）资产独立性

全国社会保障基金资产独立于基本养老保险基金、划转的部分国有资本和社保基金会、社保基金投资管理人、托管人的固有财产以及社保基金投资管理人管理和托管人托管的其他资产。其与基本养老保险基金、划转的部分国有资本、社保基金会单位财务分别建账、分别核算。

2. 全国社会保障基金的发展历程

全国保障基金经历了从无到有、从少到多的发展历程，发生的许多大事记录了其发展的过程（见表 4－1）。截至 2019 年年底，全国社会保障基金的规模增至 26285.66 亿元，已经成为我国社会保障体系的一个重要组成部分。

表 4-1 全国社会保障基金大事记

时间	事件
2000 年 8 月	经中共中央批准,国务院决定建立全国社会保障基金,同时设立全国社会保障基金理事会。全国社会保障基金理事会作为国务院直属正部级事业单位,受国务院委托管理运营全国社保基金
2001 年 12 月	经国务院批准,财政部、劳动和社会保障部颁布《全国社会保障基金投资管理暂行办法》,明确了社会保障基金投资的基本原则、投资范围、投资比例、投资方式等,建立了社会保障基金的监督、报告和财务制度
2003 年 6 月	全国社会保障基金以委托投资方式进入证券市场
2004 年 6 月	全国社会保障基金成功投资交通银行 100 亿元,全国社会保障基金开始了直接股权投资的历程。之后,全国社会保障基金先后成功投资了工商银行、中国银行、中国农业银行、京沪高速铁路、中国银联、大唐控股、中节能风电、中航国际等项目
2006 年 3 月	财政部、劳动和社会保障部、中国人民银行联合颁布《全国社会保障基金境外投资管理暂行规定》
2006 年 12 月	社保基金会会正式开展个人账户中央补助资金投资运营管理
2008 年 4 月	财政部、人力资源和社会保障部批准全国社会保障基金投资股权基金
2009 年 6 月	境内国有股转持政策正式实施,为全国社会保障基金筹集了巨额资金
2010 年 3 月	社保基金会会召开第三届理事大会第三次会议,明确提出建设一流的社会保障资产管理机构
2011 年 4 月	社保基金会出资 100 亿元战略入股国开行,持股比例为 2.19%
2014 年 6 月	社保基金会发布《全国社会保障基金信托贷款投资管理暂行办法》
2015 年 6 月	全国社保基金投资入股蚂蚁金服,这是全国社会保障基金首次直接投资入股民营互联网金融企业
2016 年 9 月	社保基金会发布《全国社会保障基金信托贷款投资管理暂行办法(2016 年修订版)》
2018 年 9 月	社保基金会由国务院直属的正部级事业单位改革为财政部管理的事业单位,作为基金投资运营机构,不再明确行政级别

资料来源:根据全国社会保障基金理事会网站资料整理。

4.5.2 全国社会保障基金的管理运营

1. 全国社会保障基金的管理

全国社会保障基金的管理单位是全国社会保障基金理事会,其成立之初的管理体制性质为"国务院直属的正部级事业单位",2018 年的改革中取消了其行政级别,改为由财政部管理,但仍然保留事业单位的性质。

理事大会由理事长、副理事长、理事组成,是社保基金会的最高权力机构,主要负责基金的重大战略决策和社保基金会的重大事宜决策。理事长、副理事长由国务院任命,理事由国务院聘任。理事长是社保基金会的法定代表人和最高负责人。

社保基金会的主要职责是：

(1)管理运营全国社会保障基金。

(2)受国务院委托集中持有管理划转的中央企业国有股权，单独核算，接受考核和监督。

(3)经国务院批准，受托管理基本养老保险基金投资运营。

(4)根据国务院批准的范围和比例，直接投资运营或选择并委托专业机构运营基金资产。定期向有关部门报告投资运营情况，提交财务会计报告，接受有关部门监督。

(5)定期向社会公布基金收支、管理和投资运营情况。

(6)根据有关部门下达的指令和确定的方式拨出资金。

(7)完成党中央、国务院交办的其他任务。

(8)职能转变。社保基金会要适应新的职责定位，切实转变职能，作为投资运营机构，履行好基金安全和保值增值的主体责任。

经国务院批准，依据财政部、人力资源和社会保障部规定，社保基金会受托管理的资金主要包括全国社会保障基金、做实个人账户中央补助资金、地方委托的部分企业职工基本养老保险资金、基本养老保险部分结余基金及其投资收益以及划转的部分国有资产。

2. 全国社会保障基金的投资运营

社保基金会根据《中华人民共和国社会保险法》《全国社会保障基金条例》和经国务院批准、由财政部与人力资源和社会保障部发布的《全国社会保障基金投资管理暂行办法》《全国社会保障基金境外投资管理暂行规定》，以及国务院、财政部与人力资源和社会保障部的相关批准文件对社保基金进行投资运作。财政部会同人力资源社会保障部对社保基金的投资运作和托管情况进行监督。

1) 投资方式

社保基金会采取直接投资与委托投资相结合的方式开展投资运作。直接投资由社保基金会直接管理运作，主要包括银行存款、信托贷款、股权投资、股权投资基金、转持国有股和指数化股票投资等。委托投资由社保基金会委托投资管理人管理运作，主要包括境内外股票、债券、证券投资基金，以及境外用于风险管理的近期、远期等衍生金融工具等，委托投资资产由社保基金会选择的托管人托管。

2) 投资范围

社保基金会的投资要在规定范围内进行，包括境内投资和境外投资两部分。境内投资范围包括银行存款、债券、信托贷款、资产证券化产品、股票、证券投资基金、股权投资、股权投资基金等；境外投资范围包括银行存款、银行票据、大额可转让存单等货币市场产品、债券、股票、证券投资基金，以及用于风险管理的近期、远期等衍生金融工具等。

3) 投资业绩

社保基金建立之初，允许投资的范围较为狭窄，一般是风险较小的投资运营，如银行存款和购买国债等，投资收益也较低(见表 4-2)。之后随着投资范围的不断扩大，投资方式的增多以及投资渠道的拓宽，投资收益也呈现出上涨趋势，年均投资收益率为 8.44%。从统计数据可以看出，历年的投资收益率虽然会有波动，但整体上看高于当年的通货膨胀率，基本实现了基金的保值增值。

表 4-2 社保基金历年收益情况表

年度	项目		
	投资收益额/亿元	投资收益率/%	通货膨胀率/%
2000	0.17	—	—
2001	7.42	1.73	0.7
2002	19.77	2.59	−0.8
2003	44.71	3.56	1.2
2004	36.72	2.61	3.9
2005	71.22	4.16	1.8
2006	619.79	29.01	1.5
2007	1453.5	43.19	4.8
2008	−393.72	−6.79	5.9
2009	850.43	16.12	−0.7
2010	321.22	4.23	3.3
2011	74.6	0.86	5.4
2012	654.35	7.1	2.6
2013	685.87	6.2	2.6
2014	1424.6	11.69	2.0
2015	2294.78	15.19	1.4
2016	319.61	1.73	2.00
2017	1846.14	9.68	1.6
2018	−476.85	−2.28	2.1
2019	2,917.18	14.06	2.9
累计投资收益	12,464.06	8.14(年均)	2.06(年均)

注:1. 累计投资收益额在各年投资收益额之和基础上做了以下调整:①2008 年首次执行新会计准则调减以前年度收益 261.48 亿元;②2010 年股权投资基金会计政策变更调增以前年度收益 2.84 亿元;③实业投资以前年度收益调整,调增以前年度收益 1.45 亿元。

2. 年均收益率为自成立以来各年度收益率的几何平均。

3. 年均通货膨胀率为自成立以来各年度通货膨胀率的几何平均。

数据来源:全国社会保障基金理事会网站。

3. 社保基金会管理体制存在的问题

社保基金会是负责全国社会保障基金运营的主要机构,因此其管理体制的先进程度往往会影响到社保基金的投资质量与收益。社保基金会的主要特征是人事编制和财政预算拨款等完全实施事业单位的管理体制。其行政化的体制机制与市场化的运营目标在机构性质与功能定位等方面产生严重冲突,阻碍了社保基金会的运作和效率的提高。具体表现为以下方面。

1) 事业编制的人事管理约束难以适应市场变化及其基金管理规模不断扩大的需求

资本市场投资工具和产品创新日新月异,市场开放度和竞争程度不断提高,机构投资者的内设机构和人员雇佣数量应根据实际需要由其随时自主决定。但社保基金会的内设机构和人员编制均定岗定编,按事业单位管理办法执行,受到财政供养人员编制的严格控制,这显然不能适应和满足市场化基金运营的现实需求,不能建立起市场化的灵活用人机制,不可能建立起与绩效挂钩的动态化人力资源管理体制。例如,社保基金会管理的资金规模逐年增加,与建立之初相比已增加了一百倍,但人员编制却没有发生根本性变化,全部人员不到205个编制。

2）事业单位的决策机制不适应瞬息万变的市场变化的要求

金融市场复杂多变,事业单位管理体制框架下的管理机制和决策程序使社保理事会难以适应市场化运作的需求。例如,近年来,我国资本市场发展迅速,优先股、资产证券化等金融产品和金融工具创新不断涌现,但社保基金会在投资时须报请监管部门对投资品种逐一报批;事业单位的性质及其管理体制使之不可能那么贴近市场,不可能树立起市场化和现代化的投资理念和信息传递系统,不可能建立起敏捷快速的投资决策体制、反应体制与执行体制,由此不可能满足大型机构投资者所应具备的投资决策机制,难以适应瞬息万变的市场需要,隐藏着一定的投资风险。

3）事业单位的机构管理体制不能设立境内外分支机构

社保基金会的事业单位管理体制受到异地设立分支机构的严重制约,这不利于异地开拓业务和建立伙伴关系,难以利用法人优势地位促进市场化投资。社保基金会的境外管理人越来越多,目前已达33家,但在一些重要国家和国际金融中心地区却不能建立境外法人分支机构,甚至不能建立办事处等非法人机构,这既不利于当前境外投资业务的管理和拓展,也不利于将来全球资产配置的需要。

4）事业单位的考核制度难以建立起资产管理机构科学化的绩效评价体系

社保基金会现行的内部考核机制必然以事业单位传统考核机制为主导,虽然对大类资产设定了投资基准,但却很难开展真正意义上的投资绩效评估;至于对具体投资团队和投资岗位开展科学、准确和严格的绩效评估就更加难以做到,这必将影响社保基金会的整体投资业绩。

社保基金会的事业单位性质严重制约了其发展,除了以上几点限制,还包括事业单位的财政全额预算制完全不适应大型机构投资者的需要、事业单位的政府采购规则与评审选用外部投资管理人存在法律冲突以及事业单位的官本位科层结构和行政化管理体制“侵蚀”投资机构的专业精神等。

4.5.3 全国社会保障基金的发展

1. 科学设定封闭期和支付期

虽然全国社会保障基金的规模从建立以来一直在增长,但是由于我国的人口不断增长,人口老龄化越来越严重,养老基金的支付需求会进一步提升,所以养老保障基金的规模要达到一定的规模才能实现健康可持续的发展。现今全国社会保障基金尚未确定封闭期和支付期的规划,两者都是在确定了基金目标规模才设定出的。不得用于任何支付的期间是封闭期,这样可以确保在预定时间内让基金达到目标规模的计划;基金功能实现的时期是支付期,在基金达到预期规模后,再按照规划弥补养老基金缺口。所以对于全国社会保障基金来说明确封闭期和支付期是比较重要的问题,是促进基金长期投资理念执行和发挥功效的关键部分。

2. 增加全国社会保障基金的来源渠道

为了保证全国社会保障基金规模的扩大,需要在充分利用现有各个资金来源渠道的基础上,开辟新的资金来源渠道。从其他国家养老储备基金的发展来看,许多国家都设定了较多并且相对稳定的资金来源渠道。例如,爱尔兰"国家养老储备基金"年度划入规模与GDP挂钩;挪威"政府全球养老基金"的来源除预算拨付之外,还包括石油业务税收收入和二氧化碳排放税收收入等;法国"国家养老储备基金"来源包括不动产和投资收益的资本利得税的2%、储蓄银行和存款保险金的缴费和移动电话牌照拍卖收入等。结合中国的现实国情和国际经验,资源税、矿山开采金、土地出让金等资源性国有资产收入的一定比例,以及利息税等部分税种的一定比例收入,可以考虑作为充实全国社会保障金的新的资金渠道。

3. 拓展全国社会保障基金的投资渠道

从全国社会保障基金建立至今,投资渠道不断拓宽。2003年,全国社会保基金开展了债券回购业务,并以战略投资者身份申购新股;2004年,经国务院批准,开始了股权投资;2005年开展了上证50ETF直接投资渠道;2006年开始境外投资业务;2015年投资入股蚂蚁金服,首次直接投资入股民营互联网金融企业。此外,实业投资和信托投资业务也已开始。投资渠道的拓展和投资方式的创新,使全国社会保障基金的投资收益显著增加。从现实来看,由于资产比例限制规定等原因,全国社会保障基金配置在境内传统投资工具上的资产比重较高,而境外投资以及风险相对较低,投资收益率稳定的实业投资、信托投资和产业基金等比例较小。例如,《全国社会保障基金境外投资管理暂行规定》中规定,全国社会保障基金境外投资的比例,按成本计算,不得超过全国社会保障基金总资产的20%。这在一定程度上限制了全国社会保障基金投资收益的提高。随着全国社会保障基金的进一步发展,投资渠道的拓宽、投资比例的科学配置将是提高基金收益率、确保基金规模增长的必要手段。

4. 完善全国社会保障基金发展的法规环境

目前,关于全国社会保障基金发展的统一法规文件尚未出台。主要相关规定有关于投资运营的《全国社会保障基金投资管理暂行办法》和《全国社会保障基金境外投资管理暂行规定》,以及关于全国社会保障基金来源的《国务院关于印发减持国有股筹集社会保障资金管理暂行办法的通知》《国务院关于进一步规范彩票管理的通知》和《境内证券市场转持部分国有股充实全国社会保障基金实施办法》等。这些规定由于立法层次较低、内容不尽完善等原因,已不能完全适应全国社会保障基金的发展需求。为了确保全国社会保障基金的健康持续发展,应该尽快以国务院立法形式出台一部统一的《全国社会保障基金条例》,以整合完善目前各个单独的相关规定,为全国社会保障基金的建立构建坚实的法制保障。

本章小结

社会保障基金是社会保障制度得以确立并能够解决特定社会问题的物质基础,其构成一般与社会保障体系相一致。社会保障基金具有强制性、基本保障性、互济性、储存性和增值性等特征。

社会保障基金的筹集方式一般有税收、社会保险费、强制储蓄等,不同国家可能会采取不同的方式。社会保障基金的筹集要遵循效率与公平相结合原则、社会性原则、强制性原则、经济适应性原则等。

社会保障基金的给付是社会保障制度的真正落实，要遵循保障保障对象基本生活需要原则、效率原则、公平性原则、法制化原则等，最基本的给付方式包括货币给付、实物给付和服务给付。

社会保障基金存在贬值的风险，因此要进行适量的投资运营，运营中要遵循安全性原则、收益性原则，流动性原则等。中国基本养老金以统一委托投资模式投入资本市场。

中国于2000年设立了全国社会保障基金，是国家社会保障储备基金，由全国社会保障基金理事会负责管理运营。

思考题

1. 社会保障基金的筹集方式与原则有哪些？
2. 社会保障基金的给付方式与原则有哪些？
3. 社会保障基金的投资应遵循哪些原则？
4. 中国全国社会保障基金是指什么？有哪些特征？
5. 中国全国社会保障基金与其他社会保险基金有什么区别？

案例讨论

社保基金投资蚂蚁金服尝甜头 两年浮盈超100%

由于社保基金的特殊性，以及其对社会稳定的重要性，长期以来，社保基金投资范围相当谨慎。在2015年4月之前，社保基金直接股权投资的范围限定在中央企业的改制、改革试点单位。此后，国务院批准全国社保基金将直接股权投资的范围从中央管理企业的改制或改革试点项目，扩大到中央企业及其子公司，以及地方具有核心竞争力的行业龙头企业，包括优质民营企业。

就在市场猜测试点将会以何种方式落地时，2015年7月，全国社保基金战略入股蚂蚁金服，在当时被称作“大象恋上蚂蚁”，这也是全国社保基金第一次直接投资创新型民营企业。当时，按照蚂蚁金服在首轮融资前的一份融资推介材料，蚂蚁金服的估值约为350亿至400亿美元。2017年6月，美银美林发表的研究报告认为，蚂蚁金服的估值为880亿美元；7月，国际权威投行里昂证券的研究报告则认为，蚂蚁金服最新的估值金额为750亿美元。根据了解，在蚂蚁金服B轮融资后，社保基金的持股比例略有稀释，但幅度不大。即便按照较低的750亿美元估值来算，社保基金的投资浮盈已超过100%。这意味着，社保基金投资蚂蚁金服已远超在其在大部分项目上的投资回报水平。

中国社科院世界社会保障研究中心主任郑主任表示，从目前情况来看，社保基金直投新兴产业，在为创新企业提供支持的同时，也获得了一定的增值。这在一定程度上也让全民得以通过社保基金的增值，间接分享到国内经济转型带来的投资收益。郑主任同时强调，社保基金等国家层面基金在投资民营企业时，一定要做好充分和全面的考察工作。

（王雪青，原载《上海证券报》，2017－07－27）

问题：

1. 全国社会保障基金的投资渠道有哪些？
2. 全国社会保障基金投资应该遵循哪些原则？
3. 与全国社会保障基金相比，基本养老保险基金在投资过程中应注意哪些问题？

第5章 社会保障管理体制

本章要点

◎ 社会保障管理体制的含义及特征
◎ 社会保障管理的内容
◎ 社会保障管理体制的模式
◎ 中国社会保障管理体制

5.1 社会保障管理体制概述

5.1.1 社会保障管理体制的含义及特征

1. 社会保障管理体制的含义

社会保障管理工作是确保该制度有效实施的基本条件，而社会保障管理体制则是确保社会保障管理效果的重要基础。因此，只有建立有效的社会保障管理体制，才能最终实现社会保障制度的高效运行。不同的研究者对社会保障管理体制的界定不同，代表性的主要有以下几种。

社会保障管理体制是指国家为实施社会保障事业而规定的从中央到地方的各种社会保障管理机构、管理原则和运行机制的总和。

社会保障管理体制是指国家专门机构依据国家的有关法律、法规和政策，对社会保障全过程进行领导、组织、监督以及具体实施等一系列相关活动的总称。它涉及社会保障的法制建设、社会保障的方针政策、社会保障管理机构的设置、社会保障基金的管理与监督以及社会保障的具体业务等方面。

社会保障管理体制，一般是指社会保障的管理制度和管理方法。它包括中央与地方、政府与社会、政府与企业、政府有关部门之间在社会保障管理职责权限方面的有关制度、方式和形式。

综上所述，本书认为社会保障管理体制是指为了实现社会保障管理工作高效、有序进行，进而促进社会保障事业的实施而规定的社会保障管理机构及其职能配置、管理原则、运行机制及监督机制等的总和。

2. 社会保障管理体制的特征

社会保障管理容易受到各国政治、经济及社会人文环境等的影响，呈现出以下特征：

(1)政治性。一个国家的政治体制决定社会保障管理体制，如新加坡集权体制下的公积金管理、德国自治体制下的政府劳工社团混合管理、瑞典民主体制下的社会管理等。

(2)协同性。社会保障管理涉及政府行政和社会服务的多个方面,如社会保障待遇的发放与银行等的分布和服务有密切关系,养老和医疗保障的社会化服务与城市社区规划与发展密切相关等。因此,社会保障管理体制必须建立在政府多个部门和社会机构协调发展的基础上。

(3)规范性。社会保障的性质要求其规范管理和全程监督。

(4)层次性。社会保障基金的统筹程度必须要与一国经济发展水平和当前行政结构相适应,并根据统筹基金的水平建立管理体系和信息平台。

(5)服务性。社会保障管理的核心问题是保护参与人(缴费人和受益人)的合法权益,如数据管理与信息交流、待遇及时足额发放等,在社会保障服务领域政府经办机构与参与人居平等地位。因此,社会保障管理体制应充分体现其服务性的特征。

(6)系统性。当人类进入 IT 时代,社会保障管理即将成为综合性社会管理系统工程。要求用系统工程的思想、方法和技巧,为社会保障管理选择最优模式和提供最佳实施方案,创造效率高、成本低的管理体系。例如,法国推行社会保障领域的"高效合同"制度,即在银行、邮局和社会保障经办机构之间的优先合作协议,目的在于创造低成本、高效率的管理体制,以最大限度地保证参与人的合法权益。

5.1.2　社会保障管理的内容

社会保障管理的内容较为复杂,主要包括社会保障行政管理、信息管理、财务管理和风险管理等方面。

1. 社会保障行政管理

社会保障行政管理是社会保障行政机关行使国家权力,依法管理国家社会保障公共事务及其机关内部事务,实施社会保障制度,履行社会保障职能的管理活动。社会保障行政管理的内容包括:社会保障立法,制定社会保障政策和管理规章制度,规定社会保障的实施范围和对象、享受保障的基本条件、社会保障资金的来源、基金管理和投资办法、待遇支付标准和对象以及社会保障各主体的权利、义务等;设置高效的社会保障机制,配置社会保障管理人员,明确社会保障管理组织的职责,培养、考核、任命社会保障管理干部;制定社会保障计划;落实社会保障的法律、法规、政策,监督社会保障法律、法规、政策的实施情况,确保社会保障法律、法规和政策得到认真的贯彻和实施;调节和处理社会保障活动中出现的纠纷。

社会保障行政管理的主体是社会保障行政机关和社会保障行政人员,包括行政组织、行政领导以及执行行政公务的工作人员;客体是社会保障公共事务及社会保障组织的内部事务。其在根本原则上依法管理;目的是履行社会保障职能,提高行政效率。

社会保障行政管理具有服务性、政治性与科学性、法制性、强制性以及社会性等特征。

2. 社会保障信息管理

随着信息技术的不断发展与应用,社会保障也呈现出信息化的趋势。社会保障信息化是指以计算机、通信网络为主体的信息技术在社会保障领域中的应用。社会保障信息化是一项复杂的系统工程,具有政策性强、涉及面广、信息流量大、数据交换频繁、数据保存时间长等特点。

社会保障信息化是整个社会保障体系的技术支撑,它涉及社会保障体系的各个层面,贯穿于社会保障工作的各个环节。因此,要运用电子技术手段,建立统一的、覆盖全国的社会保障技术支持系统，实现现代化管理。将各地社会保障资金的缴纳、记录、核算、支付、查询服务、相关认证等，纳入计算机管理系统，并逐步实现全国联网。

社会保障信息化建设对于改善服务手段、增加工作透明度、提高政府决策水平、加速社会保障管理科学化进程都具有十分重要的意义。

(1) 有利于社会保障制度规范化。计算机管理信息系统的开发建设是以系统论的科学方法对各管理环节进行优化，在制定出规范的业务管理流程的基础上，能够对业务实行科学严谨、规范高效的管理。利用计算机系统能够优化业务流程、规范办事程序、规定管理权限等。

(2) 有利于提高工作效率，确保数据安全可靠。社会保障在很大程度上是对各种社会保险基金的管理，因此人们把社会保障的计算机管理信息系统称为准金融系统。社会保障基金管理涉及的工作数据量大、计算复杂、时效性和安全性要求高、存储时间长，依靠人工处理难以完成。特别是现在进入大数据时代，对数据的计算与管理要求进一步提高。这必须使用计算机管理信息系统，才能有效地完成。

(3)有利于增加工作的透明度和决策的科学性。社会保障对象可以通过计算机查询自己的参保项目，并方便及时了解各项社会保障政策信息，同时也使得社会保险经办机构等随时接受社会公众的监督。另外，通过计算机系统对各种保险基金的收支平衡、费率调整、基金调剂等情况进行测算，利于做到多种方案的比较分析，从而实现科学决策。

(4)有利于发挥社会保障体系的整体效益。社会保障体系是一个庞大的系统工程，其管理的信息包括社会保险、社会救助、社会福利等基础数据库及资金筹集与待遇发放等，还包含就业、参保等信息。如果将这些信息分开管理，势必加大管理成本。通过计算机技术将各类信息有机地组织在一起，实现信息共享，既可以节约资源，又能够充分发挥社会保障体系的整体效益。

3. 社会保障财务管理

社会保障财务管理是在社会保障事业发展过程中对社会保障基金进行筹集、运营、分配、支付等方面所体现的经济关系。社会保障财务管理的目标是多渠道筹措社会保障基金，以最有效的投资理念盘活基金并使其投资效益尽可能最大化，以公平与效率的原则配置基金，以缩小贫富差距，以审慎严密的办法监控基金，以科学的计发办法充分保障社会保障基金的发放。

社会保障财务管理的任务主要有以下方面：

(1)科学编制社会保障预算，加强收支管理。各级保障机构要在认真调查与测算的基础上，科学编制本地区本部门的社会保障预算，同级财政与政府部门要认真审核、按程序批复并监督执行。要按照要求，扩大社会保障覆盖面，保持低水平扩张，通过科学合理地安排预算基金，保证社会保障财务的可持续发展。对各项基金要专项管理，专项使用，并进行严格监督，避免非法占用、挪用社会保障基金等行为。

(2)认真执行社会保障事业财务管理制度，合理分配国家、集体和个人的责任。社会保障的各项活动牵涉国家、集体与个人三者之间的利益关系，科学合理地分配三者的责任是社会保障管理的一项重要任务。现阶段政府在社会保障中发挥主导作用，社会保障财政支出压力日益加大，转制成本难以消化，更需要三者共同承担社会保障基金压力，科学筹集资金，逐步建立社会保险制度相对平衡机制。在社会保障财务管理上，要树立社会保障经济效益观与社会效益观，尽可能获取最大的财务成果。

(3)提供准确的社会保障财务信息，为社会保障科学决策服务。在逐步理顺社会保障财务管理机构与管理关系的前提下，进一步明确财政部门、社会保障部门及各参保单位的财务管理关系，加强财务约束和会计核算工作，建立社会保障财务信息网络与平台及科学的核算程序，反映社会保障收支活动的真实情况，发挥预算约束、制度约束、财务监督等全方位的财务管理效应，完善社会保障财务服务体系，为社会保障科学决策提供有价值的参考。

4. 社会保障风险管理

社会保障是分散社会成员面临的社会风险的一种有效方式，但社会保障制度在运行中也可能遇到各种风险。社会保障制度与政治、经济、法律、文化等诸多因素密切相关，从整体上可分为外部风险和内部风险。

1）外部风险

外部风险是指与社会保障制度相联系的经济社会环境和制度安排等因素的变化可能对社会保障制度产生不利影响。外部风险的影响因素主要包括：①全球经济形势。特别是在全球一体化的环境中，外部经济形势好将对一国的社会保障发展产生积极的影响，反之亦然。②国内经济形势。当经济高涨时，社会保障总体收入较高而支出较低，制度负担轻，利于社会保障制度的良好运行；经济形势衰落时，经济增长缓慢，失业人口增多，需要救助的人数增多，社会保障支出增加，制度负担加重，甚至可能导致社会保障危机。③人口老龄化。这直接影响养老保险制度的负担比，而且老年人的医疗支出整体上比年轻人要高，所以人口老龄化会大大增加社会保障制度的负担。此外，人口老龄化对经济增长、储蓄、投资、消费、劳动力市场等多个方面都会产生影响，这些也会影响社会保障制度的运行。

2）内部风险

内部风险又可分为制度设计风险和制度实施风险。制度设计风险是指政府在进行社会保障制度设计时，可能对社会保障制度运行带来的风险。制度设计风险主要有：①社会保障缴费率。缴费率太低可能导致资金筹集不足或偿付能力不足；太高则会加重企业和员工的负担，对企业的进一步发展和员工消费产生消极影响。②社会保障支出占国家财政收入的比例。比例过高会对财政造成沉重负担，不利于国家建设；比例过低则可能造成社会保障支出水平过低而影响社会稳定。③法定退休年龄。在现收现付制的养老保险制度下，偏低的退休年龄会导致制度负担较重，增加在职员工的缴费负担。④监控机制的完善程度。监控是社会保障管理不可或缺的环节，只有完善的监控机制安排才能让社会保障制度健康运行、持续发展。

制度实施风险是指社会保障制度由收到支的各环节，即筹资、管理和支付过程中产生的风险。制度实施风险主要有：①财务风险。社会保障财务包括资金筹集、投资与待遇支付，这期间涉及的不确定因素都可能引起社会保障财务风险，因此，财务风险是一项涉及多个因素的综合风险。②经办操作风险。社会保障制度要经由经办机构实施和落实，经办机构也面临着诸多的风险。经办风险主要是指不完善的程序制度或规定、系统、人员和外部条件造成社会保障损失的风险，主要源于系统、工作人员和操作流程。经办风险不是社会保障必须承担的风险，因此应该通过一定的措施将其降到最低。

社会保障制度面临的风险中，财务管理风险、投资风险、经办风险等可以通过制度安排、监管或其他方法得到一定程度的控制，而自然风险、经济环境风险、法律风险及利率风险等外部风险则难以掌控，更多的是在风险发生后及时弥补。

5.2 社会保障管理体制的主要模式

由于政治、经济、文化、历史等多重因素的影响，世界上不同国家的社会保障制度模式有所不同，与之相对应，社会保障管理体制的模式也不尽相同。整体来看，社会保障管理体制主要可以分成集中管理式、分散管理式和集散结合式三种模式。

5.2.1 集中管理模式

集中管理模式是把养老保险、失业保险、医疗保险、住房公积金及其他社会保险项目全部统在一个管理体系里，建立统一的社会保险管理机构，统一的社会保险执行机构，统一的社保资金运营机构，统一的社会保障监督机构，统一的个人社会保险账户，体现出高度集中管理的特征。

集中管理模式的典型代表是英国。社会保障部是英国统一的社会保障管理机构，负责全国的社会保障事务。社会保障部内部设立有三个行政管理机构（政策规划局、财务管理局以及法律事务局），全国性的社会保障政策由中央统一制定，同时中央对社会保障的许多项目提供资金支持。社会保障的具体事务则由社会保障部外部设立的相对独立的执行机构以及中央政府在各地设立的派出机构承担。

集中管理模式的高度统一、集中性，既有一定的优势又存在一定的问题。优势主要体现在：一是有利于社会保障的统一规划、统一实施，避免政出多门、部门间相互推诿扯皮的现象；二是有利于社保项目之间的相互协调，提高资金的使用效益；三是有利于社会保障管理机构精简有效，降低管理成本；四是把所有的社会保障资金集中在一起征缴，并由社保机构负责资金的支付，从而减轻企业工作量，使企业从繁杂的社保工作中解脱出来。但集中管理模式对人口较多、面积较大、区域差别较大的地区，有些问题难以两全。例如，失业保险与促进就业、工伤保险与工伤预防的结合问题。

5.2.2 分散管理模式

分散管理模式是不同的社会保险项目由不同的政府主管部门管理，各自建立起一套保险执行机构、资金运营机构及监督机构，各保险机构之间是相互独立的，资金不能相互融通使用。

分散管理模式最典型、运作最成功的是德国。德国没有一个像英国一样的统一管理全国社会保险事务的机构——社会保障部。社会保险的各项事务都是由各个地区和行业建立的社会保险机构负责，被保险人依据自己所在的地区和行业，由相对应的社会保险机构负责管理。这些保险机构一般都是独立存在的，而且每一类保险机构基本只承担一种保险业务，各类保险机构都有明确的业务范围，这样可以避免业务上的相互重叠和交叉。社会保险机构有专门的管理委员会负责管理，管理委员会先由代表大会推选理事会成员，再由理事会提名确定会长。

分散管理模式的特点主要有：一是多部门管理。各级政府以及社会保障各部门具有很大的独立性，政府一般只对社会保障事业进行监督，具体的事务交给社会保障经办机构管理。二是管理成本相当高。以德国为例，1994 年德国的养老保险的管理费用占所缴养老保险金的 3%，高达 101 亿马克，而同时期日本、美国的养老保险管理费用只占 1%。三是因机构庞杂和相互独立而导致的工作反复。如德国的医疗保险机构仍要对退休人员征收医疗保险费，其中一半由退休人员承担，另一半由养老保险机构自动转汇到医疗保险的账户上。同样，失业者在领取失业保险金期间，也应向养老保险机构缴纳保险费。资金运转上的反复以及立法文件的繁杂，都给被保险人和保险机构管理增添了许多难题。

5.2.3　集散结合模式

集散结合管理模式是根据各项社会保险管理要求上的差异，把共性较强的部分项目集中起来，实行统一管理；把特殊性较突出的若干项目单列，由相关部门进行分散管理。其形式是把养老保险、医疗保险、遗属补助等集中起来，或者建立专门的社会保障部门进行统一管理，或者在某个部门下设立保险管理机构进行管理，而把失业保险、工伤保险交与劳动部门管理。

美国的社会保障管理模式是典型的集散结合管理。社会保障总署负责全国社会保障事务的统一管理，社会保障总署下设多个部门，每个部门负责一项业务。财政部是具体的办事机构，挂靠在财政部的社会保障基金管理委员会主要负责管理信托基金，选择信托基金的投资方向，评估联邦社保基金的收支状况；劳工部的主要任务是负责监督私营的养老计划和退休计划，同时还要负责监管全国在岗员工的福利状况；国内税务部门负责征收职工的工资税，还要负责向社会保障总署汇报个体经营人员的纳税情况。社保基金的筹集和发放也是由社会保障总署负责，但不负责社保基金的投资运营。基金的投资运营由专门成立的社保基金信托投资委员会负责。

集散结合管理体制的优势主要体现在两个方面：一是既体现了社会保障社会化、规范化、一体化的发展要求，又兼顾了个别保障项目的特殊性要求；二是节约了管理成本，提高了管理效率。例如，通过失业保险的单列，把失业保险与就业促进结合起来，有力地促进了社会就业工作，收到了很好的效果。

集散结合的管理模式可以说综合了集中管理模式和分散管理模式的优缺点，它对某些共性较大的项目集中管理，体现了社会保障一体化的要求，同时又能对某些差别较大的个别项目单独管理，体现了统一规划和分散管理相结合的优势。不管是哪种管理模式，都大致呈现出以下发展趋势：一是社会保障的管理机构倾向于在各部门权责明晰的基础上进行适当的精简；二是逐渐由分散管理向着集中统一管理模式发展。

5.3　中国社会保障管理体制

5.3.1　中国社会保障管理体制的沿革

中国社会保障管理体制的发展过程可以概括为以下几个阶段。

1. 新中国成立初期社会保障管理体制的创立

新中国成立初期，面对严峻的社会形势，党和政府为保障人民群众的基本生活，建立起一套由内务部、劳动部、中华全国总工会、卫生部等部门主导的社会保障管理体制，积极开展救灾、救济和社会优抚活动，建立和实施企业劳动保险制度和机关事业单位社会保险制度等。

内务部是民政部的前身，主管民政工作，受中央人民政府政务院领导和政务院政治法律委员会的指导。内务部成立之初，以救灾和政权建设工作为重点。内务部还负责国家机关事业单位工作人员除公费医疗以外的社会保险工作。1950 年 12 月，经政务院批准，内务部公布施行《革命工作人员伤亡褒恤暂行条例》，对国家工作人员的伤残和死亡待遇做了规定。中央人民政府人事部成立后，承接了内务部干部司负责的社会保险工作。1954年9月，根据《中华人民共和国宪法》和《国务院组织法》的规定，政务院改组为国务院，国家机关事业单位工作人员的社会保险业务划归国务院人事局直接管理。

劳动部和中华全国总工会主要负责有劳动能力的失业工人的救济和安置工作。1956年5月，内务部、劳动部联合发出《关于失业工人救济工作由民政部门接管的联合通知》，劳动部门把对失业工人和失业知识分子的救济工作移交给民政部门。

卫生部主管的社会保障事务主要是公费医疗，公费医疗是一种国家医疗保险制度，早在革命根据地时期就开始实行。1952年6月，政务院颁发了《关于全国各级人民政府、党派、团体及所属事业单位的国家机关工作人员实行公费医疗预防措施的指示》，开始分期推广公费医疗制度。中央及地方各级人民政府相继设立了以卫生部门为主的公费医疗管理委员会，领导各级公费医疗工作。

2. 计划经济时期社会保障管理体制的曲折发展

在计划经济体制下，中国社会保障制度选择的是国家-单位保障制度模式，国家直接承担着统一制定各项社会保障政策和组织实施有关社会保障事务的责任，城镇党政机关、企事业单位负责本单位职工的保险和福利待遇及其家属的有关社会保障费用；农村集体组织则担负着合作医疗、五保供养和农村贫困户以及优待烈军属等责任。

(1)社会主义建设道路初步探索时期的调整。从1957年到"文化大革命"爆发，中国社会保障管理体制基本上延续了新中国成立初期所形成的，由内务部、劳动部、总工会和卫生部主管的分割管理格局。

(2)"文化大革命"对社会保障管理体制的破坏。"文化大革命"时期，中国在政治、经济、文化等方面都遭受严重挫折和损失，社会保障管理体制同样未能幸免，为以后的社会保障工作留下了后遗症。

(3)"文化大革命"结束后和改革开放初期对社会保障管理体制的恢复性建设。"文化大革命"结束后，中国重新回归以经济建设为中心的轨道上。为适应新形势发展需要，党中央和国务院加强对社会保障工作的领导，社会保障管理体制进入了恢复性建设阶段。

3. 向市场经济转轨时期社会保障管理体制的改革探索

随着中国计划经济向市场经济转轨，20世纪80年代中期以后，社会保障制度模式逐渐由原来的国家-单位保障模式向国家-社会保障模式转变，社会保障管理体制在经历了一段分散化管理的改革探索之后，又趋于相对集中，这是在特定时代背景下多种因素综合影响的结果。

在向市场经济转轨中，中国社会保障管理体制改革主要有以下特点：① 建立统一的社会保障管理机构的改革目标一直是明确的，但改革实践却经历了从拆分到合并的曲折过程，这在社会保险工作方面尤为突出。社会保险工作分散化管理的原因，主要在于社会保险制度改革滞后于经济体制改革，而且是作为经济体制改革的配套措施而存在和进行的。1998年劳动与社会保障部的成立是一个转折点。进入21世纪，统筹城乡发展和建立覆盖城乡居民的社会保障体系的提出，不仅有力地推动了现代社会保障制度由城市向农村拓展，而且还促进了社会保障管理体制的整合。②尽管社会保障管理体制改革没有突破"两家主管"社会保障事务的格局，但民政部通过内部机构设置实现了对社会救济与社会福利的分类管理，并打破了城乡社会救济与社会福利二元化管理的格局，可谓是理顺社会保障管理体制的重要举措。加之“新农合”的实施和“新农保”的试点、现代社会保障制度在农村的建立，城乡社会保障制度一体化已初现端倪。③20 世纪 90 年代以来，国务院和相关部委颁布了大量社会保障法规、条例，社会保障法制化进程大大加快，但立法层次依然较低，相关管理工作还缺乏必要的法律依据。

5.3.2　中国社会保障管理机构及其职能设置

2008 年，第十一次全国人民代表大会通过国务院机构改革方案，将人事部、劳动和社会保障部合并，成立人力资源和社会保障部，人力资源和社会保障部和民政部共同成为主要的国家社会保障主管部门。

1. 人力资源和社会保障部

人力资源和社会保障部的职责划分主要仍然延续了原劳动和社会保障部的社会保险职责。

从图 5－1(图中社会保障管理机构名称使用的是相关部门，并不完全是确切的机构名称)可以看出，中国涉及社会保障事业的管理机构较多，且呈现出分散性的特征。

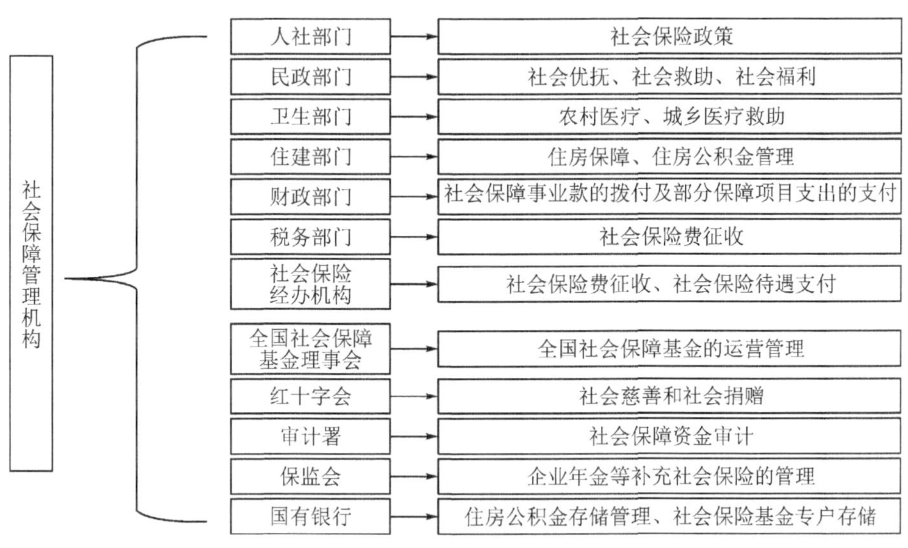

图 5－1　中国社会保障管理机构设置①

人力资源和社会保障部门主要负责社会保险事业，就中央层面的人力资源和社会保障部来看，其具体职能主要有以下方面：

社会保险事业管理中心负责管理社会保险经办机构的基金收支、财务会计、统计、社会化服务和宣传等。

法规司主要负责起草相关法律法规草案和规章；承担机关有关规范性文件的合法性审核工作；承办相关行政复议和行政应诉工作。

规划财务司主要负责拟订人力资源和社会保障事业发展规划和年度计划；承担编制全国

① 此机构设置及职能分配是 2018 年之前的设置。

社会保险基金预决算草案工作;参与拟订社会保障资金(基金)财务管理制度等。

养老保险司主管统筹拟订机关企事业单位基本养老保险及其补充养老保险政策;拟订养老保险基金管理办法;拟订养老保险基金预测预警制度;审核省级基本养老保险费率等。

失业保险司主要负责拟订失业保险政策、规划和标准;拟订失业保险基金管理办法等。

医疗保险司主要是统筹拟订医疗保险、生育保险政策及保险基金管理办法;组织拟订定点医疗机构、药店的医疗保险服务和生育保险服务管理、结算办法及支付范围;拟订疾病、生育停工期间的津贴标准;拟订机关企事业单位补充医疗保险政策和管理办法。

工伤保险司主管拟订工伤保险政策、规划和标准;完善工伤预防、认定和康复政策;组织拟订工伤伤残等级鉴定标准;组织拟订定点医疗机构、药店、康复机构、残疾辅助器具安装机构的资格标准。

农村社会保险司主要负责拟订农村养老保险和被征地农民社会保障的政策、规划和标准;拟订城镇居民养老保险政策、规划和标准;会同有关方面拟订农村社会保险基金管理办法;拟订征地方案中有关被征地农民社会保障措施的审核办法。

社会保险基金管理局主要负责社会保险基金和补充保险基金的监管、投资运营的监督,并负责对养老金管理机构实施监管。

2. 民政部

民政部的社会保障职能有所加强,原最低生活保障司改为社会救助司,负责拟订社会救助规划、政策和标准,健全城乡社会救助体系;组织城乡居民最低生活保障、医疗救助、临时救助工作;拟订五保户社会救济政策;承办中央财政最低生活保障投入资金分配和监管工作。

社会福利和慈善事业促进司主管拟订社会福利事业发展规划、政策和标准;拟订老年人、孤儿和残疾人等特殊群体权益保护政策;拟订社会福利机构管理办法和福利彩票发行管理办法;管理本级彩票公益金;拟订社会福利企业扶持政策;组织拟订促进慈善事业发展政策;组织和指导社会捐助工作。

社会事务司主要负责协调省际生活无着人员救助工作,并指导救助服务机构管理。

3. 其他部门

除了上述的部门外,社会保障管理的其他部门还包括卫生计生委、财政部、发改委、全国社会保障基金理事会等(见图 5-1)。

5.3.3 中国社会保障管理体制的发展

中国社会保障管理体制总体呈现出政出多门、管理部门分散等特征,对社会保障制度的进一步发展造成了阻碍。比如,医疗保障制度不同险种业务分散在人社部、卫健委、民政部、发改委等不同部门,推动三医联动的改革困难重重;由税务、人社系统分别征收社会保险费的征管体制,长期无法统一等。

2018 年 2 月,中共十九届三中全会提出了《中共中央关于深化党和国家机构改革的决定》,3 月 21 日,《深化党和国家机构改革方案》全文对外公布。改革的目的就是解决“党的机构设置不够健全有力,党政机构职责重叠,仍存在叠床架屋问题、政府机构职责分散交叉等问题”。此次改革不仅仅是机构设置的改革,更重要的是职能、定位等层面的改革。

社保领域的机构改革涉及很多部门和运行体制机制,一是决策体制,二是审议体制,三是执行体制，在此次机构改革方案中全部涉及。决策体制上突出强调“党的领导”，主要是在总体方案的顶层设计、统筹协调等方面，同时根据党的部门分工在每个专业领域都有相应的审议决策体系。例如设计社保领域的资金问题，都要纳入党的有关部门的审议甚至报中央审批才能确定。

此次改革明确了社会保障“社会建设”的范畴，由新设立的全国人大社会建设委员会（见图5－2）进行审议。在全国人大专门成立了社会建设委员会，具体负责民生、社会保障等社会建设事项。社会保障属于社会事业，社会建设委员会的建立是一个非常重要的信号，它是推进社会建设、创新社会管理、更好保障和改善民生、推进社会领域法律制度建设等的一个非常重要的议事机构。

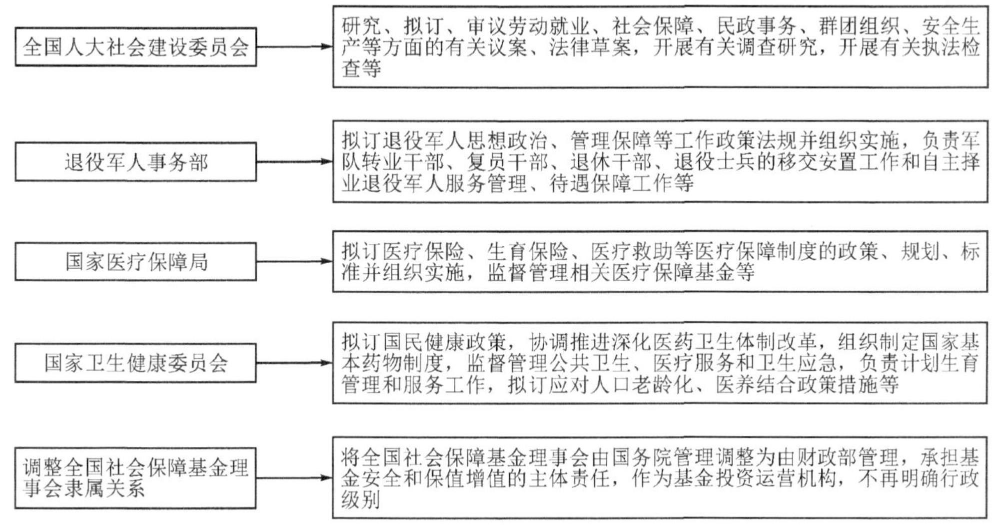

图5－2 《深化党和国家机构改革方案》出台后的社会保障管理部门及其职责划分

在执行体制上，通过图5－2可以看出，社会保障制度的执行机构出现了重大调整，一定程度上实现了机构的整合。国家卫生健康委员会将国家卫生健康委员会、国务院深化医药卫生体制改革领导小组办公室、全国老龄工作委员会办公室的职责，应急管理部的职业安全健康监督管理职责等整合。退役军人事务部将民政部的退役军人优抚安置职责，人力资源和社会保障部的军官转业安置职责，以及中央军委政治工作部、后勤保障部有关职责整合。国家医疗保障局对人力资源和社会保障部的城镇职工和城镇居民基本医疗保险、生育保险职责，国家卫生健康委员会的新型农村合作医疗职责，国家发展和改革委员会的药品和医疗服务价格管理职责，民政部的医疗救助职责进行整合。机构的重组与整合优化了社会保障管理体制，有利于推进社会保障事业的整体化实施。例如，国家医疗保障局属于国务院直属机构，将涉及职能交叉、需要在不同部门之间进行协调的医疗保障领域的业务独立了出来。把医疗保障的相关制度和相关险种、相关项目统筹起来，将大大节约管理资源，提高管理效率。

在社会保险费的征收上，根据1999年国务院颁布的《社会保险费征缴条例》，社会保险费可以由人社部门，也可以由税务部门征收，具体由省级政府决定。这导致全国形成了社会保险费由两个部门征收的分散体制，而且经常调整，引发各种问题。此次改革规定，社会保险费由税务部门统一征收，有利于降低征纳成本，理顺职责关系，提高征管效率。

此次机构方案的提出，为社会保障管理体制的优化迈出了重要一步，是建设现代化社会保障管理体制、提升社会保障治理能力的重大举措。接下来就亟须出台方案改革的相关细则，处理好新旧部门之间的关系，明确具体运行机制，以待其为社会保障事业的进一步发展做出贡献。

本章小结

社会保障管理体制是指为了实现社会保障管理工作高效、有序进行，进而促进社会保障事业的实施而规定的社会保障管理机构及其职能配置、管理原则、运行机制及监督机制等的总和。

社会保障管理的内容较为复杂，主要包括社会保障行政管理、信息管理、财务管理和风险管理等方面，随着信息化时代的到来，信息管理变得尤为重要。

与社会保障制度模式对应，社会保障管理体制也有所不同，整体上可以分为集中管理、分散管理和集散结合管理三种模式。

中国社会保障管理体制经历了新中国成立初期的创立、计划经济时期的曲折发展、向市场经济转轨时期的改革探索等几个阶段，管理体制呈现出集中—分散—集中的特征。2018 年机构改革方案出台后，整合优化了社会保障管理体制。

思考题

1. 什么是社会保障管理体制？
2. 社会保障管理包含哪些内容？
3. 社会保障管理体制的模式有哪些？
4. 你认为中国社会保障管理体制存在哪些问题，以后的发展趋势是什么。

案例讨论

九旬老人被抬三楼办社保，“证明还活着”

2018 年 4 月中旬，白霓的姐姐白煜接到母亲退休前所在单位打来的电话。电话中通知，退休人员的工资将统一由红安县人社局下设的红安县机关事业单位保险福利管理局发放，需要其母亲本人在“五一”前，带上本人身份证明前往红安县办理认证。但白霓的父母，退休前都在红安县工作，如今和女儿一起去了武汉生活。

白霓考虑到父亲应该也和母亲一样需要年审，但由于父亲行动不便，她便开始联系询问年审的详细要求。白霓首先打电话到父亲的退休单位红安县人民医院办公室咨询，但工作人员回复称，第一次办理认证必须本人到场。“我问为什么没接到让父亲去年审的电话，那边回答说，这么多人，没法一一电话通知，只在医院贴了纸质通知。”白霓和姐姐又向红安县机关保险局咨询，并告诉对方，父亲疾病缠身，行动十分不便，武汉离红安距离较远，往来奔波身体吃不消，希望能采取变通方式，比如进行远程视频，但对方表示不行。

无奈之下，白霓只好和丈夫商量，从武汉开车到红安，将老人送到社保年审办公地点。经过 2 个多小时的颠簸，终于抵达红安。到达保险局之后发现认证办公室在三楼，没有电梯，考虑到父亲上楼困难，提出能否请工作人员下楼办理，遭到拒绝后，他们只能联系朋友，帮着将父亲抬上三楼。

现场的程序并不复杂，经过录指纹、照相等程序后，认证工作就完成了。

之后九旬老人被台上三楼办社保的视频在网络上走红，引发舆论的激烈讨论。

5 月 10 日，新华社微信发布文章《九旬老人被抬三楼办社保，如此折腾谁该脸红？》

湖北省于 2018 年 6 月底要求全面取消社保待遇资格集中认证。

2018 年 7 月 5 日，国家人社部召开新闻发布会，决定全面取消领取社会保险待遇资格集中认证。将构建以信息比对为主，退休人员社会化服务与远程认证服务相结合的认证服务模式，“寓认证于无形”，真正做到“让数据多跑路，让群众少跑腿”。

问题：

1. 通过案例可以看出，我国社会保障管理体制可能存在哪些问题？

2. 信息时代，我国社会保障管理体制将如何发展？

第6章 社会养老保险

本章要点

◎ 社会养老保险的含义及特征
◎ 社会养老保险的理论基础
◎ 社会养老保险的主要模式
◎ 中国社会基本养老保险

6.1 社会养老保险的含义及特征

社会养老保险(以下简称养老保险)是指国家和社会通过相应的制度安排为劳动者解除养老后顾之忧的一种社会保险,它的目的是增强劳动者抵御老年风险的能力,同时弥补家庭养老的不足,手段则是在劳动者退出劳动岗位后为其提供相应的收入保障。它带有强制性、互济性等社会保险的基本特征,同时又因为它涉及的人口最多、费用最高、支出额最大,而具有其独特性。

6.1.1 普遍性

生老病死是人类发展的自然规律,每个人都会变老。迈入老年之后,随之而来的就是丧失劳动能力、收入下降、患病等一系列的风险,为了应对老年之后的风险,一方面需要社会成员个人的努力,另一方面就需要充分的社会保障。养老保险即是一种个人在年轻时付出一部分资金,政府或企业提供一部分补助,以备年老所需的保险形式,这是每一位社会成员都需要的。因此,养老保险具有普遍性。

6.1.2 强制性与自愿性相结合

养老保险在实施之初主要是面向企业职工提出来的,并由国家立法强制实施。法律规定,凡是在国家立法实施范围内的人群(有工资收入的劳动者及其所在的用人单位都必须参加社会养老保险),均视为法定的养老保险参与者。并通过法律规定单位及个人缴纳保险费的比率,凡符合养老金领取条件的人,均有权利申领养老金。随着中国城镇居民养老保险及新型农村养老保险(2014年合并为城乡居民养老保险)的建立,养老保险又呈现出自愿性的特征。国家规定非国家机关和事业单位工作人员及不属于职工基本养老保险制度覆盖范围的城乡居民,可以在户籍地参加城乡居民养老保险。因此,养老保险便有了强制性与自愿性相结合的特征。

6.1.3 责任分担

养老保险资金一般是由相关责任主体筹集而来的专款专用项目,秉着权利与义务相结合的原则，大多数国家的养老金筹集都采用责任分担的模式，通常由政府、雇主和雇员三方共同承担或雇主与雇员双方负担。中国的城乡居民养老基金则由个人、集体和政府三方筹集，也体现出责任分担的特征。

6.1.4　监管运营复杂

养老保险的长期积累性使得社会保障制度本身在设计上就具有复杂性，加之养老保险的资金筹集、投资运营与基金发放等又具有广泛的社会性，规模较为庞大，因此通常需要设置专门的机构进行监管。养老保险基金具有贬值的风险，因而如何实现保险基金的保值增值又是一个繁重的任务，需要专业化的投资操作。此外，养老保险制度涉及众多人的利益，对参保人的信息进行管理也是一个复杂的过程。

6.2　社会养老保险的理论基础

6.2.1　消费与储蓄生命周期假说

1953 年，美国经济学家弗兰克·莫迪利亚尼和理查德·布伦伯格共同创立了消费与储蓄生命周期假说(life cycle hypothesis)，将消费与储蓄和个人生命周期联系起来，分析了决定和影响储蓄行为的各种因素，并以此获得了 1985 年的诺贝尔经济学奖。该理论的中心是以个人或家庭的消费行为研究为基础，用边际效用分析来说明一个理性的消费者以符合理性人的方式消费自己的收入，以实现消费的最佳配置，最终实现效用的最大化。

储蓄生命周期假说将人的一生分为年轻时期、中年时期和老年时期三个阶段，前两个阶段是工作阶段，老年时期是指退休后的阶段。个人在其生命周期内的消费——储蓄行为可以划分为工作期的储蓄和退休期的反储蓄(也称“负储蓄”)两大阶段。由于消费者在现在和未来的收入与他所希望的消费不完全相符，因此，他在其生命周期的任一时期都会有正的或负的储蓄，从而使其全部收入在一生中形成一个均匀稳定的消费流。如果消费者在老年期没有收入，那么其生命余年的平滑消费就必须依赖工作期的储蓄来实现。一个典型的理性消费者追求的是其生命周期内一生效用的最大化，每个消费者都是根据一生的全部预期收入来安排自己的消费支出。由此出发，该理论认为，养老金制度的出现是为了方便人们的储蓄活动，即通过养老基金的缴纳与退休金的支取，来代替以往人们的储蓄行为。所以养老基金的缴纳与受益应反映人们为保持老年收入的储蓄倾向。按照这一理论假说，在理想状态下，有着完善的劳动市场和资本市场，没有税收，没有不确定性，那么，人们交纳的养老准备金就被看作人们为保证自己退休阶段收入而进行储蓄的一种实现形式。生命周期假说构成了以储蓄方式提供劳动者退休收入的养老金理论依据。

1974 年，经济学家马丁·费尔德斯坦发表了题为 *Induced Retirement and Aggregate Capital Accumulation* 一文，首次将养老保险财富作为内生变量加入传统生命周期模型中，估算现收现付制养老保险对居民消费的影响。研究指出，养老保险对居民消费会产生两种作用相反的效应：一是“资产替代效应”，即人们在退休时可以获得养老金，因此人们可以不必在退休前拼命地为老年生活赚钱储蓄，而可以拿出多一点钱用于消费，从这一点上说养老保险减少了个人储蓄，增加了消费；二是“引致退休效应”，即养老保险制度的存在诱使人们选择提前退休，从而导致退休后生存时间延长，人们需要在退休之前积累更多的储蓄，因此养老保险会减少消费，增加储蓄。费尔德斯坦认为，养老保险对居民消费的净效应取决于“资产替代效应”与“引致退休效应”的相对强度。孟祥宁通过对中国城镇居民进行研究得出，中国城镇居民人均养老保险支出每增加1%，消费就会增加0.5%，说明城镇居民养老保险对消费有较大的推动作用。因此，要拉动城镇居民的长期消费，就要稳定居民收入，降低居民对未来的不确定性的心理预期，而养老保险可以减少居民对未来不确定性的储蓄，降低居民对未来的不安全预期，起到社会“稳定器”的作用。

6.2.2 代际交叠模型

代际交叠模型(overlapping generation model)由阿莱、萨缪尔森和戴蒙德所创立。该理论认为，在任何一个时期，都有不同代的人活着，每代人在其生命的不同时期都和不同代人进行着交易。因此，代际交叠模型的基本形式是一个跨时的一般均衡。根据萨缪尔森构建的模型，其原理如表6-1所示。

表6-1 代际交叠模型

分类	t	$t+1$	$t+2$	$t+3$	$t+4$
老年人	O_t	$O_{t+1}(Y_t)$	$O_{t+2}(Y_{t+1})$	$O_{t+3}(Y_{t+2})$	$O_{t+4}(Y_{t+3})$
年轻人	Y_t	Y_{t+1}	Y_{t+2}	Y_{t+3}	Y_{t+4}

通过表6-1可以看出，在任何时期都同时存在退休一代的老年人和工作一代的年轻人。如t时期，O_t是退休一代，Y_t是工作一代；到了$t+1$时期，O_t一代死亡，Y_t进入退休期，成为O_{t+1}。在任何时点，老年人在工作期间的储蓄的资本与年轻人提供的劳动相结合生产产品，资本和劳动的报酬均为其边际产品，老年人同时消费其资本收益和现有财富(假设不存在遗赠动机)，然后他们死亡并退出该模型；年轻人将劳动收入分为消费和储蓄两部分，他们将储蓄带入下一个时期。如此，周而复始。这一模型为养老保险的现收现付财务模式提供了基本依据。

6.3 社会养老保险的主要模式

养老保险涉及范围广，运营管理极为复杂，不同的国家体制与国情决定了养老保险的不同模式。按照不同的划分标准，可以将养老保险模式进行不同的划分。

6.3.1 养老保险责任承担模式

根据养老保险的责任承担机制，郑功成教授将养老保险责任承担分为政府负责型、责任分担型、个人负担型和混合责任型等模式。

1. 政府负责型

政府负责型是指由政府直接负责的养老保险制度，通常以国民年金的形式存在。在该模式下，企业与个人承担社会保障的纳税义务，政府通过预算为国民提供养老金。该模式着重强调政府责任，发放对象包括所有老年人，普遍性中体现出公平性。但该模式容易受到老龄化的冲击，引发政府财政危机。

实行政府负责的养老保险制度的国家主要是福利国家，本国公民达到退休年龄一般就能享受养老保险待遇，而与其是否参与社会劳动和是否缴付养老保险费无关。此外，曾经在社会主义国家盛行一时的国家保险型制度也对养老保险实行国家级统筹，国家财政充当经济后盾，并通过法律确立公民老有所养的基本权利，养老金最终全部由政府承担，个人不需要缴纳保险费，也属于政府负责型的养老保险模式。

2. 个人负责型

个人负责型的养老保险模式是指在制度化的保障机制中，养老金完全由个人负责。该模式的典型是20世纪80年代开始推行养老金私有化改革的智利。国家通过立法规定劳动者参与养老保险制度，但政府与雇主均不承担缴费责任，而是由劳动者个人完全负责，缴纳的保险费全部计入个人账户，并通过市场机制实现有偿运营，赚取的收益也充入个人账户中。待劳动者退休后，从自己账户中领取养老金用于养老。

事实上该模式在实践中只是刺激个人为自己储蓄一笔养老资金，强调个人负责，脱离了政府责任，缺乏公共性。因此也就没有风险分散及互助共济的功能，也无法维护社会公平。

3. 责任分担型

责任分担型是指由政府、单位或雇主、个人等多元主体共同承担养老保险责任，有利于养老责任风险的分散。相较前两种模式，其更具有社会性、统筹性、互济性。责任分担型养老保险在多数国家中被普遍采用，具体实践有政府、单位或雇主、个人三方承担型，也有单位或雇主与个人双方承担型，但政府也负有一定的责任。该模式能够实现养老保险资金筹集的多元化，体现出权利与义务的统一性，更有利于养老保险制度的长期发展。

4. 混合责任型

一些国家在基本采取责任分担型养老保险制度的同时，也注意到既需要增进国民的老年福利，又需要让个人责任适当回归，从而出现了多层次的养老保险体系。例如，日本既有政府负责的水平较低的国民年金保险，又有责任分担型的职业年金保险；中国既有基本养老保险，同时又发展家庭养老、企业年金和商业保险等。

6.3.2 养老保险基金的财务模式

养老保险基金的财务模式主要有现收现付式、完全积累式和部分积累式三种，各个国家根据本国经济发展水平、责任分担模式与比例等具体国情选择不同的财务模式。

1. 现收现付式

现收现付式亦称非基金式或统筹分担式，一般对应待遇确定型[①]的社会统筹模式。该模式是由社会保险机构为已退休职工需支付退休养老金的总额进行社会筹资，即由单位或单位和个人按照工资总额的一定比例(统筹费率)缴纳保险金。该模式是以支定收，不进行基金积累。养老金负担实施代际转嫁，即由在职职工负担已退休职工的养老费用。其优点是收支关系简单明晰，且没有基金积累带来的资金贬值风险及保值增值的压力；缺点是容易受到人口结

---

① 待遇确定型根据参加养老保险计划的时间和工薪收入水平预先确定其退休后养老金付水平，再通过精算确定其缴费水平。

构的冲击，会随着老龄化的加剧而加重负担，费（税）率波动较大，并且养老金的代际转移会使得权利义务关系模糊，容易激发代际矛盾。

2. 完全积累式

完全积累式亦称为基金式，一般对应的是缴费确定型[①]个人账户积累制。其具体形式为储存积累式，从职工开始工作起，按照规定的费率由单位和个人缴纳保险费，计入个人账户，长期积累增值，基金所有权归个人。职工达到法定退休年龄后，按个人账户积累总额（包括保险金本金和利息）以年金方式逐月发放给个人。该模式遵循同代自养的原则，将自我保障融入社会保险，强调长期收支平衡，费率较稳定，不存在支付危机。其优点是积累的养老基金可以预防人口老龄化的冲击，参保者的权利义务关系较为明确；缺点是固定的费（税）率标准难以适应经济的发展变化，基金存在贬值的风险，保值增值压力大。

3. 部分积累式

部分积累式又称为混合模式，是在现收现付基础上，增加一定比例的积累额。该模式按照“以支定收、略有结余、留有部分积累”的原则确定费（税）率，大多采用社会统筹和个人账户相结合的运行方式，单位缴纳的大部分归入社会统筹调剂使用，支付已退休人员的费用，个人缴纳的全部和单位缴纳的一部分保险费计入个人账户。其优点在于：既能满足一定时期内的社会养老保险基金支出，又能有一定的资金积累；其储备基金的规模比现收现付式大，比完全积累式小，面临的保值增值压力相对较小。

20 世纪 80 年代以前，大部分国家都采用现收现付式的养老保险制度，但随着人口老龄化的加剧，许多国家开始转向基金积累制。中国于 1997 年 7 月颁布了《关于建立统一的企业职工基本养老保险制度的决定》，该决定标志着中国养老保险制度从完全的现收现付制向社会统筹与个人账户相结合的部分积累制转轨。其中，社会统筹部分实行现收现付制，个人账户实行基金积累制。改革的初衷是希望能够结合两种制度的长处来应对未来人口的养老问题。但是，部分积累制在实际运行过程中遭遇巨大的挑战。由于该决定规定由社会统筹基金来消化制度转轨的成本，导致社会统筹基金收不抵支，各级政府只好挪用个人账户基金来保证当期养老金的发放，这样就造成了所谓的个人账户“空账”问题。因此，真正做实个人账户是中国养老保险制度面临的重要问题。

6.3.3 养老保险基金的运行模式

养老保险基金的运行模式，是指养老保险基金筹集后的管理方式，主要有社会统筹模式、个人账户模式、社会统筹与个人账户相结合模式等。

1. 社会统筹模式

社会统筹模式是指养老保险基金全部进入社会统筹，由相关部门根据当年或一个周期内的社会需要统筹规划考虑养老保险基金的使用问题。该模式体现出了高度的社会化特征，能够最大限度地发挥社会保险互助共济和风险分担的功能。但该模式一般没有或只有很少结

① 缴费确定型是指通过预测确定缴费水平，筹集养老保险基金，基金逐年积累投资运营并获得收益，雇员退休时，以最终总缴费和投资收益的积累额为基础发放养老金。经过预测而确定的缴费水平是一个相对稳定的缴费率。

余，容易受到人口结构变化的冲击。多数情况下，社会统筹模式与现收现付制的财务模式联系在一起。

2. 个人账户模式

个人账户模式是指养老保险费全部计入个人账户，当劳动者离开劳动力市场后，按照个人账户积累的金额（包括本金和收益）领取自己的养老金。该模式对劳动者能起到激励作用，但无法实现互助共济和风险分担的功能，且养老金存在贬值的风险。在实践中，该模式通常与完全积累制的财务模式联系在一起。

个人账户模式的代表是智利，1980 年智利颁布了《私人养老金法》，强制雇主按照个人工资的 10%向个人账户缴费，在公司所得税前列支，由私营养老金公司管理，养老金市场化运营，政府实施监管，并确保最低养老金达到 100 美元（适时调整）。

3. 统账结合模式

统账结合是指将社会统筹和个人账户同时使用的模式，不同国家有不同的制度安排。如美国实行老遗残保障和职业年金个人账户结合的模式、英国实行国民年金和职业年金个人账户结合的模式。中国养老金由政府、企业和个人三方承担，个人缴纳的养老金全部计入个人账户，其余的进行社会统筹。社会统筹部分实施现收现付制，用于支付已退休人员（离开劳动岗位人员）的养老金，个人账户部分实现储蓄功能。

6.3.4 养老保险待遇的给付模式

按照养老保险待遇的给付标准和计算方法可以将其给付模式分为普遍保障模式和收入关联模式。

普遍保障养老保险模式是指国家为老年人提供均一水平的养老金，以保障其最低生活水平的养老保险计划。该模式是对不能依靠自身劳动满足自己基本生活需要的老年居民普遍提供养老保障，保险金水平的高低取决于消费水平，而与老年人是否是工薪阶层、薪资高低等无关。该模式具有实施范围广、与个人收入状况无关以及资金来源主要靠国家财政补贴等特征。代表国家有澳大利亚、新西兰等。

收入关联养老保险模式是指通过社会保险机制为工薪劳动者建立的退休收入保险计划，根据被保险人在退休前一段时间内的平均工资或最高薪酬为基础，按照一定比例计算养老金给付标准。该模式由国家、雇主和雇员三方承担保险费，给付标准与收入紧密结合，具有较强的收入再分配特性。但是其将非工薪阶层排除在外，强调权利与义务的结合。代表性国家为德国。

在实践中，许多国家同时采取上述两种待遇给付模式，按照不同保险项目或者同一项目采取不同标准实施。例如英国养老保险中的国民保险制度中基本养老保险金的给付属于普遍保障模式，附加养老金制度则属于收入关联模式。

6.4 中国社会基本养老保险

就当前来看，中国基本养老保险主要包括城镇企业职工基本养老保险、机关事业单位养老保险和城乡居民基本养老保险。

6.4.1 城镇企业职工基本养老保险

城镇企业职工基本养老保险是指针对城镇具有正式工作岗位的员工实施的养老保险制度。

1. 城镇企业职工基本养老保险的发展历程

根据养老保险账户的运营模式，可以将城镇企业职工基本养老保险的发展划分为以下三个阶段。

1）养老保险社会统筹

1986 年 4 月 12 日，六届全国人大四次会议通过的《中华人民共和国国民经济和社会发展第七个五年计划》明确提出要“逐步建立健全社会保险制度”，“全民所有制单位要逐步推行职工退休费用社会统筹的办法，根据以支定收、略有结余的原则，统一提取退休基金，调剂使用”。同年 7 月，国务院颁布了《国营企业实行劳动合同制暂行规定》，决定在国营企业中一律实行劳动合同制。劳动合同制规定工人的养老保险费用实行社会统筹，即由企业和工人共同负担，只有当退休金收不抵支时才由国家财政给予补贴。1986 到 1988 年，国务院批准了邮电、铁路等 5 个部门实行养老保险行业统筹。

国务院于 1991 年颁布了《关于企业职工养老保险制度改革的决定》，全面调整了职工养老保险的内容。其内容主要包括：首次提出了构建社会基本养老保险、个人储蓄养老保险及企业补充养老保险相结合的多层次的养老保险体系；规定养老保险费用由国家、企业和个人三方共同负担；实行社会统筹和部分积累相结合的筹资模式；统筹层次由县市起步，逐步向省级过度，最终实现全国统筹；由劳动部门负责管理企业职工的养老保险工作。

2）统账结合

1993 年 11 月党的十四届三中全会通过《关于建立社会主义市场经济体制若干问题的决定》，明确指出在社会主义市场经济体制下要实行社会统筹与个人账户相结合的基金筹集模式。标志着中国养老保险模式开启了从“国家保险型”模式向“社会保险型”模式的转变。1995 年国务院颁发了《关于深化企业职工养老保险制度改革的通知》，颁布了社会统筹与个人账户相结合模式的具体实施办法。该实施办法列入了“体改委方案”和“劳动部方案”，允许地方根据本地实际加以选择改造实施，虽然考虑到不同地区社会保障体系建设成熟度的差异化，但导致了各地的社会保障制度存在很大差异，难以解决跨地区养老保险缴付和转接问题，使得效率低下。

1997 年国务院颁布了《关于建立统一的企业职工基本养老保险制度的决定》，统一了养老金缴费费率和计发办法。同时，建立了养老金个人账户，扩大了基本养老保险制度的覆盖范围。到 1999 年末，全国绝大多数省、自治区、直辖市都按照统一的“统账结合”养老金制度运行，实现了城镇企业职工养老保险在制度层面的统一。但由于改革前“老人”的养老保险金以及“中人”改革前工作年限的个人账户资金存在缺口，也存在制度改革的转轨成本，使得现实中个人账户难以做实，个人账户空账运营。

3）分账管理

为了解决个人账户空账运营的问题，2000 年国务院下发《关于完善城镇社会保障体系的试点方案》的通知，实行社会统筹账户与个人账户的分账管理，职工缴纳的保险费全部计入个人账户，要求做实个人账户。2001 年 7 月，辽宁省开始做实个人账户的试点改革，2004 年推广到黑龙江和吉林。2005 年，在总结东北三省试点经验的基础上，国务院颁布《关于完善企业职工基本养老保险制度的决定》，明确规定从 2006 年起个人账户由本人缴费的 11%调整为 8%，并将试点经验向全国推开。

2. 城镇企业职工基本养老保险基金的征缴

1）征缴范围

中国养老保险基金采用的是缴费的形式，职工养老保险的覆盖范围不断扩大，因此，对养老保险费的征缴范围也在不断扩大。按照《关于完善企业职工基本养老保险制度的决定》规定，城镇各类企业职工、个体工商户和灵活就业人员都要参加企业职工基本养老保险。《社会保险法》中也明确规定职工应当参加基本养老保险，由用人单位和职工共同缴纳基本养老保险费。可见，城镇企业职工基本养老保险具有法律强制性特征。

2）征缴标准

职工养老保险实行社会统筹与个人账户相结合的模式，基本养老保险费由单位和个人共同负担。单位缴纳基本养老保险费的比例为本单位工资总额的 20%，个人缴纳基本养老保险费的比例为本人缴费工资的 8%，由单位代扣。按本人缴费工资 8%的数额建立基本养老保险个人账户，全部由个人缴费形成。

城镇企业承担了职工养老保险基金的大部分，使得企业运营财政压力增大。为了降低企业成本，中国采取了阶段性降低社会保险费率的措施。2016 年下发的《人力资源和社会保障部、财政部关于阶段性降低社会保险费率的通知》规定，从 2016 年 5 月 1 日起，企业职工基本养老保险单位缴费比例超过 20%的省（区、市），将单位缴费比例降至 20%；单位缴费比例为 20%且 2015 年底企业职工基本养老保险基金累计结余可支付月数高于 9 个月的省（区、市），可以阶段性将单位缴费比例降低至 19%，降低费率的期限暂按两年执行。

3. 城镇企业职工基本养老保险金的计发

一般情况下养老金的发放都设有一定的条件限制，大多设有退休年龄、缴费年限及工龄、居留条件等，并且通常是满足两个或两个以上资格条件才可以领取。中国职工养老金的发放要符合退休年龄和缴费年限两个条件才可以领取。

城镇企业职工累计缴费（含视同缴费年限）满 15 年，达到法定退休年龄的，可以领取基本养老金。基本养老金由基础养老金和个人账户养老金组成，在《国务院关于建立统一的企业职工基本养老保险制度的决定》（国发〔1997〕26 号）实施前参加工作，《国务院关于完善企业职工基本养老保险制度的决定》（国发〔2005〕38 号）实施后退休且缴费年限累计满 15 年的人员，在发给基础养老金和个人账户养老金的基础上，再发给过渡性养老金。退休时的基础养老金月标准以当地上年度在岗职工月平均工资和本人指数化月平均缴费工资的平均值为基数，缴费每满 1 年发给 1%。个人账户养老金月标准为个人账户储存额除以计发月数，计发月数根据本人退休时城镇人口平均预期寿命、本人退休年龄、利息等因素确定。

基本养老金计发公式①为

$$\frac{\text{当地上年度职工月平均工资}+\text{本人指数化月平均缴费工资}}{2}\times[\text{缴费年限（含视同缴费年限）}\times 1\%]+\frac{\text{个人账户储存额}}{\text{计发月数}}+\text{过渡性养老金}$$

达到法定退休年龄但没有达到缴费年限的参保人员可以进行续保以待领取养老金，但《人力资源和社会保障部、财政部关于进一步加强企业职工基本养老保险基金收支管理的通知》中规定，对城镇个体工商户和灵活就业人员不得以事后追补缴费的方式增加缴费年限，对符合国家规定补缴养老保险费的，应按社会保险法规定缴纳滞纳金。虽然有续保政策，但国家依然鼓励参保人员按时足额正常缴费，以避免一次性补缴对基金的可持续性带来风险。

4. 城镇企业职工基本养老保险的转移接续

养老保险的转移接续主要是为了解决流动就业参保人员的养老保险关系的可转移性、可持续性问题，当前基本建立起了跨地区、跨制度的转移接续机制。

2014 年印发的《城乡养老保险制度衔接暂行办法》规定了城镇职工基本养老保险制度与城乡居民基本养老保险制度的衔接办法，符合条件的可将养老保险关系与个人账户储存额按照规定进行转移，但参保人员不得同时领取职工养老保险和居民养老保险待遇。城乡养老保险的转移接续能够有效地缓解农民工等人员的养老保险问题。

然而，跨省流动的参保人员的基本养老保险关系并非可以随意转移。职工养老保险参保人员未返回户籍所在地就业参保的，可转移至新参保地。但男性年满 50 周岁和女性年满 40 周岁的，应在原参保地继续保留基本养老保险关系，同时在新参保地建立临时基本养老保险缴费账户，记录单位和个人全部缴费。参保人员在建立临时基本养老保险缴费账户期间再次跨省流动就业的，封存原临时基本养老保险缴费账户，待达到待遇领取条件时，由待遇领取地社会保险经办机构统一归集原临时养老保险关系。这一规定是为了防止出现一些中心城市、特大城市的人口承载力过大而难以承受的问题，因此必须限制一些临近退休人员为了得到中心城市比较高的养老金待遇而转移就业。

5. 城镇企业职工养老基金的统筹

当前中国职工养老保险基金运行总体平稳，基金可持续能力不断增强，确保了养老金按时足额发放。2016 年企业基本养老保险基金总收入约 2.84 万亿元，总支出约 2.58 万亿元，当期结余 2600 多亿元，累计结余约 3.67 万亿元，可以确保 17 个月的待遇支付。人力资源和社会保障部对十二届全国人大五次会议第 3030 号建议的答复中提到，目前基金运行存在的主要问题是地区之间不平衡，各省之间基金运行差异比较大，结余多的省份能够保障 50 个月的支付，特别困难的省份当期收不抵支，累计结余也基本上用完，省际基金不平衡的结构性矛盾突

---

① 例题：王女士于 1981 年 1 月参加工作，其工作单位于 1991 年 1 月参加了养老保险社会统筹，2006 年 1 月她年满 50 岁在该市办理退休手续，个人账户储存额 54060，计发月数 195，缴费年限（含视同缴费年限）累计为 25 年。当地过渡性养老金为 1 年工龄补偿 15 元，2005 年该地职工月平均工资为 2000 元；本人月平均缴费工资指数为 2。她退休后第一个月的基本养老金是多少？详见：杨燕绥．社会保障[M]．北京：清华大学出版社，2011：178－179.

出。当前中国采取的是省级统筹制度，为了缓解地区间发展不平衡问题，2018年《政府工作报告》中提出要深化养老保险制度改革，建立企业职工基本养老保险基金中央调剂制度。2018年5月11日召开的中央全面深化改革委员会第二次会议审议通过了《企业职工基本养老保险基金中央调剂制度方案》，为实现企业职工养老金的全国统筹做好准备。实现全国统筹可以增强养老保险制度的公平性，合理划分中央与地方政府的养老保险责任。并且能够有效均衡地区之间由于人口结构特别是人口流动导致抚养比差异过大带来的基金压力，提高基金抗风险能力，促进养老保险制度的公平可持续发展。

6.4.2 机关事业单位基本养老保险

1. 养老保险双轨制的确立

政务院于1951年颁布的《中华人民共和国劳动保险条例》初步确立了包括养老在内的针对城镇企业职工的多项福利待遇，但当时的机关事业单位职工并没有被纳入劳动保险政策的覆盖范围。1955年，国务院颁布了《国家机关工作人员退休处理暂行办法》和《国家机关工作人员退职处理暂行办法》，标志着我国机关事业单位退休制度的正式确立。国家机关事业单位职工不需要缴纳保险费，养老金完全依靠国家财政拨款，而企业职工的保险费则需由企业承担。

“文化大革命”期间，社会保险制度遭到破坏，企业养老保险变为单位保险，形成了国家-单位制的养老保险形式。1978年6月，国务院颁发《关于安置老弱病残干部的暂行办法》和《关于工人退休、退职的暂行办法》，以双轨制的制度安排处理干部和工人的退休退职问题，意味着城镇养老金双轨制回归的开始。

2. 双轨制的并轨

2008年中国基尼系数高达0.491，作为收入分配调节手段的养老保险制度并没有发挥缩小收入分配差距的作用，双轨制的养老保险制度反而进一步加大了国民收入分配的失衡。机关事业单位与企业职工间的工资差距随着1993年和2006年的工资改革变得越来越大，养老金差异也随之增大，政府财政压力剧增的同时，社会不公问题日益凸显。2008年，《事业单位工作人员养老保险制度改革试点方案》出台，要求在浙江、广东、上海、山西、重庆五省市进行试点改革，目的是实现事业单位和企业养老保险的衔接。2011年，中央相继出台了《关于印发分类推进事业单位改革配套文件的通知》《事业单位职业年金试行办法》等相关指导文件，要求上述五省市继续事业单位改革试点并建立职业年金制度。但实践结果表明，改革并没有取得实质性进展。

2015年1月，国务院颁布《关于机关事业单位工作人员养老保险制度改革的决定》，全面启动城镇养老金双轨制的并轨改革，改革遵循“老人老办法、新人新制度、中人逐步过渡”的总原则，按照“一个统一、五个同步”的办法，建立起单位、个人、政府三方责任共担的多渠道共同筹资的新机制。这一改革标志着机关事业单位工作人员与企业职工共同纳入统一的养老保险制度安排，正式废除了长期以来饱受诟病的养老金双轨制。

3. 机关事业单位养老保险的基本内容

1）参保范围

机关事业单位养老保险制度覆盖的范围包括按照公务员法管理的单位、参照公务员法管理的机关(单位)、事业单位及其编制内的工作人员。

2) 养老保险基金的筹集

2015 年改革之后,机关事业单位养老保险与城镇企业职工养老保险一样采取社会统筹与个人账户相结合的保险制度,单位缴费 20%,个人缴费本人缴费工资的 8%,并建立个人账户。

与城镇企业职工养老保险不同的是,机关事业单位实行职业年金制度,其中单位按本单位工资总额的 8%缴费,个人按本人缴费工资的 4%缴费。

3) 养老金的计发

机关事业单位参保人员养老金的计发以 2015 年下发的《国务院关于机关事业单位工作人员养老保险制度改革的决定》为时间节点,具体实施办法与城镇企业职工基本养老保险基本一致。

4) 养老金的管理

机关事业单位养老金单独建账,与企业职工基本养老保险基金分别管理使用。养老金实行省级统筹,不具备条件的省份可先实行省级基金调剂制度。

5) 养老保险关系的转移接续

2017 年印发的《关于机关事业单位基本养老保险关系和职业年金转移接续有关问题的通知》对机关事业单位养老保险参保人员的基本养老保险关系的转移续接问题进行了规定:参保人员在机关事业单位和企业之间流动的,同时转移养老关系和基金,个人账户全部转移,单位缴费部分以本人改革后各年度实际缴费工资为基数,按 12%的总和转移,参保缴费不足 1 年的,按实际缴费月数计算转移。

6.4.3 中国城乡居民基本养老保险

拥有 51255 万参保人的城乡居民基本养老保险是世界上覆盖人数最多的养老保险制度,截至 2017 年底,领取待遇人数达到 15598 万人。中国农村养老保险制度的探索始于 20 世纪 90 年代,2009 年开展新型农村社会养老保险制度试点。2011 年开展城镇居民社会养老保险制度试点,2014 将两项制度整合为城乡居民基本养老保险制度(以下简称居民养老保险),实行基础养老金加个人账户的模式。

1. 居民养老保险的主要内容

2014 年 2 月,国务院下发《国务院关于建立统一的城乡居民基本养老保险制度的意见》,规定了具体的模式设计、资金筹集、待遇发放以及经办管理服务等制度,并建立了与城镇职工养老保险制度转移接续的配套机制。

1) 居民养老保险的参保范围

居民养老保险的参保范围包括年满 16 周岁的非在校学生,且没有参加职工基本养老保险制度的非国家机关和事业单位工作人员的农村居民和城镇居民。参保人员可以在其户籍地参加居民养老保险。

2) 居民养老保险基金的筹集

居民养老保险基金由个人缴费、政府补贴和集体补助三部分组成。其中,个人缴费标准设为每年100元到1000元、1500元、2000元12个档次，省(区、市)政府可以根据实际情况增设缴费档次，但最高缴费档次标准不能超过当地灵活就业人员参加职工基本养老保险的年缴费额。参保人员可以自主选择缴费档次，多缴多得。例如，山东省居民养老保险的缴费标准，除重度残疾人等缴费困难群体按每年100元缴费外，其余参保人最低缴费档次提高至每年300元，增加了个人账户积累，提高了保障水平。2016年山东省城乡居民养老保险人均缴费水平为514元，是2012年的2倍多。

基础养老金全部由政府承担，中央政府分别按照全额和50%的标准对中西部地区和东部地区提供补助。地方政府对参保人的补助不能少于30元/年，对选择较高档次的参保人适当增加补贴，个人缴费档次在500元及以上的每人每年补贴不少于60元。地方政府对农村和城镇特困人员特别是重度残疾人等代缴部分或全部的最低标准的保险费。2018年1月1日起，全国居民养老保险的基础养老金由每人每月70元提高至88元，提高部分的资金，中央财政对中西部地区给予全额补助，对东部地区给予50%的补助。

此外，还有集体补助，该部分不具有强制性，有能力的村集体或社区应当对参保人提供补助，并鼓励社会经济组织、公益慈善组织和个人等向参保人提供资助。

居民养老保险采取社会统筹和个人账户相结合的财务模式。参保人的个人缴费、集体补助、政府补贴以及其他形式的资助等全部计入个人账户，并按照规定计算利息。

3) 居民养老保险的计发

居民养老保险的发放条件也是以年龄和缴费年限为基础的，缴费时间已达15年且没有领取任何由政府举办的基本养老保障待遇的60周岁及以上的城乡居民，每月可按时领取制度规定的养老金。制度实施时，如果距离领取待遇的时间不到15年的，每年必须按时缴费或补缴；如果距离领取待遇的时间超过15年，每年应按时缴费。共计缴费时间均不超过15年。制度实施时，年龄已达60周岁且没有享受任何国家举办的职工养老保障金待遇的，可以不缴费直接享受基础养老金待遇。

居民养老保险的计发办法为每月按时领取基础养老金和个人账户养老金，支付终身。地方政府可根据本地情况适当提高基础养老金待遇，对缴费时间比较长的居民可适当增发基础养老金，所需资金由地方政府负担。个人账户养老金＝个人账户储存额/139，可依法继承。居民养老金待遇可依据经济发展水平和物价水平适时做出调整。

城乡居民养老保险制度一经实施就得到了各地地方政府的支持，到2014年10月30日就有25个省份出台了具体的并轨实施文件，2015年下半年，并轨工作基本在全国范围内完成。

2. 居民养老保险的意义

居民养老保险的统一在中国社会保障发展历史上具有里程碑性的重大意义，充分实现了社会保险的“全覆盖、城乡统筹”等目标，为中国实现全民社保奠定了重要基础。

1) 居民养老保险的参保率提高

由图6-2可以看出，自实施城乡居民养老保险制度以来，其参保人数逐年增加，由2014年的50107万人上升到2019年的53266万人。参保人数的持续上涨主要来源于养老保险制度的并轨实施，基本解决了原来的养老保险关系难以转移接续的问题，激励了农民工等流动人口的参保热情。另外，中央和地方政府对养老保险的财政投入也在不断增加，居民的社会保险意识在不断提升，这些都是参保人数上升的重要因素。

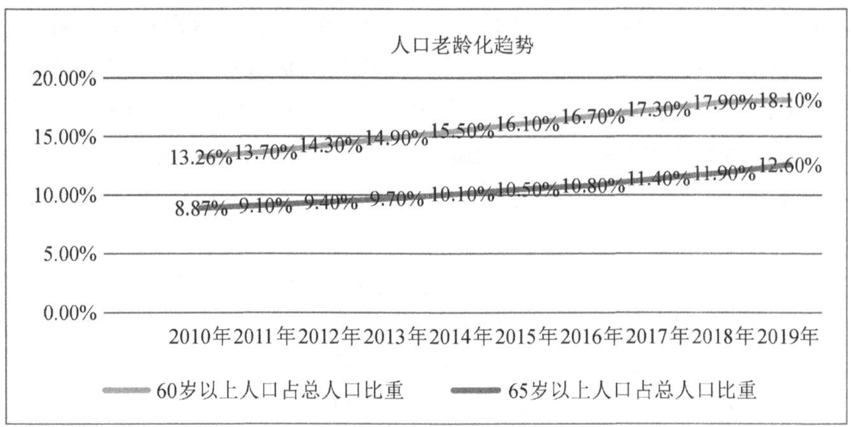

图 6-1　居民养老保险参保人数趋势

（数据来源：人力资源和社会保障事业发展统计公报。）

2）促成了中国统一的城乡养老保险体系

统筹城乡、实现全覆盖是中国社会保障事业不断追求的目标，长期以来农村养老保险的薄弱成为社会保障事业发展的瓶颈。城乡居民养老保险制度的建成，将会实现城乡居民在养老保险缴费、待遇等各方面的渐进统一，且城乡间的转移接续缓解了农民工、失地农民等特殊人群的社会保险问题。这在很大程度上清除了城乡二元结构的阻滞，缓解了制度的碎片化，促成了统一的城乡养老保险体系的建立。

3）改善了农村居民和城市居民的社会养老规则公平

养老保险规则公平是指国家或政府制定的养老保险制度、实施机制以及经办服务标准对制度覆盖群体普遍适用，不存在因身份、地域、性别、收入、家庭等不同而导致养老保险制度和标准差异。作为社会养老保险目标群体，任何人都可参与到制度中来，并享受平等养老待遇。城乡居民养老保险制度是缩小或消除城乡差别的重要政策安排，将城乡居民纳入同一养老保险制度并逐步共享同质的养老待遇和经办服务，且该制度主要包容的是农村居民，从某种程度上弱化了长期以来中国城乡福利管理及户籍制度分割，部分改善了农村居民和城市居民的社会养老规则公平。

6.5　中国社会基本养老保险存在的问题及发展趋势

人口老龄化指的是由于生育率降低和平均人口寿命的延长导致年轻人口数量减少而老年人口数量增加，从而导致老年人口数量占人口总量的比例相应增长的一种社会过程。国民经济和社会发展统计公报数据显示，2014 年年末中国 60 周岁及以上人口数为 21242 万人，占总人口比重为 15.5%；65 周岁及以上人口数为 13755 万人，占比 10.1%，首次突破 10%。并且，全国 60 岁以上及 65 岁以上人口占总人口比重呈逐年上升趋势（见图 6-2），到 2019 年，60 周岁及以上人数达到 25388 万人，占比 18.1%；65 周岁及以上人数为 17603 万人，占比 12.6%。当一个国家或者地区 60 岁以上的老年人占人口总数量的 10%，或者 65 岁以上的老年人口数量占总人口数量的 7%，就意味着这个国家或者地区的人口迈入老龄化社会。可见，中国人口老龄化趋势日趋严峻。

图 6-2　中国人口老龄化趋势

（数据来源：中国国民经济和社会发展统计公报。）

在这种形势下，中国对养老保险的需求愈加强烈。中国养老保险制度已经基本实现“全覆盖”，正在逐步向城乡一体化的养老保险体制发展，但从整体上来看仍存在一系列问题，深化改革的道路依旧任重而道远。

6.5.1　养老保险存在的问题

1. 养老保险基金支付压力较大

评判一个国家的养老金支付压力状况通常可以以其支付能力①为指标，即养老保险基金可供支配的总资产以持续支付养老金的能力，该能力的高低决定着养老保险制度的存续。从表 6-2 和 6-3 可以看出，中国养老保险基金支付能力不足，支付压力巨大。从 2012—2019 年的数据来看，职工养老保险和居民养老保险的基金支出增长率总体均高于收入增长率；基金支出 GDP 占比有所上升，但上升幅度较小；基金支付率整体呈现上升趋势，职工养老保险在 2019 年达到最高 93.0%，居民养老保险在 2019 年达到最高 75.8%。这表明养老保险基金支付负担在逐年加重，支付压力增大。

表 6-2　中国城镇职工养老保险基金支付能力情况（单位：亿元、%）

年份	GDP	养老金收入	收入年增率	养老金支出	支出年增率	支 GDP 占比	支收入占比
2012	519470	20001	18.4	15562	21.9	3.00	77.8
2013	568845	22680	13.4	18470	18.7	3.25	81.4
2014	636463	25310	11.6	21755	17.8	3.42	86.0
2015	676708	29341	15.9	25813	18.7	3.81	88.0
2016	744127	35058	19.5	31854	23.4	4.28	90.9
2017	827122	43310	23.5	38052	19.5	4.60	87.9
2018	900309	51168	18.1	44645	17.3	4.96	87.3
2019	990865	52919	3.42	49228	10.3	4.97	93.0

数据来源：人力资源与社会保障事业发展统计公报，国民经济与社会发展统计公报。

① 基金支付能力的衡量指标主要有：基金支付率＝基金支付额/基金收入额×100%（支收入占比），基金支付率越高，支付能力越低；基金支付 GDP 占比＝基金支付额/GDP，占比越大，支付能力越强。

表 6-3 中国城乡居民养老保险基金支付能力情况(单位:亿元、%)

年份	GDP	养老金收入	收入年增率	养老金支出	支出年增率	支 GDP 占比	支收入占比
2012	519470	1829	64.8	1150	92.2	0.22	62.9
2013	568845	2052	12.2	1348	17.3	0.24	65.7
2014	636463	2310	7.2	1571	16.5	0.25	68.2
2015	676708	2855	23.6	2117	34.7	0.31	74.2
2016	744127	2933	2.8	2150	1.6	0.29	73.3
2017	827122	3304	12.6	2372	10.3	0.29	71.8
2018	900309	3838	16.2	2906	22.5	0.32	75.7
2019	990865	4107	7.0	3114	7.2	0.31	75.8

数据来源:人力资源与社会保障事业发展统计公报,国民经济与社会发展统计公报。

之所以出现这一问题,首先,与人口老龄化加剧有关,领取养老金的人数在不断增长。其次,养老保险制度存在隐性债务的问题。养老保险制度由"现收现付制"向"基金积累制"或"部分积累制"转变的过程中会产生养老金"隐性债务",即已经工作和退休的人没有过去的积累,而他们又必须按新制度领取养老金,那么他们应得的实际又没有积累的部分就成为隐性债务。隐性债务也会随着养老保险制度的转轨而转向积累制,会导致养老金支出的增多。再次,居民养老保险基金积累较少。一方面,参保居民普遍选择低档缴费标准。例如,对陕西西安、宝鸡和铜川的调查数据显示,60.5%的居民选择最低档 100 元的标准。人社部社会保障研究所所长金维刚也表示:"目前城乡居民基本养老保险基金中个人账户积累数额较小,由于绝大多数参保居民选择按最低档缴费,每年只缴 100 元,目前个人账户平均余额只有 1000 多元。"另一方面,养老保险的政府补贴责任呈现出明显的上轻下重特点,中央财政选择性补贴,地方政府则需要承担其余所有的个人缴费补贴、基础养老金、参保激励金、贫困户缴费等,地方政府财政压力过大。低档缴费加之政府补贴不足,大大减少了保险基金的积累。

2. 个人账户激励不足

个人账户建立的初衷是激励职工和居民参保,但实际中个人账户的"多缴多得"并没有产生预期的激励效果。1997 年提出"按本人缴费工资 11%的数额为职工建立基本养老保险个人账户",2001 年开始做实个人账户试点。但为了解决已退休人员的养老金要按标准发放而社会统筹基金又难以支撑的问题,国家规定统筹资金不够时,可以向个人账户透支。且统筹资金和个人账户放在一起管理,更为资金混用提供了方便。这样就导致了很大部分的个人账户只是名义上的空账,实际资金已经被用掉。1998 年末出现空账金额 448.85 亿元,1999 年超过 1000 亿元。到 2015 年,全国个人账户空账规模已经超过了 4 万亿,个人账户基金从 2014 年的 5001 亿元下降到 3274 亿元。城镇职工养老保险个人账户的长期"空账运行"是现在向未来的透支,长此下去会隐含巨大的资金风险。

居民养老保险的月人均领取养老金为 125 元,不能满足城乡居民对基本养老金的需求。究其原因,除了中国处于社会主义初级阶段、经济发展水平不高、城乡居民基本养老保险制度建立时间不长等原因外,主要是基本养老金调整增长机制不健全,个人缴费激励不足。一是中央政府负责的基础养老金最低标准缺乏正常增长机制，在2014年、2018年调整过两次；地方政府在基础养老金方面的责任缺乏约束性；中央政府和地方政府之间缺乏协调性。二是个人账户激励性不足，积累的基金缺乏有效的保值增值措施。因此，个人大多选择较低档次缴费，早积累、长期缴费意识不强，在目前的城乡居民基础养老金待遇中，个人账户养老金占比较低。

3. 养老保险区域间不平衡

城镇职工养老保险费的缴纳、养老金的发放等制度在全国范围内基本是统一的，但由于养老金仍没有实现全国统筹，而是省级统筹，实质上被分割成了数百个各自封闭的统筹单位，不同单位之间的养老金支撑能力差异较大。2016年黑龙江省的企业养老金累计结余为－232亿元，出现入不敷出的情况；但有7个省份结余超过2000亿元，广东则达到了7258亿元（见图6－3）。

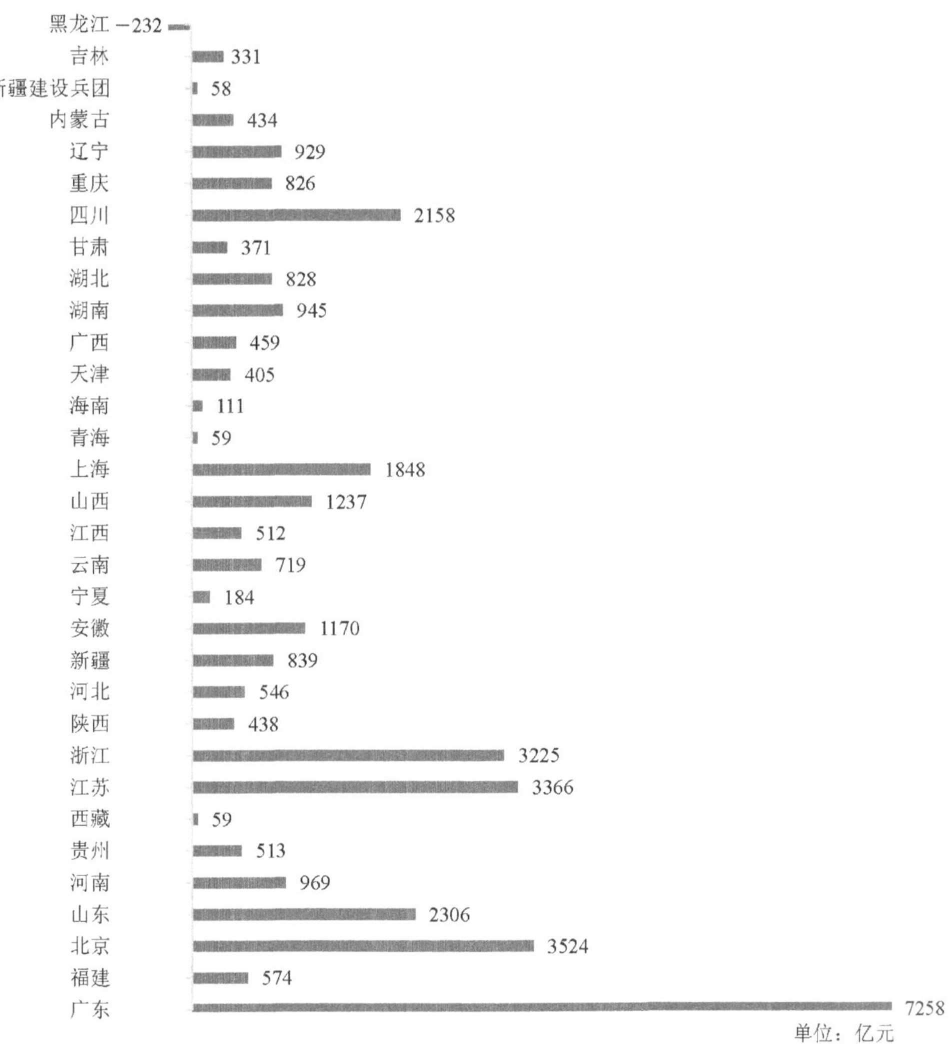

图6－3　2016年不同地区企业养老保险基金累计结余情况

（数据来源：中国社会保险发展年度报告2016。）

就2016年的企业养老金可支付月数来看，全国平均水平为17.2，有20个省份低于该水平，黑龙江省已经为0，而广东省却高达55.7(见图6-4)。2016年全国平均企业养老保险抚养比为2.8，但大多数省份的抚养比在3以下，总体呈现出较大的养老压力；黑龙江为1.3，养老压力最大，广东达到了9.25，养老压力最小(见图6-5)。

居民养老保险制度在实际运行中，不同地区间在缴费档次及补助上仍存在较大差异。例如，在缴费档次上，巢湖的缴费档次设了100元到2000元不等的13档，但鄂尔多斯只设了500到3000元不等的6档；在补贴方面，山东、河北等地区采取每人每年补贴30元或50元的固定模式，而江西、云南等则实行配比模式，即在30元的基础上每提一档就增5元等。除此之

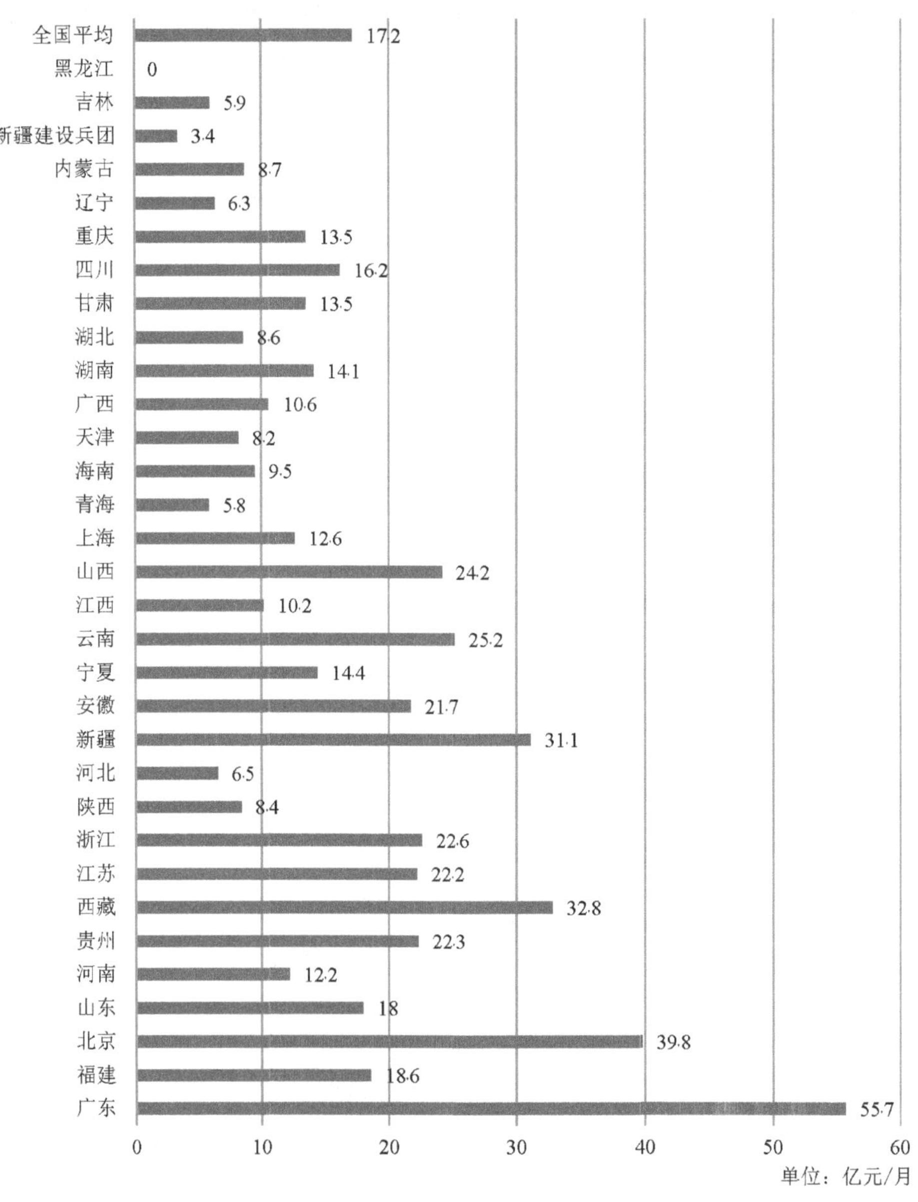

图6-4 2016年分地区企业养老保险基金可支付月数情况

(数据来源：中国社会保险发展年度报告2016。)

外,各省市县区财政的缴费补贴、基础养老金等方面的责任分担机制也不同,有的是省财政承担,有的由省市共担,有的由市县区共担等。虽然政策允许地方政府根据实际进行适度调整,但差异过大则不利于制度的可持续发展,且会产生新的公平问题。

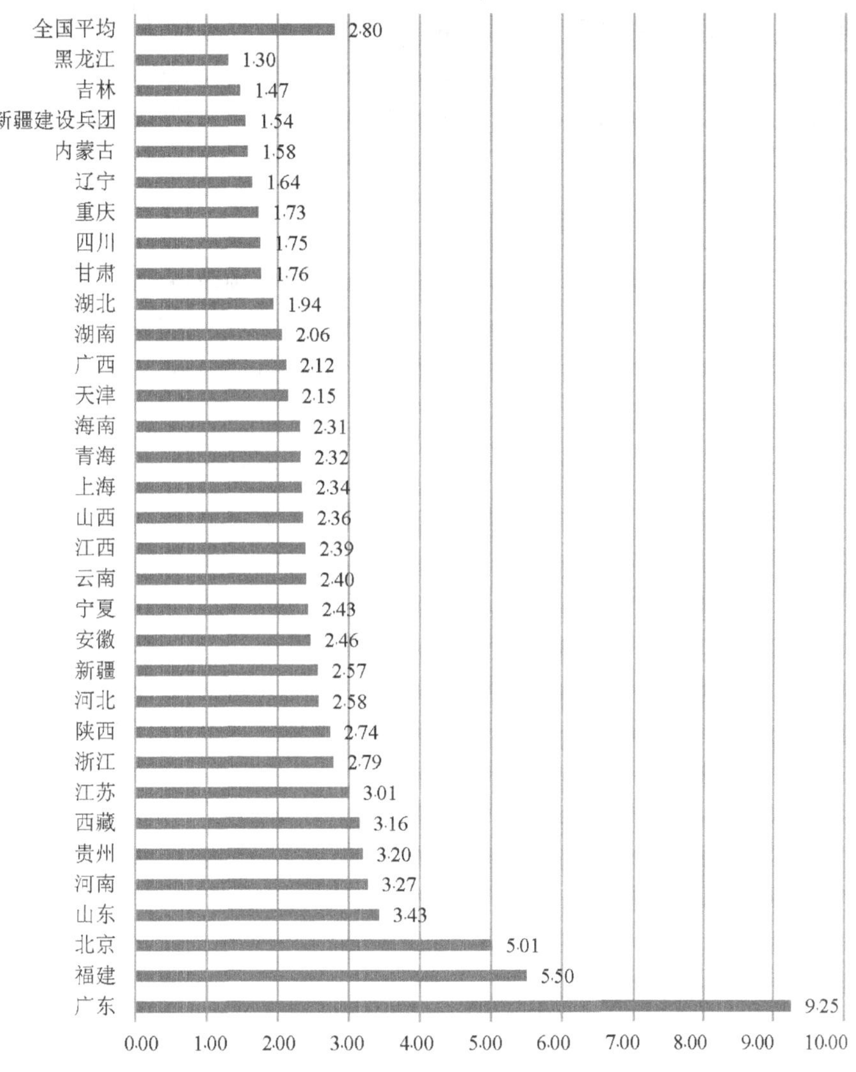

图 6-5 2016 年部分地区企业养老保险抚养比情况

(数据来源:中国社会保险发展年度报告 2016。)

4. 养老金基金管理不善

2017 年年末全国基本养老保险基金累计结余 35645 亿元,到了 2019 年末,该数值上升为 62873 亿元。可以看出,养老金的基金管理是一个极其重大的问题。

首先,在养老金的监管上,人力资源和社会保障部的社会保险基金监管局(原社会保险基金监督司)既是社会保险基金监管制度的拟订者,又是监督者,这种双重身份严重降低了监管效果。监管部门无法相互制衡,加之缺乏有效的社会监督,导致保险金监管的高成本和低效率。其次,在养老金的保值增值上,存在巨大的投资风险与压力。长期以来,国家对基本养老金都是执行收支两条线，专款专用，基金结余额也只能购买国家债券和存入专户，导致养老金的贬值压力较大。

当前国家正在积极推进基本养老金的投资运营工作，截至2017年3月底，已有北京、上海、河南、湖北、广西、云南、陕西7个省(区、市)政府与社保基金理事会签署了委托投资合同，总金额为3600亿元，其中1370亿元资金开始投资。另外，城乡居民养老金的投资运营也已经列入国家计划。尽管养老金的投资运营是实现保值增值的重要手段，但养老金被称为“养命钱”，因此，基金安全应该时刻放在首位。

6.5.2 中国养老保险的发展趋势

2016年11月国际社会保障协会第32届全球大会授予中国政府“社会保障杰出成就奖”，表明中国在社会保障方面取得的成绩得到国际社会的高度认可。但中国社会保障事业仍然有一条很长的路要走，其核心工作基本养老保险也将处于不断完善之中。

1. 完善多支柱型养老保险体系

1994年世界银行提出养老保险的“三支柱方案”，即社会养老保险为第一支柱，强制性的企业年金制度为第二支柱，个人养老储蓄为第三支柱。其中，企业年金必须是个人账户积累制，退休后收入取决于个人账户资产的多寡。三支柱方案的核心是将社会养老保险私有化，将政府养老责任进行转移。但该方案受到了理论批评以及实践失败的打击，世界银行对此进行了修补，提出了“五支柱方案”：零支柱，或称非缴费型养老金，主要为社会养老金或国民养老金，它提供最低保障；第一支柱为缴费型养老金制度，它与个人收入水平挂钩；强制性的第二支柱为个人储蓄，其建立的形式可以不同；自愿性的第三支柱为自主选择型，可以是完全个人缴费型、雇主资助型等；第四支柱为非正规的保障形式，如家庭保障等。养老金制度应由尽可能多的支柱组成，支柱的数量及构成则取决于各个国家的具体情况。

中国已经选择了多支柱养老保险体系，要完善这一体系，应该对政府在再分配和储蓄领域的不同角色进行合理定位，并鼓励企业补充养老保险，促进个人储蓄养老保险计划的建立与发展，同时鼓励家庭养老、社会互助等保障形式继续发挥作用。中国已经开始推行企业年金制度，这为多支柱养老保险体系的完善奠定了重要基础。

2. 科学设计与有效管理养老保险制度

养老保险制度的设计与管理是一项综合性很强的社会工程，需要以科学的态度、使用科学的手段来从事这项工程。中国需要发展养老保险的精算、财务预算科学，培养专业人员队伍，以保证科学厘定养老保险费的费基、费率、待遇发放的替代率和计算公式，通过养老保险基金与资本市场的互动促进金融市场的发展，既要保障老年人的基本生活，又要实现养老保险制度财务上的可持续性。

3. 完善社会保险基金管理制度

社会保险基金管理制度的完善一方面是指要实现养老金的保值增值，即通过养老金的资本运营与资本市场获得投资收益，化解通胀风险，实现基金增值。另一方面是指完善养老金的监管制度，合理分配中央与地方的权力、职责，增强社会保险经办机构的服务能力，并强化养老金的审计工作，确保养老金的安全，避免骗保等行为导致的国家财政损失。

4. 进一步推进养老金的全国统筹

养老保险发展的地区间不平衡破坏了养老保险公平性、统筹性等初衷，虽然实现养老金的全国统筹可能会在一定程度上降低养老金富足地区的积极性，但从整体上来看，全国统筹是一种客观趋势。2018年，国务院印发《关于建立企业职工基本养老保险基金中央调剂制度的通知》，提出建立养老保险中央调剂基金，对各省份养老保险基金进行适度调剂，确保基本养老金按时足额发放。这为养老金的全国统筹迈出了关键一步，养老金的全国统筹能够更大限度地提高资源利用效率，发挥其救助性的功能，能最大限度地实现社会保障意义。

本章小结

社会养老保险是指国家和社会通过相应的制度安排为劳动者解除养老后顾之忧的一种社会保障制度，该制度有着深厚的理论基础，如消费与储蓄生命周期假说、代际交叠模型等。

根据责任承担机制，可以将养老保险分为政府负责型、责任分担型、个人负担型和混合责任型等模式；根据养老保险基金的财务特征，可以分为现收现付式、完全积累式和部分积累式三种模式；根据养老保险基金的运行机制，可以分为社会统筹模式、个人账户模式、社会统筹与个人账户相结合模式等；根据养老保险待遇的给付标准和计算方法，可以分为普遍保障模式和收入关联模式。

中国社会基本养老保险主要包括城镇企业职工基本养老保险、机关事业单位养老保险和城乡居民基本养老保险。从整体上看，目前中国社会基本养老保险仍存在基金支付压力较大、个人账户激励不足、区域间不平衡、基金管理不善等问题。今后中国社会基本养老保险将朝着多支柱型养老保险体系、科学设计与有效管理养老保险制度、完善基金管理制度及进一步推进养老金的全国统筹等趋势发展。

思考题

1. 什么是社会养老保险？其理论基础有哪些？
2. 社会养老保险的主要模式有哪些？
3. 你认为中国社会养老保险仍存在哪些问题？应如何进一步发展？

案例讨论

在京缴纳社保满15年，退休却无法在京领取养老待遇

刘阿姨生于1965年3月，1996年1月在原籍参加工作，并缴纳基本养老保险，建立了基本养老保险关系。1999年4月，她凭着自己的专业知识和工作经验，应聘到北京市一家贸易公司从事管理工作。进京后，从2010年7月开始，她在北京建立了基本养老保险账户，并按照相关规定缴纳各项社会保险，直到2015年3月年满50周岁。其间，经人社局批准，刘阿姨又补缴了2000年1月至2010年6月期间的基本养老保险，并交纳了滞纳金。

由此，到退休时，刘阿姨在京缴纳社保的时间为：2000年1月—2010年6月(补缴)，2010年7月—2015年3月(正常缴纳)，累计达15年。

2015年3月，公司开始为刘阿姨办理退休手续和养老待遇核准。但是，当年11月30日，人社局向其发出《北京市基本养老保险退休待遇资格核告知书》。该告知书在备注栏内注明："依据2009年国办发66号文件，该同志账户类别为'临时账户'，不满足在京领取待遇的条件。"人社局表示，刘阿姨是从45周岁起才在北京建立起临时基本养老保险缴费账户并缴纳基本养老保险。因此，无法认定刘阿姨符合在北京领取基本养老保险待遇的条件。也就是说，她不能在北京退休了。

刘阿姨认为：自2000年1月—2015年3月其在京参加社保年限达15年，她在2015年3月达到退休年龄后完全可以在京办理退休手续，享受北京地区的基本养老保险待遇。8月29日，刘阿姨为了维护自身合法权益向上级主管部门申请了行政复议，上级主管部门做出《行政复议决定书》，维持了该告知书。

问题：

你认为刘阿姨是否应该在北京领取养老保险待遇？为什么？

第7章 社会医疗保险与生育保险

本章要点

◎ 医疗保险模式

◎ 社会医疗保险的特征及运行机制

◎ 中国社会医疗保险制度

◎ 生育保险的特点

◎ 中国生育保险制度

7.1 医疗保险模式

医疗保险制度在大多数国家都存在，但不同的国家采用的医疗保险制度模式却不尽相同。总体来看，大致可以分为四种模式，即全民保险模式、社会医疗保险模式、商业医疗保险模式和储蓄医疗保险模式。

7.1.1 全民保险模式

全民保险模式，是指由政府通过税收形式筹集医疗保险基金，并采用国家财政预算拨款的形式将医疗保险资金分配给医疗机构，向国民提供免费或低收费的医疗服务。采取这种模式的代表国家主要有英国、瑞典等福利国家。

全民保险模式的特征主要有以下几点：①医疗保险的覆盖人群通常是本国的全体公民，体现了医疗资源分配的公平性和福利性。②医疗保障资金主要来自政府税收，通过政府财政预算拨款的方式分配给医疗服务机构和医生，然后再为公民提供免费或低收费的医疗服务。③政府通过举办医疗机构或合同购买私人医疗服务的方式直接向全体居民提供医疗服务，不存在“第三方付费”。该模式的医疗服务具有国家垄断性，政府卫生部门往往直接参与医疗机构的建设与管理。④卫生资源的配置具有较强的计划性，市场机制对其基本不起调节作用。

英国是全民医疗保险模式的代表国家之一，它于1948年通过并颁布了《国家卫生服务法》，建立起由政府提供卫生服务经费、由国家统一管理卫生保健事业的国家卫生服务制度(national health service，NHS)。它实行的医疗保险制度分为两部分：国家保健服务和私人医疗保险，并推行分级保健制，初级卫生保健以全科医生或家庭医师为核心，每位居民或外国人都要在住地附近的社区诊所登记注册，社区诊所会指定一名全科医生对其负责，患者就医必须先到社区诊所就诊，仅需支付约6.4英镑的处方费；英国95%以上的医院都是国立医院，主要承担住院服务和急诊，但居民必须通过家庭医生的推荐转诊才可入院治疗，但凡英国公民，都可以在医院接受免费的治疗。

英国医疗保障是世界上规模最大的具有社会福利性质的公费医疗制度，患者个人支付的费用只占国家医疗卫生服务体系收入的1.3%。同时也存在商业医疗保险，但规模很小仅起补充作用，绝大部分是私营企业将其作为职工福利为雇员缴纳部分或全部保险金。

全民保险模式的优点是覆盖全体公民，较好地体现出医疗资源配置的公平性；政府将筹集的医疗保险基金直接拨给公立医院或个人，有利于更好地预防疾病并实施基础医疗卫生保健等。存在的主要问题是：过于强调公平，造成效率低下；存在逆向激励机制，增加医疗服务的成本，医疗费用急剧上升，国家政府财政负担沉重；医院为完成政府下达的降低成本的目标，忽视患者需要等。

7.1.2 社会医疗保险模式

社会医疗保险是国家通过立法形式强制实施，由单位、个人按一定比例缴纳医疗保险费（有的政府给予财政补贴），建立医疗保险基金，用以支付被保险人医疗费用的一种医疗保险制度。德国是第一个实施该制度的国家，之后逐渐扩展，目前这一模式在世界范围内被广泛采用。代表性国家主要有德国、日本、法国等。

该模式的具体实施在不同国家不尽相同，但具有几个共同的特征：一是通过法律强制参保和筹集医疗保险基金。二是基金由医疗保险机构统一筹集、管理和使用，不以营利为目的。三是基金管理原则上以收定支，力求当年收支平衡，一般不会有积累。四是社会医疗保险与就业和收入相关联，保障的人群大多数情况下是从部分产业工人开始，逐步扩大到其他就业人口及其家属。五是提供的医疗服务内容一般包括基本医疗服务、大多数病种的住院治疗以及必要的药品。多数国家还包括专科医疗服务、外科手术、孕产保健、某些牙科保健服务及某些医疗服务设施。筹资与偿付水平较高的国家，还包括病人的交通与家庭护理服务等。六是社会医疗保险提供的医疗服务通常不是全部免费的，被保险人需自付一部分医疗费用，这样可以通过增加个人的费用意识来约束医疗服务需方的就医行为。

德国是社会医疗保险模式的典型代表之一，德国于1883年颁布的《疾病保险法》被看作是现代社会保险制度诞生的标志，经过一个多世纪的发展，德国已经形成了比较完善的医疗保险体系。德国医疗保险模式是雇主和雇员共同缴费形成医疗保险基金，当被保险人发生相关损失时，由该基金予以补偿。该制度不仅为强制参保人员提供保障，同时，符合条件的参保人家属也被纳入保障范围之内。

德国的医疗保险主要由法定社会医疗保险、私人医疗保险等组成，以法定社会医疗保险为主。2009年，德国法律规定所有居民必须参加任何一种医疗保险，包括富豪阶层。德国大约有约90%的居民参加法定社会医疗保险，参保雇员只需缴纳医疗保险所规定费用的一半，另一半由雇主承担。无工作的家属，可以随有工作的家庭成员进行参保。

社会医疗保险模式的优点是资金筹集多元化，覆盖范围比较广泛，保障基金在成员之间统筹使用，符合大数法则原理，体现了该模式的风险共担、互惠互济的宗旨。缺点是这种模式筹集基金采用现收现付方式，费率受人口年龄结构与人口就业比例影响很大，在人口老龄化、就业率下降时，容易导致费率过高而难以承受。

7.1.3 商业医疗保险模式

商业医疗保险模式是通过市场机制运作、医疗保险和医疗服务作为商品在市场上自由选择的自愿医疗保险模式。基本上每一个国家的医疗保障体系都是由混合的保障模式构成，商业医疗保险模式在各国的医疗保障体系中都发挥着作用。但是把该模式作为基本医疗保险制度的国家并不多，最典型的代表是美国。

商业医疗保险模式的特征主要有：将医疗保险视为一种商品，按照市场规则来运营。人们可以自愿选择是否参保，投保人和保险人签订合同，当被保险人发生相关医疗费用时，保险人依照合同给予补偿。保险资金来源于参保人及其雇主缴纳的保险费，保险费率由市场机制形成。政府通过制定相关法律法规的形式监管商业医疗保险的运营，一般不直接干预其自身的经营行为。由于医疗服务的供求关系完全由市场调节，就有可能出现市场失灵，导致医疗消费的膨胀。并且该模式是以营利为目的的，往往将健康条件差、收入低的人群排斥在外，因此，难以实现社会公平。

实施商业医疗保险模式的典型国家是美国。在美国，有商业医疗保险和社会医疗保险，其中社会医疗保险有医疗自主制和医疗照顾制两种模式，分别针对年龄小于 21 岁的青少年和年龄超过 65 岁的老人，社会福利型针对残疾人、孕妇等特殊人群。而社会的主要群体都需通过购买商业保险化解医疗费用的风险，这种保险模式可以使参保者获得高质高效的医疗服务，但如果收入低或是健康条件差的公民想要投保，往往会遭遇保险公司的闭门羹，他们就需要社会医疗保险的保障。因此，在某种性质上，美国的社会医疗保险是商业医疗保险的补充。

商业医疗保险的优点是强调个人的自由选择权，投保人可以根据自己的需要而进行投保；由于医疗保险机构的市场化，通过竞争可以促进保险公司争先恐后地提供水平较高、质量更好的医疗服务。缺点是因为过于强调权利与义务的对等，缺乏公平性，只有缴纳高昂的保险费才能享受医疗待遇，以致低收入或无业者难以参保，享受不到相应的医疗服务。

7.1.4 储蓄医疗保险模式

储蓄医疗保险模式是由法律强制规定个人进行账户的积累，建立医疗储蓄基金，用来支付家庭成员所需的医疗费用。采用这种模式的国家非常少，以新加坡最为典型。

储蓄医疗保险模式重点突出个人责任，基金的筹集由法律强制个人储蓄，不能分散风险。患者可以根据自己的经济条件自主选择医疗服务项目，享受的服务水平越高，付费就越多，可以控制医疗费用的过度支出。该模式通常和政府补贴、健保双全和保健基金同时存在，以保证每个国民都能够获得基本医疗服务。但是这种模式不能实现社会互助共济、共同分担风险的目的，低收入人群无法得到好的医疗服务。

新加坡采取的是储蓄医疗保险模式。新加坡实行的医疗保险制度包含三个部分：一是保健储蓄，二是健保双全，三是保健基金。健保双全和保健基金作为保健储蓄的补充，分别针对低收入人群和老年弱势人群提供医疗保障。保健储蓄计划设立于 1984 年，是一项强制性的全国储蓄计划，也是新加坡医保体系的基础和主体。所有雇员都必须将每月收入的一部分（35 岁以下为本人工资的 6%，35～44 岁为 7%，45 岁以上为 8%）存入个人保健储蓄账户（直至退休）。会员退休领取存款时，保健个人账户必须有最低存款值——115000 新元。当雇员本人及其家属需要支付门诊检查费、治疗费和住院费时，除去个人自付15%～20%的比例外，其余部分由储蓄账户直接支付。

7.2 社会医疗保险的特征

本书所讲的医疗保险主要是指社会医疗保险，以下简称医疗保险。医疗保险发源于欧洲，早在古希腊、古罗马时代就有了专门为贫民和军人治病的国家公职医务人员。中世纪晚期，基督教会为贫困病人建立了慈善医院，手工业者则自发成立了"行会"组织，会员定期缴纳会费，"行会"筹资帮助生病的会员渡过难关。

19世纪末20世纪初，行会式的民间保险逐渐转向社会保险。1883年，德国政府颁布《劳工疾病保险法》，标志着世界上第一个强制性医疗保险制度的建立。随后，奥地利、美国、法国等欧洲国家相继通过立法实施医疗社会保险。1922年，日本通过了《健康保险法案》。1924年，医疗保险进一步扩大到南美洲的智利、秘鲁等国。亚洲的其他一些国家也在二战后探索自己的医疗保险制度，中国的公费医疗、劳保医疗与乡村合作医疗制度的建立和发展，在当时发挥了巨大的作用。

与其他社会保险相比，医疗保险具有一般社会保险制度共有的特征，一起对劳动者的生老病死以及意外事故等承担保障责任。同时，由于疾病风险和医疗服务需求的特殊性，医疗保险又呈现出自身独有的特征。

7.2.1 待遇支付形式为非定额的费用补偿

与养老保险、工伤保险和失业保险的收入保障机制不同，医疗保险是一种医疗费用补偿机制，它通过为参保人提供相应的医疗服务来达到恢复患者健康的目的，这种费用补偿待遇与缴费多寡无关而与医疗费用直接相关，即患者获得的费用补偿不是取决于其缴过多少医疗保险费，而是取决于病情、疾病发生的频率以及实际需要。因此，医疗保险的待遇不是标准的定额支付，而是依据每个患者疾病的实际情况确定补偿。

7.2.2 补偿期短但受益时间长

疾病的发生具有随机性和不可预测性，因此，医疗保险提供的补偿也具有不确定性。补偿期与疾病的持续期一致，通常不会太长，人的一生难以避免会生病，因此医疗保险往往会伴随人的一生，这与其他社会保险具有显著区别。也就是说，医疗保险不仅会惠及所有参加保险的人员，而且自其参加保险之日起将伴随一生，可以说是受益时间最长的社会保障项目。

7.2.3 涉及关系非常复杂

医疗保险涉及政府、用人单位、医疗机构、社会保险机构、医药机构和患者等多方面复杂的权利义务关系，要处理好这样复杂的关系，必然要兼顾各方主体的权益并对各主体形成一种制衡机制。因此，医疗保险制度的有效性不仅取决于其本身的科学性、合理性，同时还与公共卫生资源的合理配置、医疗卫生体制(尤其是医疗机构)、医药流通体制等紧密相关。医疗保险制度的复杂性还表现在医疗方与患者之间的信息不对称，再加上由社会保险机构(第三方)付费，这就存在着先天的约束不足。

7.2.4 医疗服务消费具有不确定性和被动性

医疗保险的费用控制是一个极其困难的问题。由于医疗保险关系的复杂性，患病时实际发生的费用无法事先确定，支出多少不仅取决于疾病的实际情况，还有医疗处置手段、医疗服务提供者的行为甚至可能的道德风险等都会对医疗费用产生影响。在医疗服务消费中，医疗服务提供者始终处于主动地位，其服务供给也处于相对垄断的地位，而患者的医疗消费却是被动性的，患者很难通过市场手段选择医疗服务的内容和数量，也没有办法去主动控制医疗费用的支出。因此，医疗保险的管理不仅需要对医疗保险基金的收支进行管理，而且需要对医疗服务提供者以及医药服务的项目、内容等进行管理。

7.3 社会医疗保险的运行机制

医疗保险运行机制是指对各医疗保险主体进行保险费的筹集、医疗服务供给、保险待遇结算所做出的相关具体安排，目的是维持整个医疗保险项目的有序运行。

7.3.1 医疗保险主体

医疗保险主体是指涉及医疗保险关系中的当事人，主要涉及医疗保险机构、医疗服务提供者、患者、政府等。

1. 医疗保险机构

医疗保险机构是指具体负责承办医疗保险资金的筹集、管理和支付等医疗保险业务的机构。它既是医疗保险资金流动的控制者，也是医疗保险活动的监督和管理者，在保证基本医疗的前提下，对医疗保险资金的使用进行合理规划和控制。其主要职能包括参与制定有关医疗保险的法规、政策和计划，筹集医疗保险资金，确定医疗服务机构与服务方式，规范医疗保险费用的结算，对医疗服务提供者和参保人员实行有效监管，科学管理医疗保险基金。大部分国家的医疗保险机构是公营机构，但有的是雇主与劳动者代表组成的自治管理机构，如德国。中国的医疗保险机构则属于全民事业性机构，代理落实国家有关医疗保险的政策、法规。

2. 医疗服务提供者

医疗服务提供者是指各类与治疗疾病有关的医疗、护理、药剂等服务提供者，包括医疗机构及其医护人员、药品生产和流通企业。医疗服务提供者的性质受医疗卫生服务业性质的影响，既具有公益性，又具有商品性。医疗机构通过资源配置和合同方式与患者建立医疗服务关系，与医疗保险机构建立付费关系。同时它还从药品生产和流通企业处购买药品，决定着药品的使用和销售，也是医药生产流通企业实现利润的主要场所。医护人员能够掌握患者病情的重要信息，是决定医疗手段、费用的关键因素。药品生产和流通企业追求的是药品的市场份额和利润，药品费用作为医疗费用的主要组成部分，也是影响医疗费用的主要因素之一。中国实行定点医院与定点药店制，它们承担着为医疗保险对象提供医疗服务的义务。

3. 患者

此处的患者是指参与医疗保险的患者，由于信息不对称，患者在医疗服务中处于被动地位。患者作为参保人员在医疗保险系统中是医疗保险费用缴纳的义务主体，在进行医疗消费时，可由医疗保险机构代替其向医疗服务提供者进行费用补偿，因此在从个体利益角度出发追求医疗福利最大化的倾向下，力图在医疗服务上少负担、高消费，约束不力时易形成"医患合谋"，造成高费用的医疗服务和高成本的医疗保险，甚至会违规侵占医疗保险基金。

4. 政府

由于医疗市场存在的垄断、外部性和公共品等市场失灵因素，一般都会有政府不同程度的干预，其目的在于保证医疗资源的有效配置，实现社会的公平和经济的高效率，因此政府一直是医疗卫生体制改革、医疗保险制度改革的主要推动力量，一方面保障公众享有公平、低价、高效的医疗服务，同时对医疗和医药市场进行有效监督。此外，政府还负责提供社会医疗救助，必要时对医疗保险给予相应的财政支持。

医疗保险系统中涉及的立体主体较多，相互之间形成复杂的委托代理关系，各自又追求自身的利益，这就决定了医疗保险关系处理的复杂性(见图 7 - 1)。

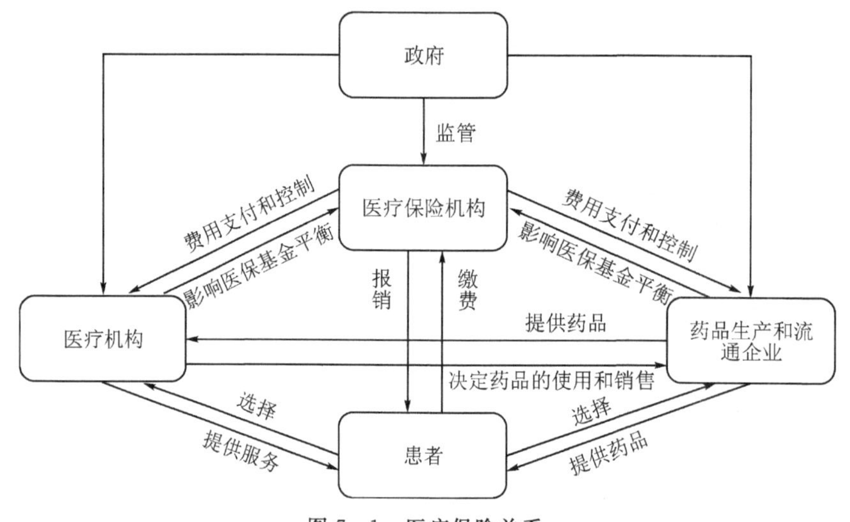

图 7 - 1　医疗保险关系

(资料来源：马蔚姝. 医疗保险费用控制的制衡机制研究[D]. 天津：天津大学，2010：48.)

7.3.2　医疗保险基金的筹集

医疗保险基金的筹集是指由专门的社会医疗保险基金征缴机构或者税务部门按照社会医疗保险相关制度规定的筹集对象和方法，定期、强制性地向参与社会医疗保险的缴费(税)主体征收社会医疗保险费的行为。医疗保险基金的筹集应当遵循权利与义务相对应、公平与效率相统一、国家干预与市场机制相结合的原则。

医疗保险基金的筹集主体因国家不同而有所不同，可以是专门的医疗保险征缴机构，也可以是税务部门，还可以是专门的医疗保险征缴机构与税务部门同时存在。例如，德国的基金筹集主体是专门的医疗保险征缴机构，美国的基金筹集主体是税务部门，中国的基金筹集主体则是医疗保险征缴机构与税务部门同时存在，2019 年 1 月 1 日起，改为由税务部门统一征收。

医疗保险基金的筹集渠道通常有税收、单位与雇员缴费、公共财政补贴、捐赠收入、社会医疗保险基金自身运营收益、罚没收入等。多数国家采用单位与雇员二者缴费或政府、单位与雇员三者缴费的责任分担模式。具体的缴纳方式主要有两种:一种是确定一个固定的保险费金额向缴费者征收;另一种是依据被保险人的工资或收入的一定比率征收。目前,采用第二种方式的较多。

在财务运行模式上,医疗保险与养老保险类似,可以分为现收现付制、积累制和混合制三种,但大多数国家选择现收现付制。

7.3.3 医疗保险费用的支付形式

医疗保险费用的支付是指医疗保险机构向医疗服务提供者支付费用,支付形式主要有以下几种。

1. 按服务项目付费制

按服务项目付费制是指由医疗保险机构根据医疗机构提供的服务项目和数量向其支付费用,是一种事后支付方式。这种方式最传统,应用也最广泛。它可以先由医疗机构付费再与医疗保险机构结算,也可以由患者先付费再去医疗保险机构报销。但这种方式容易刺激医疗机构提供过量的医疗服务,且第三方付费难以形成费用控制机制,极易引发医疗资源浪费。

2. 按日就诊定额标准付费制

按日就诊定额标准付费制是指按照预先确定的日费用标准支付住院病人和日费用标准支付门诊病人的费用,同一医院的每日住院病人的支付标准相同,每次就诊的门诊病人的支付标准也是相同的,且都是固定的,与实际医疗花费无关。这种方式能够激励医疗机构降低每日住院和每次门诊的成本,却可能鼓励他们增加住院时长和门诊次数。

3. 按人头付费制

按人头付费制是指医疗保险机构按照合同规定的时间(如 1 年),根据接受医疗服务的被保险人人数和规定的收费标准,预先支付医疗服务费用的支付方式。在此期间,医疗机构负责提供合同规定的一切医疗服务,不再另行收费。这实际上就是一定时期、一定人数的医疗费用包干制。医疗机构的收入与被保险者的人数成正比,与提供的服务成反比,结余归自己,超支自付,因此产生了内在的成本制约机制,从而有利于医疗费用控制和卫生资源的合理利用。但这种方式也可能鼓励医疗机构为了控制成本而减少服务或降低服务质量。为此,一些国家规定了每个医生最多照管病人的数量。意大利、美国等国家采用这种支付方式。

4. 总额预算制

总额预算制是指医疗保险机构通过综合评估后与医疗机构协商确定年度预算总额并签订合同,医疗机构必须为就诊的被保险人提供合同规定的服务,收入固定。若服务费用超出年度总预算,则由医疗机构自行承担。该支付方式有利于控制医疗费用,但对年度预算的确定要求较高,一般要考察一地的人口密度、死亡率、医疗机构状况,甚至通货膨胀等。加拿大、澳大利亚等国家采用这种付费形式。

5. 按疾病诊断分类定额预付制

按疾病诊断分类定额预付制又称病种付费制,是指以病例组合为基本依据,综合考虑病例的个体特征,如年龄、性别、住院天数、临床诊断、病症、手术、疾病严重程度、并发症与并发症及转归等因素,将临床过程相近、费用消耗相似的病例分到同一个组,并以组为单位制定费用标准,进行一次性付费。医疗保险支付费用只与病种有关,与实际发生的成本无关。该方式可以激励医院为降低成本而缩短平均住院日，能够在一定程度上控制医疗费用。但难以在不同水平的医院、服务项目、质量以及病例的组合中建立科学的分类系统，尤其是诊断界限不明确时，容易诱使医生提高诊断疾病标准来获得更多的诊断费用。且这一系统的复杂性对管理的要求也较高。

6. 工资制

工资制是指由社会保险机构按照合同等规定向医疗机构人员发放工资，以补偿其医疗服务消耗。该方式既能保障医疗机构人员的收入，又能控制总成本。但由于医疗保险机构是定额支付给医疗机构人员报酬，而与医疗服务本身的数量与质量无关，难以起到对医疗服务的激励作用。使用该方式主要有芬兰、瑞典、西班牙、印度、以色列以及拉美国家。英国、加拿大等国对医院的医生也采取这种支付方式。

7. 以资源为基础的相对价值标准支付制

以资源为基础的相对价值标准支付制是最近在美国部分地区的老年医疗社会保险中试行的一种新的医生服务费用支付方式。通过比较各专科医生服务中投入的各类资源要素成本的高低，来计算每项服务的相对价值，以此作为确定各项服务费用的依据。医疗服务中投入的各类资源要素包括服务全过程(事前、事中和事后)所花费的时间和劳动强度、业务成本和每次服务分摊的专科培训的机会成本。该方式按照各科医生在服务中实际投入的资源进行支付，能够刺激各科医生都提供合理的服务，纠正各种不合理的医疗服务。

社会保险机构与医疗机构的费用结算方式有很多种，每种方式都有自己的优缺点。具体的支付方式应该结合医疗保险机构、医疗服务机构以及医疗服务形式的特征进行选择，很多时候都采用混合的支付方式。

7.3.4 医疗保险待遇的给付控制

医疗保险待遇的给付与医疗保险费的支付不同，是指医疗保险被保险人享有的保险待遇。为了控制医疗保险费用、节约医疗资源，通常会对医疗保险待遇的给付设定一定的条件进行控制，主要包括起付线、共付比和封顶线等。

1. 起付线

起付线即参保者就医时需先自付一部分费用，保险人才开始承担这笔自付费用以上的医疗费用。实行起付线后，一方面可以减少审核时的管理费用，缓解由于小额赔付产生的交易成本过高问题；另一方面合理的起付线可以抑制一部分不必要的医疗服务需求，控制道德风险，降低医疗费用支出。具体到社会医疗保险中，起付线是指社会医疗服务需求者进入社会医疗基金支付阶段前先自付一定费用，超过该费用数额后再进入社会医疗基金支付阶段。

2. 共付比

在整个医疗费用中，被保险人负担的医疗费用所占的比例称为共付比(有的也称为共保率)，共付比通常介于0和1之间，共付比为零的保险称为完全保险，共付比不为零的保险称为不完全保险。在医疗保险中，由于医疗服务需求者道德风险的存在使完全保险根本无法实现，因此医疗保险应该是共付比不为零的不完全保险。共付比的有效程度取决于医疗服务需求的价格弹性，而医疗服务需求的价格弹性则随着医疗服务类型和疾病严重程度的变化而变化。对于某个代表性患者来说，最优共付比确定的原则应该是等边际原则，即代表性患者过度消费的那部分医疗服务的边际效用收益应该等于代表性患者过度消费的那部分医疗服务的标记效用成本。

医疗保险如果先测算出每个患者的最优共付比，然后再按照这些最优共付比对社会医疗保险基金支出进行管理，则这样做的交易成本将会大得惊人，使得这种医疗保险支付体系不存在。为了降低医疗保险基金支付管理中的交易成本，可以在充分考虑每个患者最优共付比的基础上，制定适用于全体的、统一的共保率。

在共同保险中，一般认为共付比达到20%～25%，医疗服务的需求有明显的降低，所以国际上一般医疗保险的共付比都在20%左右。如日本从1999年开始，政府管理的医疗保险制度中被保险人自己负担的医疗费用已经从10%提高到20%。

3. 封顶线

封顶线又叫作止付线，是指医疗保险中保险人所支付费用的最高限额。医疗保险中设立封顶线的目的是为了防止巨额医疗费用支出对医疗保险基金的安全产生影响。学术界对医疗保险设置封顶线存在着不同看法。部分学者认为有必要对医疗费用支出设立封顶线；部分学者认为对于是否设立封顶线应该区别对待，对于那些有助于维持病人生存能力及防止病情恶化引起生活质量急剧下降的疾病，不宜进行封顶，对于那些仅在延迟死亡的疾病，应当进行封顶；还有一部分学者认为不宜采用医疗费用封顶的办法。

7.4 中国社会基本医疗保险制度

中国从1998年起开始建立城镇职工基本医疗保险制度，2003年启动新型农村合作医疗制度，2007年开展城镇居民基本医疗保险试点，2016年将城镇居民基本医疗保险和新型农村合作医疗制度合并为城乡居民基本医疗保险。经过艰辛探索，中国不断拓展目标人群，延伸制度边界，构建起了覆盖城乡、职工与居民的医疗保障体系。

7.4.1 城镇职工基本医疗保险

1998年国务院出台《关于建立城镇职工基本医疗保险制度的决定》提出在全国范围内建立城镇职工基本医疗保险制度（以下简称职工医保），标志着中国医疗保险制度改革进入了一个崭新的阶段。在计划经济体制下实行的近半个世纪的劳保医疗和公费医疗制度，将被新的职工基本医疗保险制度代替。

2009年4月，“新医改”方案《中共中央国务院关于深化医药卫生体制改革的意见》公布，同时出台了《医药卫生体制改革近期重点实施方案（2009－2011年）》，旨在解决“看病难、看病贵”的问题。“新医改”方案提出到2020年实现“全民医保”的改革方向，将“基本医疗卫生制度”看作是一种公共产品。

1. 职工医保的基本内容

1）覆盖范围

根据规定，职工医保的覆盖范围包括企业、机关、事业单位、社会团体、民办非企业单位及其职工，并由用人单位和职工按照国家规定共同缴纳基本医疗保险费。此外，个体工商户、未在用人单位参加职工医保的非全日制从业人员以及其他灵活就业人员可以参加医保，由个人按照国家规定缴纳基本医疗保险费。

截至2019年末，全国参加职工医保的人数达到32925万人，比上年末增加1244万人。从

2010 年至 2019 年，参加职工医保的人数逐渐增加，增长率从 2010 年到 2015 年呈下降趋势，在经历了 2015 年到 2018 年的上升之后，2019 年又出现明显的下降趋势(见图 7－2)。

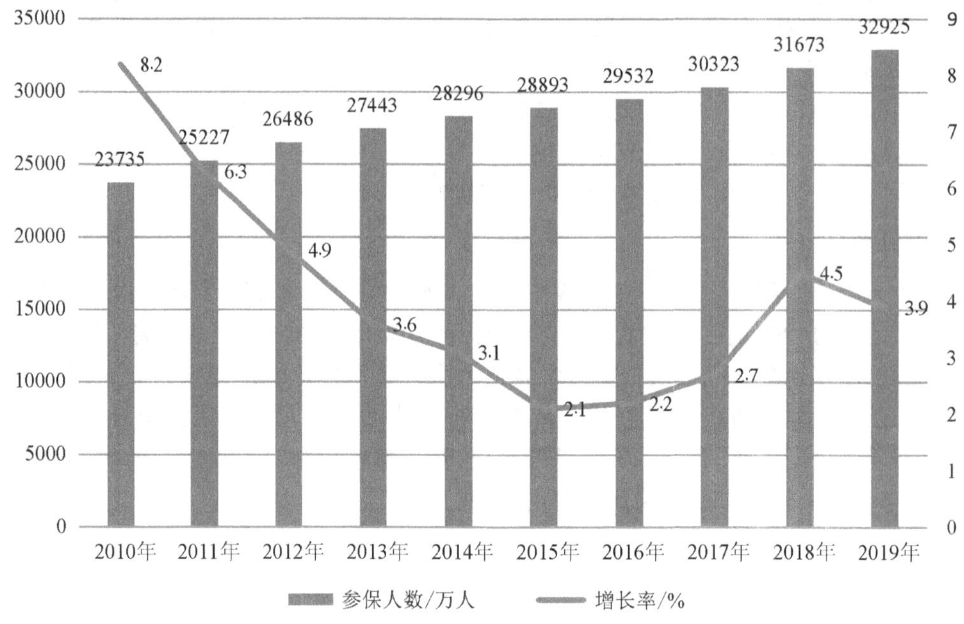

图 7－2　2010—2019 年参加城镇职工医疗保险的人数和增长率

(数据来源：人力资源和社会保障部，2010—2017 年《人力资源和社会保障事业发展统计公报》；国家医疗保障局，2018 年、2019 年《全国医疗保障事业发展统计公报》。)

2) 资金筹集

职工医保费用由用人单位和职工双方共同负担，用人单位缴费比例控制在职工工资总额的 6％左右，职工缴费比例一般为本人工资收入的 2％。各统筹地区的具体缴费标准由当地政府确定，并允许缴费标准随经济发展水平做适当调整。例如山东省规定用人单位以上一年度职工工资总额为基数，按 7％的比例缴纳；职工个人以本人上年度工资总额为基数，按 2％的比例缴纳；退休人员不缴纳基本医疗保险费。

职工医保实施社会统筹与个人账户相结合的模式，职工个人缴纳的基本医疗保险费全部计入个人账户；用人单位缴纳的基本医疗保险费分为两部分，一部分用于建立统筹基金，一部分划入个人账户。划入个人账户的比例一般为用人单位缴费的 30％左右，具体比例由统筹地区根据个人账户的支付范围和职工年龄等因素确定①。

① 例如，中央省属驻济企业自收自支和企业化管理事业单位基本医疗保险个人账户金的构成为：由职工个人缴纳的基本医疗保险费，全部划入本人个人账户。用人单位缴纳的基本医疗保险费暂按以下标准划入个人账户：不满 35 周岁的职工，每月划入 50 元；35 周岁(含 35 周岁)以上不满 45 周岁的职工，每月划入 70 元；45 周岁(含 45 周岁)以上不满 55 周岁的职工，每月划入 90 元；55 周岁(含 55 周岁)以上的职工，每月划入 110 元；不满 60 周岁的退休人员，每月划入 170 元；60 周岁(含 60 周岁)以上不满 70 周岁的退休人员，每月划入 190 元；70 周岁(含 70 周岁)以上的退休人员，每月划入 220 元。自 2010 年 6 月起，职工月缴费基数为省级直管单位职工月平均在岗缴费工资 150％以上至 200％(含)的，每人每月划入个人账户资金增加 10 元；200％以上至 250％(含)的，每人每月划入个人账户资金增加 20 元；250％以上的，每人每月划入个人账户资金增加 30 元。

3）待遇给付

职工医保的个人账户用于支付门诊和小额医疗费，统筹基金用于支付住院和大额医疗费。社会统筹基金设置起付线和封顶线，分别为当地职工年平均工资的10%和400%。职工住院医疗费用中起付线以上、封顶线以下的部分也需要职工自付一部分，自付比例由地方政府自行决定。超过统筹基金最高支付限额以上的部分可以通过企业补充保险、商业保险等各种补充医疗保险的途径解决(见图7－3)。

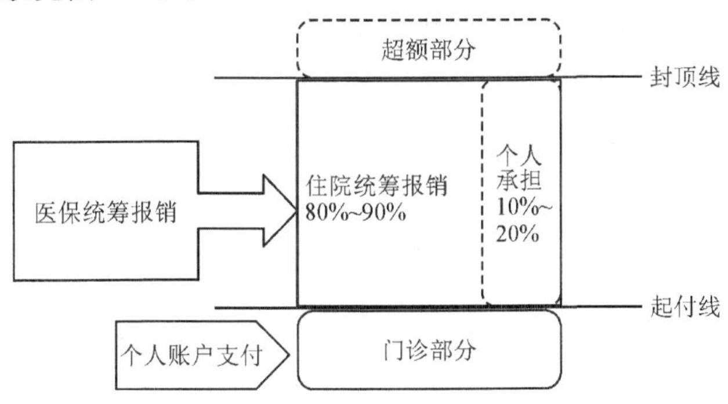

图7－3 职工医保费用支付结构

2. 职工医保的管理

基本医疗保险管理和服务基本实现社会化。社会化的医疗保险经办机构负责基本医疗保险基金的收缴、管理和支付。医疗保险统筹管理层次原则上以地级以上行政区为统筹单位，也可以以县(市)为统筹单位。北京、上海、天津、重庆四个直辖市实行全市统筹。对医疗保险统筹基金纳入单独的社会保障基金财政账户专款专用，并实行收支两条线管理。同时，建立健全的基金预决算制度、财务会计制度和社会保险经办机构内审制度。

同时，推进医疗机构改革，提高医疗服务的质量和水平。主要政策有：通过制定基本医疗保险药品名录、诊疗项目和医疗服务设施标准以及相应的管理办法，确定了基本医疗服务的范围和标准；实行医、药分开核算，分别管理，对提供基本医疗服务的医疗机构和药店实行定点管理；对医疗机构进行调整、改革，规范医疗行为，减员增效，提高卫生资源的利用效率；积极发展社区卫生服务项目，其中基本医疗服务项目可以纳入基本医疗保险支付范围。

3. 特殊群体的医保政策

(1) 离休人员、老红军。离休人员、老红军的医疗待遇不变，医疗费用按原资金渠道解决，支付确有困难的，由同级人民政府帮助解决。离休人员、老红军的医疗管理办法由省、自治区、直辖市人民政府制定。

(2) 二等乙级以上革命伤残军人。二等乙级以上革命伤残军人的医疗待遇不变，医疗费用按原资金渠道解决，由社会保险经办机构单独列账管理。医疗费支付不足部分，由当地人民政府帮助解决。

(3) 国家公务员。国家公务员在参加基本医疗保险的基础上，享受医疗补助政策。

(4) 特定行业职工。为了不降低一些特定行业职工的医疗消费水平，特定行业允许建立企业补充医疗保险，企业补充医疗保险费在工资总额5%以内的部分，从职工福利费中列支，福利费不足列支的部分，经同级财政部门核准后列入成本。2002年下发的《关于企业补充医疗保险有关问题的通知》将企业补充医疗保险的范围扩大至只要按规定参加各项社会保险并按时足额缴纳社会保险费的企业都可自主决定是否建立企业补充医疗保险。

7.4.2 城乡居民基本医疗保险

城乡居民基本医疗保险由城镇居民基本医疗保险和新型农村合作医疗两项制度合并而来,该制度是推进医药卫生体制改革、实现城乡居民公平享有基本医疗保险权益、促进社会公平正义的重大举措,对促进城乡经济社会协调发展、全面建成小康社会具有重要意义。

1. 新型农村合作医疗制度

2003 年下发《关于建立新型农村合作医疗制度的意见》,推动农村合作医疗进入新的发展阶段,被称为“新农合”。

新农合提出了自愿参加、财政支持、以收定支、保障适度等原则,确定了国家、集体、个人三方共同负担的筹资方式,并以大病统筹为主实现农民医疗互助共济。要求农民个人每年的缴费标准不应低于 10 元,有条件的乡村集体经济组织应对本地新型农村合作医疗制度给予适当扶持,地方财政每年对参加新型农村合作医疗农民的资助不低于人均 10 元。新农合鼓励医疗资源向下流动,农村居民在基层门诊就医和住院可以享受较低的起付线和共同保险的比例,而在较高层次的医院住院则报销比例会降低。在管理体制上,提高了医疗基金的统筹层次。旧农合资金统筹层次一般以乡或村为单位,新农合以县为统筹单位。各地成立合作医疗管理机构并在乡镇设立派出机构,保障合作医疗各项政策的落实。

自 2003 年启动试点以来,新农合制度取得了巨大的进展。①参合率大幅提高。截至 2015 年底,全国参加新农合的人数达到 6.7 亿人[①],参合率为 98.8%。②筹资水平显著上升。2003 年新农合人均筹资 30 元,其中政府补贴 20 元;到 2012 年人均筹资 300 元,其中政府补贴 240 元,个人负担 60 元;2015 年度新农合筹资总额达 3286.6 亿元,人均筹资 490.3 元,政府补贴 400 元以上,个人负担 90 元。③保障水平提高。统筹基金最高支付限额由 2003 年当地农民人均纯收入的 4 倍提高到 6 倍,2012 年政策范围内住院费用报销比例达到 55%,2015 年达到 75%左右。

与旧农合相比,新农合有了政府的积极参与,更具有社会保险的特征。2011 年《关于做好新型农村合作医疗有关工作的通知》提出要进一步提高补偿水平,并逐步取消家庭账户,实行门诊统筹。同时推进支付制度改革,积极推进按病种付费方式,并探索其他付费方式相结合的混合支付方式。新农合的推广极大地提高了农村的医疗保障水平,缓解了其“因病积贫、因病返贫”的困境。但由于中央政府只规定方针政策,具体实施方案由各地自主决定,造成各地政策五花八门,甚至出现“一县一策”的现象,造成了不同地区的补偿方案差别较大,碎片化严重的问题,不利于制度的统一。

2. 城镇居民基本医疗保险制度

为了保障城镇非职工的权益,2007 年,国务院印发《关于开展城镇居民基本医疗保险试点的指导意见》,全国 79 个城市作为试点启动城镇居民基本医疗保险(以下简称城镇居民医保)工作,2009 年覆盖了 80%以上城市,2010 年基本全面铺开。

---

① 部分城市统一实行城乡居民基本医保制度,参合人数有所减少。

1）参保范围

城镇居民医保的参保对象主要有不属于城镇职工基本医疗保险制度覆盖范围的中小学阶段的学生（包括职业高中、中专、技校学生）、少年儿童、各类全日制普通高等学校（包括民办高校、科研院所中接受普通高等学历教育的全日制本专科生、全日制研究生和其他非从业城镇居民，遵循自愿参保的原则。

2）缴费与补助

城镇居民基本医疗保险以家庭缴费为主，政府给予适当补助。地方政府一般会根据当地的经济发展水平以及居民家庭状况等为不同的人群设置不同的缴费标准，如未成年人、老年人、大学生等有不同的缴费标准。国家没有对城镇居民医保的缴费标准进行统一规定，由各省市根据实际情况自行制定。例如，西安市 2017 年度城镇居民医保的缴费标准为：少年儿童个人部分每人缴纳 90 元，国家补助 440 元，其中低保、重度残疾及低收入家庭的少年儿童缴纳 30 元，国家补助 500 元；城镇非从业居民个人部分每人缴纳 180 元，其中低保、重度残疾的城镇非从业居民及低收入家庭 60 周岁以上的老年人缴纳 30 元。

3）待遇标准

城镇居民医保基金重点用于参保居民的住院和门诊大病医疗支出，有条件的地区可以逐步试行门诊医疗费用统筹。基金的使用要坚持以收定支、收支平衡、略有结余的原则。费用分担方式也设置了起付线、共付比和封顶线。

4）服务管理

对城镇居民基本医疗保险的医疗服务管理，原则上参照城镇职工基本医疗保险的有关规定执行。也实行定点医疗机构和定点药店制度，通过订立和履行定点服务协议，明确医疗保险经办机构和定点的医疗机构、零售药店的权利和义务。

城镇居民医保从试点开始经历了一个快速发展的过程，截至 2015 年，参保人数达到 3.8 亿人，年末统筹基金累计结存 8114 亿元。政府财政补助标准不断提高，参保人群的保障水平也在不断提升。

3. 统一的城乡居民基本医疗保险制度

2016 年国务院印发《关于整合城乡居民基本医疗保险制度的意见》，明确提出整合城镇居民基本医疗保险和新型农村合作医疗两项制度，建立统一的城乡居民基本医疗保险制度。主要体现在“六个统一”：一是统一覆盖范围。城乡居民医保制度覆盖除职工基本医疗保险应参保人员以外的其他所有城乡居民。二是统一筹资政策。实行多渠道筹资，合理确定城乡统一的筹资标准，现有城镇居民医保和新农合个人缴费标准差距较大地区允许采取差别缴费的办法逐步过渡。三是统一保障待遇。逐步统一保障范围和支付标准，政策范围内住院费用支付比例保持在 75%左右，逐步提高门诊保障水平。四是统一医保目录。由各省（区、市）在现有城镇居民医保和新农合目录的基础上，适当考虑参保人员需求变化，制定统一的医保药品和医疗服务项目目录。五是统一定点管理。统一定点机构管理办法，强化定点服务协议管理，建立健全考核评价机制和动态的准入退出机制。六是统一基金管理。城乡居民医保执行国家统一的基金财务制度、会计制度和基金预决算管理制度。

截至2017年底，各省普遍启动整合工作，80%以上地市已实施统一的城乡居民医保制度，参加城乡居民医保的人数达到87359万人。居民基本医保人均财政补助标准由240元提高到450元。城乡医保整合制度打破了城乡“二元”结构，扩大了城乡居民就医选择范围，促进了城乡公平，提升了公共服务质量。

7.4.3 农民工医疗保险

市场经济的自由与活力需要人力资源的合理配置，由此出现了人才的流动。中国长期以来的城乡二元分割带来的农民工人群构成了流动人口的主体，农民工身份地位的特殊性使得他们的医疗保障成为亟待解决的重要问题。由于保障体制和其他公共产品供给不足，农民工市民化速度远低于城镇化率，难以实现从农民到市民的身份转变。导致中国的城镇化出现“就业在城市，户籍在农村；劳力在城市，家属在农村；收入在城市，积累在农村”的半城市化现象。

2006年印发的《国务院关于解决农民工问题的若干意见》提出要抓紧解决农民工大病医疗保障问题。要求各统筹地区建立大病医疗保险统筹基金，重点解决农民工进城务工期间的住院医疗保障问题。根据当地实际合理确定缴费率，主要由用人单位缴费。完善医疗保险结算办法，为患大病后自愿回原籍治疗的参保农民工提供医疗结算服务。有条件的地方，可直接将稳定就业的农民工纳入城镇职工医保，农民工也可自愿参加原籍的新农合。2016年，《国务院关于整合城乡居民基本医疗保险制度的意见》除规定“农民工和灵活就业人员依法参加职工基本医疗保险”外，还特别规定农民工“有困难的可按照当地规定参加城乡居民医保”。

从表7-1可以看出，农民工职工医保的参保率虽然在2017年有所提升，但整体上呈现出下降趋势，且参保率仍然较低。2016年农民工参保职工医保人数占总人数的比例仅为17.1%，占外出农民工人数的比例也只有28.5%，表明大多数农民工都没有参保职工医保。相应地，多数农民工选择在户籍地参加新农合，但是新农合的保障水平和便携性都难以适应农民工的特征。在保障水平方面，人社部的数据显示，2016年城镇职工医保住院费用实际补偿水平为72.2%，城乡居民医保为56.3%，两者之间存在较大差距。新农合也缺乏便携性，特别是对跨省流动的农民工来说，想要在工作地看病享受住院报销困难重重，“小病不就医，大病回老家”成为绝大部分农民工的选择。

表7-1 农民工职工医保参保情况

年份	农民工总量/万人	外出农民工数量/万人	参加职工医保人数/万人	职工医保占总量参保率/%	职工医保占外出参保率/%
2010	24223	15335	4583	18.9	29.9
2011	25278	15863	4641	18.4	29.3
2012	26261	16336	4845	18.4	29.7
2013	26894	16610	5018	18.7	30.2
2014	27395	16821	5229	19.1	31.1
2015	27747	16884	5166	18.6	30.6
2016	28171	16934	4825	17.1	28.5
2017	28652	17185	6225	21.7	36.2

数据来源：人力资源和社会保障部，历年《人力资源和社会保障事业发展统计公报》。

农民工医保还是重复参保的重灾区。各项医保制度建立过程中，地方试点先行，制度出台时间有先有后，客观上缺乏顶层设计，政策之间衔接不够，部分地区在推进新农合时实行捆绑参保，重复参加医疗保险的现象是存在的。特别是农民工在企业工作，按规定应当参加企业职工医疗保险；农民工户籍在农村，又属于新农合的覆盖对象。这种身份认同上的不清晰是造成重复参保的政策原因。职工医疗保险与城乡居民医疗保险分属人力资源社会保障部门和卫生计生部门管理，这是造成重复参保的体制原因。社会保障信息化建设滞后，没有实现全国联网，使得在不同统筹区重复参保的问题难以发现和解决。

7.4.4　异地就医结算与保险关系转移

1. 异地就医结算

医疗保险与养老保险不同，由于医疗资源分配的问题使得很多人都可能会出现异地就医的情况，而不仅仅是流动人口。长期以来，中国医疗保障实施属地管理，异地的医疗机构不受所属医保统筹地区的政策约束和具体管理，各地实行医保定点管理，给患者带来种种不便。2009年印发的《医药卫生体制改革近期重点实施方案（2009—2011年）》提出建立异地就医结算机制，探索异地安置的退休人员就地就医、就地结算办法。制定基本医疗保险关系转移接续办法，解决农民工等流动就业人员基本医疗保障关系跨制度、跨地区转移接续问题。做好城镇职工医保、城镇居民医保、新农合、城乡医疗救助之间的衔接。同年印发的《人力资源和社会保障部、财政部关于基本医疗保险异地就医结算服务工作的意见》明确异地就医结算服务以异地安置退休人员为重点，大力推进区域统筹和建立异地协作机制，方便必须异地就医参保人员的医疗费用结算，减少个人垫付医疗费，并逐步实现参保人员就地就医、持卡结算。2014年下发《关于进一步做好基本医疗保险异地就医医疗费用结算工作的指导意见》提出了“三步走”的工作计划：第一步完善地市级统筹，实现市内无异地；第二步建设省内异地就医结算系统，实现省内联网结算；第三步建立跨省异地就医结算系统，重点解决异地安置退休人员住院费用直接结算。据人力资源和社会保障部对十二届全国人大四次会议第1897号建议的答复中的数据显示，第一步和第二步已基本完成，2016年，全国30个省份均建立了省级异地就医结算系统，包括京、津、冀在内的27个省份基本实现省域范围内住院医疗费用直接结算。由人社部发布的基本医疗保险跨省异地就医住院医疗费用直接结算公共服务信息（第十期）中提到，截至2018年5月31日，全国跨省异地就医住院医疗费用直接结算备案人数达257万人，在全国所有省级平台、所有统筹地区均已实现与国家异地就医结算系统对接的基础上，跨省异地就医定点医疗机构数量达到9487家。国家平台实现跨省异地就医直接结算50.2万人次，医疗费用125.9亿元，基金支付76.5亿元。

2. 医疗保险关系的转移接续

2009年人力资源和社会保障部印发《流动就业人员基本医疗保障关系转移接续暂行办法》，规定了新农合参合人员转向城镇职工医保、参加城镇职工医保的农村户籍人员转向新农合、城镇职工医保参保人员跨统筹地区流动就业等的转移接续办法。

2015年，人社部印发《关于做好进城落户农民参加基本医疗保险和关系转移接续工作的办法》,明确了进城落户农民参加基本医疗保险的相关问题。规定:进城落户农民和流动就业人员等参加转入地基本医疗保险后,转入地社会(医疗)保险经办机构应依据参保人申请,通知转出地经办机构办理医保关系转移手续,确保管理服务顺畅衔接,避免待遇重复享受。办理基本医疗保险关系转移接续前后,基本医疗保险参保缴费中断不超过 3 个月且补缴中断期间医疗保险费的,不受待遇享受等待期限制,按参保地规定继续参保缴费并享受相应的待遇。参保人转移基本医疗保险关系时,建立个人账户的,个人账户随本人基本医疗保险关系一同转移。个人账户资金原则上通过经办机构进行划转。

7.4.5 中国基本医疗保险制度的未来发展

经过多年的不懈努力,中国基本医疗保险制度发展成为城镇职工医保、城乡居民医保组成的全覆盖、多层次医疗保障体系,在一定程度上缓解了“看病难”“看病贵”的问题。但为了更好地保障全民医疗服务,社会医疗保险制度仍处于不断完善和改革中。

1. 逐步实现全民统一医保

新农合与城镇居民医保的合并解决了城乡分置造成的管理问题,对城乡医保统一、实现社会公平做出了重要贡献。但此举并不能解决居民保障不充分的问题,也难以解决城乡居民医保和职工医保之间不平衡的问题。有研究者认为,医疗保险和养老保险并不一样,养老保险可以允许适度“碎片化”,而医疗保险则应该由单一的制度来覆盖全民,因为医疗是生命权,应人人平等。我国基本医疗保险的目标是由“广覆盖、保基本、二元制度”走向“全民覆盖、待遇平等、保障适度”的单一制度。下一步应将城乡居民医保与城镇职工医保合并,形成全民统一的医保制度。

在具体的实现路径上,首先需遵循属地参保、家庭参保原则,所有城镇就业人口按照现行的缴费政策参加城镇基本医疗保险,非就业家庭成员适量缴费并参保。实现属地参保,即按常住地和就业地参保,取代当前按照户籍地和职业双重标准参保的方式。同时,还应建立居民基本医疗保险稳定、增速较快的筹资机制。按人头定额补贴居民医疗的政策改为按财政收入占比补贴并纳入预算制度。改居民定额缴费为人均纯收入占比缴费,并提高相应的缴费水平。实行全民统一医保将推动农民工及其家属参加城镇职工医保,消除农民工“有保险、低保障”问题,有助于提高“新市民”的保障水平,逐步减少留守人口,促进新型城镇化的发展。

2. 提升医疗保障水平

基本医疗保险目前处于“广覆盖、保基本”的阶段,保障力度不足。截至 2015 年底,中国基本医疗保险参保人数达 13.4 亿人,覆盖率超过 95%。其中,城镇职工基本医疗保险、城镇居民基本医疗保险、新型农村合作医疗政策范围内医疗费用报销比例分别接近 80%、70%和 75%。但 2015 年基本医保占医疗费用的比例仅为 56%,而个人支出占比高达 40%,远远高于其他主要国家,反映出我国基本医保保障不足、个人医疗费用支出压力较大等问题(见图 7-4)。因此,未来的改革应进一步完善整个医疗保险体系,减少个人医疗费用支出,提升医疗保障水平。

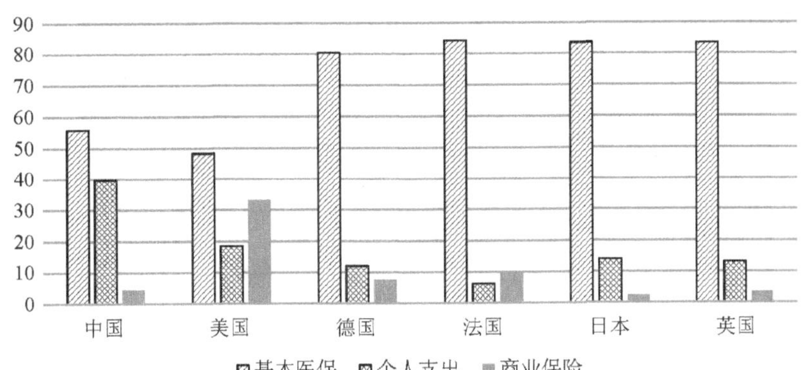

图 7-4 2015 年主要国家医疗费用支出结构

(数据来源:中国产业信息网,2017 年中国医保覆盖人数、医保基金收入增长及支出增长情况分析。)

3. 改革医保支付方式

在医疗费用支出增加和老龄化步伐加快的背景下,医保基金正面临越来越大的支付压力。从图 7-5 可以看出,2010—2018 年,城镇医保基金总收入和总支出都呈现出上升趋势,且总支出增幅整体上高于总收入增幅。医保基金的收支关系将会决定医保制度的可持续性,因此,应当采取多种举措增加医疗基金收入,控制医疗基金支出。

多年来,医保支付主要实行"按项目付费",医疗费用风险主要由支付方而非医院来承担,由此造成过度诊疗,增加了医疗费用。2017 年,国务院印发《关于进一步深化基本医疗保险支付方式改革的指导意见》,明确进一步加强医保基金预算管理,全面推行以按病种付费为主的多元复合支付方式。目前,80%以上的统筹地区实施付费总额控制,70%左右的统筹地区开展了按病种付费,35%的统筹地区开展了按服务单元付费,24%的统筹地区开展了按人头付费的探索。支付方式改革对规范医疗服务行为、控制医疗费用过快增长、维护参保人权益、提高基金使用效率、提升医保精细化管理水平起到了重要作用。

4. 完善医保管理体制

较长时间以来,中国的医保管理体制属于碎片化管理,职责较为分散,不利于医保制度的统一与管理。

2016 年,国家决定整合城乡居民基本医疗保险,鼓励有条件的地区理顺医保管理体制,统一基本医保行政管理职能,并整合城乡居民医保经办机构、人员和信息系统,规范经办流程,提供一体化的经办服务。目前,全国已经有 22 个省区市理顺了管理体制,实现了全民医保"大社保"统一管理。并且,大力推进"互联网+人社",促进全国社会保障管理信息网络化建设,这对于实现"全民参保"、避免重复参保等问题能够起到有效的推动作用。

2018 年 5 月 31 日,国家医疗保障局正式成立,成为国务院直属机构。国家医疗保障局整合了人力资源和社会保障部的城镇职工和城镇居民基本医疗保险、生育保险职责,国家卫生和计划生育委员会的新型农村合作医疗职责,国家发展和改革委员会的药品和医疗服务价格管理职责,民政部的医疗救助职责。国家医疗保障局的设立能够加强不同险种、项目之间的有序衔接。比如,城乡居民医保项目之间、基本医疗保险和生育保险之间,过去都是由多个部门、多

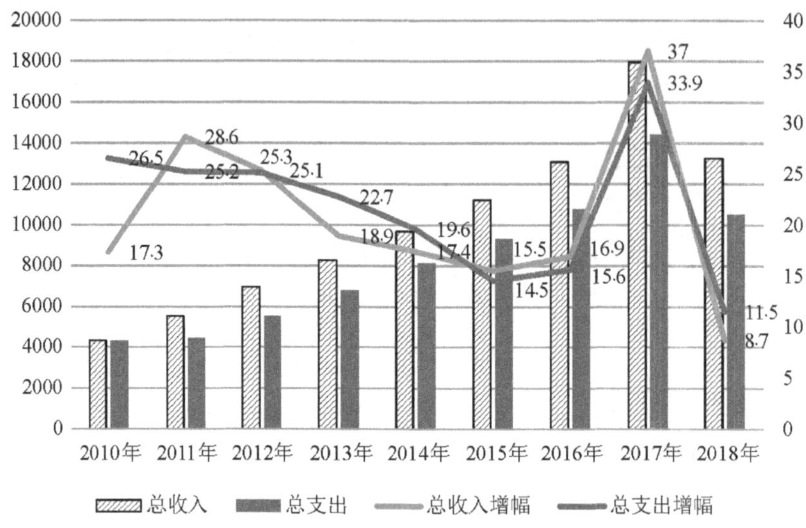

图 7-5　2010—2018 年城镇基本医疗保险基金收支及增幅

（数据来源：人力资源和社会保障部，历年《人力资源和社会保障事业发展统计公报》。）

个项目管理，通过归并统一以提高管理效率，减少管理环节，这对于提高资源配置效率、合理统筹、增强医疗服务水平等，都具有重大的促进作用。

中国的医疗保险制度在不断完善之中取得了一系列改革的成果。如何将改革后的医疗保险制度化、机制化，是今后需要继续研究的新课题。此外，没有整个医疗体制的改革，仅进行医疗保险制度的完善，取得的成效势必会降低。因此，优化医疗体制、合理分配医疗资源，才是实现全民医疗保障的重中之重。

7.5　生育保险

生育保险是由国家主办，通过法律规定，对女性怀孕生育期间的生育责任承担者提供一定经济保障的社会制度，主要目的是补偿女性生育休假期间，本人的收入损失和抚育婴儿过程的消费和服务支出。

7.5.1　生育保险的特点

（1）生育保险保障的对象以女性为主。虽然男性也享受生育保障，但是享受生育保障的对象绝大多数还是女性。因此，生育社会保障更多关系到女性权益和性别公正。在其他社会保障项目上是没有性别之分的。

（2）生育保险遵循“产前与产后都应享受的原则”。在分娩前一段时间，由于行动不便，女职工已经不能工作或不宜工作；分娩以后，女职工需要一段时间休假、恢复健康和照顾婴儿，因而生育保险还带有善后的特点。

（3）生育保险待遇标准较高。在国外，生育保障包括生育假期、生育收入补偿、生育医疗保健和子女补助金等项目，且国家的生育保险待遇给付标准都确定得比较高，妇女生育补偿一般相当于被保险人生育前基本工资的 100%。生育期间的经济补偿高于养老、医疗等保险。

在中国，职工个人不缴纳生育保险费，而是由用人单位按其工资总额的一定比例缴纳。

(4) 生育保险的医疗服务与医疗保险的医疗服务有所不同。生育期间的医疗服务主要以保健、咨询检查为主，不同于以治疗为主的医疗保健。生育期间的医疗服务侧重于指导孕妇处理好工作与修养、保健与锻炼的关系，使他们能顺利地度过生育期。产前检查以及分娩时接生与助产，则是通过医疗手段帮助产妇顺利生产。分娩属于自然现象，正常情况下不需要接受特殊治疗。

(5) 生育保险具有补偿原则。无论女职工妊娠结果如何，均可按照规定得到补偿。也就是说，无论胎儿是否存活，包括流产、引产及胎儿和产妇发生意外等情况，产妇均可享受有关待遇。

7.5.2 中国生育保险制度的基本内容

1. 生育保险保障对象

1994 年《企业职工生育保险试行办法》颁布后，生育保险在中国开始建立，但只限于企业，覆盖面相对较窄。2010 年《社会保险法》颁布后，生育保险将参保范围扩展到所有用人单位，包括机关、事业单位、社会团体、各类企业等单位及其职工。近几年，各地将生育保险与医疗保险同步推进，覆盖面稳步扩大，每年以 1000 万人的参保速度增长，受益人群逐年增多。截至 2016 年底，全国参加生育保险人数达 1.84 亿人，比上年末增加 680 万人，超过城镇单位就业人数(1.78 亿人)。与此同时，国家出台政策要求将城乡居民住院分娩发生的符合规定医疗费用纳入居民基本医疗保险基金支付范围，明确了职工以外其他人群的生育保障待遇。

2. 生育保险基金

生育保险基金实行社会统筹，按属地原则组织。生育保险根据“以支定收，收支平衡”的原则筹集资金，由企业按照其职工工资总额的一定比例，向社会保险经办机构缴纳生育保险费，建立生育保险基金。2015 年 7 月，人社部会同财政部印发了《关于适当降低生育保险费率的通知》，将费率由参保单位职工工资总额的 1%调整到 0.5%以内，2016 年，全国生育保险平均费率为 0.61%，比上年下降 0.08 个百分点。

3. 生育保险待遇

生育保险待遇包括生育医疗费用和生育津贴。生育医疗费用包括生育的医疗费用、计划生育的医疗费用和法律、法规规定的应当由生育保险基金支付的其他项目费用。

生育津贴是女职工按照国家规定享受产假或者计划生育手术休假期间获得的工资性补偿，按照职工所在用人单位上年度职工月平均工资的标准计发。生育津贴支付期限按照《女职工劳动保护特别规定》中关于产假的规定执行①。按照国家规定由公共卫生服务项目或者基本医疗保险基金等支付的生育医疗费用，生育保险基金不再支付。

2016 年《中华人民共和国人口与计划生育法》颁布实施后，各省相继修订了本省《人口和计划生育条例》，普遍取消了晚育假，增加了生育奖励假和男性陪产假(奖励假为 30 天至 3 个月不等，陪产假为 7 至 30 天不等)。由于地方出台的生育奖励假没有明确资金渠道，除个别地

---

① 女职工生育享受 98 天产假；难产的，增加产假 15 天；生育多胞胎的，每多生育 1 个婴儿，增加产假 15 天。女职工怀孕未满 4 个月流产的，享受 15 天产假；怀孕满 4 个月流产的，享受 42 天产假。

区明确由用人单位自行解决外，许多地方政府将生育奖励假纳入生育津贴支付范围。从实施情况看，这既导致生育保险基金支出大幅增加且结构失衡，也增加了用人单位负担。因此，下一步地方应优先保证按照国家规定期限支付生育津贴，同时，鼓励地方积极探索多渠道解决奖励假期津贴支付问题。

对于参保职工，无论生育一胎还是二胎，在国家政策规定范围内的生育医疗费用均可以实报实销，大大减轻了参保职工生育医疗费用负担，维护了职工生育权益，促进了两孩政策全面实施。享受生育保险待遇人员除参保职工以外，其未就业配偶的生育医疗费用也纳入支付范围。

7.5.3 中国生育保险制度的发展趋势

为解决中国目前生育率低、人口红利逐渐消失、人口老龄化严重等社会问题，2015 年实行"全面二孩"政策，这使生育保障的地位显得尤为重要。2017 年 1 月，《国务院办公厅关于印发生育保险和职工基本医疗保险合并实施试点方案的通知》，明确提出"保留险种、保障待遇、统一管理、降低成本"总体思路，重点通过统一参保登记、统一基金征缴和管理、统一医疗服务管理、统一经办和信息服务、确保生育待遇不降低来推进两项保险合并实施工作。其中，将生育保险基金并入职工基本医疗保险基金统一征缴，将进一步拓宽筹资渠道，提高统筹层次，更好地均衡生育保险的主体责任，也有利于完善支付方式和解决异地就医结算问题。同时，两项保险合并实施实行统一定点医疗服务管理，执行医疗保险三个目录，将会加快实现符合国家规定的生育医疗费用实报实销，切实提高生育医疗保障水平。同时，指定十二个城市于 2017 年开始试点。一方面，解决因二胎政策放开、生育保险基金支出大幅增加而带来的基金的压力问题；另一方面，通过两险合并解决企业漏保问题，并因两险的合并管理，节约行政开支。这是一次很大的进步，有利于实现整个社会的公平，缓解就业歧视以及保障女性生育权，解决女职工生育的后顾之忧，达到鼓励生育的目的，顺应当前的人口政策。

但同时应当注意的是，生育保险制度是发展型社会政策理念下的一种保险措施，是一种对人力资本的投资行为，可以促进经济发展。政府应充分发挥收入再分配功能，不仅需要对城镇居民给予帮助，还要对农村居民、低收入群体给予更多的关注，解决这一群体因贫困而在生育期间得不到良好的医疗服务和生活保障的问题。

本章小结

医疗保障的核心部分是医疗保险，医疗保险大致可分为全民保险模式、社会医疗保险模式、商业医疗保险模式和储蓄医疗保险模式。

医疗保险运行机制是指对各医疗保险主体进行保险费筹集、医疗服务供给、保险待遇结算所做出的相关具体安排。医疗保险费用的支付主要有按服务项目付费、按人头付费、按疾病诊断分类定额预付等方式，不同的支付方式各有其优缺点。医疗保险待遇的给付是指医疗保险被保险人享有的保险待遇，为了控制医疗费用，常设定起付线、共付比和封顶线等条件。

中国的基本医疗保险制度主要包括城镇职工基本医疗保险、城乡居民基本医疗保险。城乡居民医疗保险打破了城乡"二元"结构，保障了农民工等流动人口的权益，促进了城乡公平。异地就业直接结算与医疗保险关系的转移接续为人才流动、提升市场活力做出了重要贡献。医疗保险将朝着全民统一医保、高水平保障、改革医保支付方式，完善医保管理体制等方向发展。

生育保险制度是国家为保障女性权益而设立的保障制度，具有极其重要的社会意义。中国的生育保险制度覆盖了所有用人单位，保险基金实行社会统筹，按属地原则组织。生育保险待遇主要包括生育医疗费用和生育津贴，目的是减轻参保职工的生育医疗费用负担，维护职工的生育权益。随着中国全面二孩政策的实施，生育保障越发重要，要进一步扩大覆盖范围，关注农村妇女的生育权益。

思考题

1. 医疗保险模式有哪几种？不同的医疗保险模式各自有什么优缺点？
2. 社会医疗保险有哪些特征？
3. 医疗保险主体有哪些？
4. 医疗保险费用的支付形式主要有哪些？
5. 医疗保险待遇的给付控制形式主要有哪些？
6. 你认为中国基本医疗保险存在哪些问题，未来发展趋势是什么。
7. 简述我国生育保险制度的基本内容。
8. 你认为生育保险制度应该如何进一步发展。

案例讨论

医保套现何时休

2017 年 4 月，有媒体曝出深圳部分三甲医院医生伪造病历、帮助不法分子医保卡套现。

经调查，在深圳"医保套现"灰色利益链中，有部分三甲医院医生凭空开处方、不法分子刷医保卡拿药转售，套取现金后收取最高 50%的手续费，再与医生分账。医保个人账户套现问题近年来极为常见。套现者通常会刷医保卡购买一些治疗慢性病的药，如治疗乙肝的药品等。这些药品走量大、销路有保障。有套现者说："就那几种药，一种是治疗慢性乙型肝炎的贺普丁，有时顾客要买，有时回售给厂里。"

我国城镇职工基本医保由社会统筹和个人账户组成。个人账户实账积累，其中资金除了可用于门诊看病拿药外，参保人突发死亡时也可以被继承。虽然其他方式提现属于违法行为，但仍有参保人宁愿打折套现。

针对深圳"医保套现"事件，广东和深圳人社部门已开展调查处理工作。人社部将完善医保定点机构管理和退出机制，从制度上堵塞欺诈骗保漏洞；研究改进个人账户的具体办法，逐步实现监管对象从医疗机构向医务人员医疗服务行为延伸。同时，促进医保监管与刑事司法的有效衔接，对欺诈骗保行为发现一起，查处一起。

问题：

1. 结合以上案例，分析为何会屡次出现医疗保险骗保的现象。
2. 你认为应当如何防范和打击医保欺诈骗保行为。

第 8 章　工伤保险

本章要点

◎ 工伤保险制度的渊源

◎ 工伤保险的基本内容

◎ 中国的工伤保险制度

8.1　工伤保险概述

8.1.1　工伤保险的概念及其渊源

1. 工伤保险的概念

“工伤”一词源于英文“industrial injury”，意为职业伤害，国外通常称为劳灾伤害，国内通常称为工伤事故。最初它仅指工业事故中工人所遭受的人身伤害，后来将职业病纳入其中，并将工人上下班时的交通事故确定为工伤。1964 年，国际劳工大会在《关于工伤赔偿公约》（第 121 号）中指出：“由于工作直接或间接引起的事故为工伤事故。”中国《工伤保险条例》第一条规定：“工伤是因工作遭受事故伤害或者患职业病。”

工伤保险是社会保险项目的一种，目的是分散用人单位的风险，为工伤职工提供更为可靠、稳定的救济。工伤保险具体是指劳动者在工作中或其他规定的情况下因遭受意外伤害、罹患职业病，并因此造成死亡、暂时或永久性丧失劳动能力时，劳动者或其家属能够从国家和社会得到必要的物质补偿的社会保险制度。它包含了两层含义：一是劳动者本人因工伤造成暂时或永久丧失劳动能力时，可以从国家和社会获得医疗救治、职业康复、经济补偿等物质帮助；二是劳动者本人因工伤死亡时，其遗属可以从国家和社会获得遗属抚恤、丧葬补助等物质帮助。

2. 工伤保险制度的渊源

工伤保险制度的渊源以其适用的法律为标准可分为侵权法时期与工伤保险法时期。侵权法时期主要是运用私法来判定职业伤害的责任；工伤保险法时期则是指建立工伤保险制度，并依据公法来判定工伤责任。

1）侵权法时期

（1）劳动者个人责任制。在工业化初期，工人受到的职业伤害由自己负责，工伤后出现的生活困难则主要求助于慈善机构救济。这种工伤救济制度的理论依据是危险自任说。依据英国古典经济学家亚当·斯密的“风险承担理论”，雇主给予雇员的工资标准中已经包含了对工作岗位危险性的补偿，况且，这种风险自负是通过雇员自愿与雇主签订的雇佣合同所规范的。雇员对职业伤害风险自我负责、自我保障这一理论，即成为资本主义早期雇主推卸工伤责任的理论依据，对受害雇员显失公平。随着工业的发展，工伤事故日益严重，工人奋起抗争，欧洲各国遂改行雇主责任制。

(2) 雇主责任制。

①雇主过失责任制。工业革命之后，新的生产方式和生产工具的使用增多，工业事故和职业病大幅增加，但当时的社会观念认为管理层和劳动者都应该对这种糟糕的职业健康安全状况负责。从工业革命到19世纪80年代，这种劳动灾害完全由以过失责任为基础的侵权行为法来处理。在英国，雇员有权起诉雇主要求其承担损害赔偿责任①，但同时确立了三个抗辩事由，一是"过错相抵原则"，即如果受伤的雇员在工业事故的发生上在任何方面存在任何过错，雇主即可免责；二是"风险自负原则"，即雇员在接受工作时就已经了解了该工作存在的风险，并且接受工作就表明对这些风险的接受，这一抗辩事由又被称为"死亡权"条款；三是"共同雇佣原则"，即如果受伤雇员的同事直接造成了工业事故的发生，那么雇主即可免责。这三条抗辩事由的存在导致雇员很难获得工伤赔偿，成为雇主推卸赔偿责任的依据。

英国于1880年通过《雇主责任法》规定，若雇主的疏忽和过失造成雇员伤害，只要雇员提供足够的证据，法院可判决过失方给予赔偿。这就成功地限制甚至是排除了雇主利用"共同雇佣原则"作为免除赔偿责任的抗辩事由的可能性，在一定程度上降低了受伤雇员从雇主方获得赔偿的难度。

当时的英国、德国均采用私法的手段来解决工伤问题，劳动者遭遇工伤时，要想获得赔偿，需要证明工伤是由于雇主的过程造成的，包括对雇主过错、事故和伤害原因的证明(即过错责任原则)。但劳动者往往对事故原因的信息极为匮乏，举证困难，使得劳动者很难获得法律赔偿。

②雇主无过失责任制。为了解决雇主过失责任制带来的问题，德国于1871年颁行了《雇主责任法》，适用于特定工厂、采石场、铁路以及矿山，"对其所雇用之监督及领班人员之过失，致劳工遭受损害者，在一定金额内，应负损害赔偿责任，至雇主本身有无过失，在所不问"。由此，德国实现了从过错责任到无过错责任的过渡。

无论过错责任原则，还是无过错责任原则，均反映了人类在侵权法的框架内来处理工业事故的努力。不过，侵权法所提供的赔偿"是矫正性的并且属于事后救济：旨在将原告恢复到侵权行为发生前的状态"。这种矫正性的事后救济在处理工业事故问题上的有效性受到较多的质疑。

2) 工伤保险法时期

"通常认为，在19世纪以及20世纪早期，侵权诉讼作为工伤的一种救济方式在很大程度上是无效的。"加上进入19世纪80年代后，工会主义抬头，加强保护劳工利益的呼声愈来愈强烈。在这种情况下，德国首先建立了工伤保险制度，成为现代工伤赔偿制度的开端。德国于

① 在英国的普通法上，雇员有权起诉雇主要求其承担损害赔偿责任，但是必须证明：雇主知晓其所选任的雇员不适合从事这一工作，或者，雇主知晓所使用的工具、器械存在瑕疵或者具有危险性。但是，如果雇主能够证明雇员知晓工具、器械存在瑕疵或者具有危险性的情况，或者证明雇员对于工伤事故的发生负有一定的责任，那么雇员的赔偿请求就会被驳回。

1884年制定了世界上第一部工伤保险法——《劳工灾害保险法》，建立了工伤事故保险制度，强制成立具有公法性质的经办机构，具体负责工伤保险的运营，由雇主缴纳工伤保险费，成立工伤保险基金。随后世界上许多国家纷纷仿照德国的模式建立了自己的工伤保险制度。德国模式的核心要素一个是"法定保护"，即通过法律要求雇主为工伤雇员提供的法定赔偿基本遵循"有工伤即赔偿"的原则；另一个是"集体责任"，即由雇主共同出资成立一个基金，由该基金对已履行出资义务的雇主的雇员所发生的工伤统一承担赔偿责任。有些国家借鉴了其中的"法定保护"，如英国(1946年之前)与新西兰(1943年之前)；更多的国家同时借鉴了两个核心要素，如加拿大与美国的许多州。

8.1.2 工伤保险的特点及原则

1. 工伤保险的特点

在世界上，凡是实行社会保险的国家，几乎都建立了工伤保险制度。工伤保险与其他社会保险制度相比，具有自身的一些特点。

工伤保险不仅要对因公受伤的劳动者提供及时的医疗救治、医疗护理等，而且要根据其伤残程度给予工伤伤残待遇、工伤津贴等经济补偿，提供职业康复等。此外，对因公死亡的劳动者遗属，还要提供基本的生活保障。因此，工伤保险事实上比养老、医疗保险等待遇要高。与其他保险相比，工伤保险不需要劳动者缴纳任何保险费，并且享受工伤待遇不受年龄、工龄、缴费年限、性别等的限制，只要是因公受伤或死亡的，均可享受相应的待遇。

2. 工伤保险的原则

虽然不同的国家采取的具体的工伤保险制度有所不同，但整体上遵循几项共同的原则。

1) 补偿不究过失原则

工伤的补偿不究过失原则是指不管造成工伤的责任者是不是雇主，只要不是劳动者故意为之(如故意自伤或醉酒等行为)，受工伤的劳动者均可获得工伤保险待遇。该项原则能够保证劳动者受工伤后及时获得医治救治和经济补偿，是工伤保险的首要原则。但不究过失原则并不是说不追究事故责任，而是严格追究责任，以避免此类事故再次发生。

2) 劳动者个人不缴费原则

由于工伤事故属于职业事故，劳动者在创造财富的同时也承担了受伤乃至死亡的风险，所以工伤保险费用一般由雇主、社会保险机构负担，多数国家都遵循这一原则，这也是与其他社会保险制度区别最为明显的一项原则。

3) 充分补偿原则

工伤保险的充分补偿原则是指对受工伤的劳动者给予的补偿应当充分完整，达到受伤劳动者伤残造成的直接经济损失标准。直接经济损失包括劳动者因遭受工伤损害而造成的与其第一职业标准工资收入相关的损失，以及消除伤害后果所需的必要的额外支出，包括劳动者工资收入损失、医疗和康复费用支付，以及劳动者扶养的直系亲属维持基本生活水平的需要等。但事实上很多国家的工伤补偿都没有达到应有的标准，医疗和康复费用的补偿往往难以保证伤残者的需要。

4) 因工与非因工伤残区别对待原则

工伤作为一种职业伤害与工作环境、工作工序、工作条件等都有密切的关系，因此在医治、补偿等待遇上均高于其他社会保险水平。并且,享受待遇的条件比较宽泛,因此,明确区分因工与非因工是建立工伤保险的前提。在许多国家,因工伤残的待遇都要明显高于因病或非因工伤的医疗待遇。

5) 依等级补偿原则

工伤保险待遇是依据伤残和职业病的等级进行确定的。大多数国家均制定了伤残和职业病等级,并对受工伤的劳动者进行专业鉴定,不同的等级给予不同标准的待遇。很多国家采用德国的"康复先于补偿原则",即先治疗、康复,再进行伤残等级鉴定并据此给予补偿。

6) 补偿与预防、康复相结合原则

工伤补偿是对劳动者劳动力价值的损害进行的补偿,这是必需的但并不是唯一的目的。工伤补偿必须与工伤预防和工伤康复紧密结合起来。减少工伤事故发生,及时救助受工伤的劳动者并助其康复,使其早日重新走上劳动岗位,才更有意义。

8.2　工伤保险的基本内容

8.2.1　工伤保险制度的保障对象

工伤保险制度建立之初,主要的保障对象是靠工资收入、从事危险工作的工人。随着工业化的发展和社会保障意识的增强,世界各国都有扩大工伤保险保障范围的趋势。一些工业化国家,现已将从事经济活动和非经济活动的人共同纳入一个工伤保险制度中,如奥地利、德国、丹麦、芬兰、日本、瑞典等国家已经把个体经营者也纳入进来了。有些国家还将红十字救援和其他救援人员、义务消防人员、家庭雇工甚至保姆等纳入工伤保险保障的对象。

8.2.2　工伤保险范围的认定

工伤范围的认定条件随着社会的发展而不断拓宽,在各国法律和国际条约中,对工伤认定的范围都有明确的规定,大多包括工伤事故和职业病两种。

对工伤事故的认定最初仅限于因工作原因直接造成的伤害,后来逐渐扩大到间接伤害。1964 年,国际劳工组织《工伤事故和职业病津贴建议书》(第 121 号)中对工伤事故的认定条件做出了规定:①不管什么原因,凡工作时间内在工作地点或工作地点附近,或在工人因工作需要而去的其他任何地方发生的事故;②上班前和下班后的一段合理时间内,当事人在搬运、清理、准备、整理、维修、堆放或收拾其工具和工作服时发生的事故;③工人往返于工作地点和下列地方的直接途中发生的事故:主要住宅或别墅、通常用餐的地方、通常领取工资的地方。还有许多国家也将参与消防、民防、治安等公益活动中发生的事故列为工伤。

职业病通常是指由于劳动者在劳动过程中接触跟职业相关的有害因素而导致的疾病,它与劳动者的工作性质、工作条件等密切相关。因此,世界上大多数设有工伤保险制度的国家均把职业病列为工伤的一种。

1952 年,国际劳工组织《社会保障最低标准公约》(第 102 号)对职业病的工伤认定条件做出了规定:①身体受职业病伤害呈疾病状态者;②由于永久或暂时失去劳动能力而完全或部分失去工资收入者;③由于丧失劳动能力并因此中断工资者;④由于供养者因工死亡而失去生活费来源者。1980 年国际劳工组织将职业病的范围扩大到 29 种。中国在 2013 年将职业病分为 10 类 132 种。随着经济和社会的发展以及劳动卫生工作的加强，职业病的范围也在不断扩展。

8.2.3 工伤鉴定

工伤鉴定是指劳动者因工伤事故或职业病致残后，由国家法律规定的工伤鉴定机构对其丧失劳动能力的程度进行鉴定以确定伤残等级的法定检验与评价。工伤鉴定的结果是决定劳动者能否享受以及享受何种等级工伤保险待遇的直接依据，因此，它是工伤保险制度中极为重要的环节。

国际上通常采用两种工伤鉴定的办法：一是劳动能力鉴定，是以同年龄、同性别的健康人群的平均劳动能力为对照标准，评价劳动者伤残后具有的劳动能力大小，国际劳工组织一般将其分为永久完全丧失劳动能力、永久部分丧失劳动能力、暂时完全丧失劳动能力和暂时部分丧失劳动能力四类。这种鉴定方式比较客观，可比性强，但鉴定指标较多，操作复杂。二是致残程度鉴定，是指按照器官损伤、功能障碍、医疗依赖三个方面将工伤、职业病伤残程度分解为相应等级的鉴定办法。它属于通过致残程度的相对严重性，间接反映劳动能力的损害程度。这种鉴定方法不需要直接测试伤残劳动者的劳动能力，操作较简单，但难以准确反映伤残劳动者劳动能力损失程度的大小。这两种鉴定方法各自均有自己的优缺点，不同的国家采取的鉴定方法不同。

8.2.4 工伤保险基金

工伤保险基金是实现工伤保险制度的物质基础，它能够保证劳动者受工伤后及时得到医治和基本生活保障。工伤保险基金的筹集主要遵循两个原则：一是完全雇主（企业）缴费，但也有的国家雇员要缴纳部分工伤保险费，主要是个体经营者参加工伤保险需要个人支付一定费用；二是采用费率机制。关于费率的厘定有两种，一种是实行统一费率，另一种是实行可变费率。

统一费率是指对每个雇主课以同样比率的保费，就是按照法定统筹范围内的预测开支与相同范围内企业的工资总额的比例，得出一个总的工伤保险费率，所有企业都按照这一比例缴费。这种方式在最大可能的范围内平均分散工伤风险，不考虑行业与企业间工伤风险的类别。统一费率是将社会风险与赔付成本在全社会分摊，体现出社会保险的理念。奥地利、丹麦、瑞典等国就实行统一费率。

可变费率一般分三种情况：一是差别费率，依据不同行业或企业的风险等级实施不同的费率。这是目前采用最多的一种形式，为了合理分担职业风险，确定的最高费率和最低费率相差不宜过大。二是经验费率，基于企业的工伤历史或经历而对分类费率做出调整。费率根据雇主的工伤事故记录变化而变化，一般使用以往三年的赔款数据来决定其下一个保期的保费。三是处罚费率，是指对安全记录差的雇主额外征收保费。

与统一费率相比，可变费率更能鼓励雇主增强安全意识，减少事故发生，因此，许多国家的费率厘定都采用这种方式，或向这种方式变革。

8.2.5 工伤保险待遇

1. 医疗待遇

工伤保险的医疗待遇是指为受工伤的雇员提供的一系列治疗、康复措施及对治疗过程中产生的医疗费用给予的补偿。1952年，第35届国际劳工大会通过的《社会保障(最低标准)公约》(第102号)规定：应向受伤人员提供各种类型的医疗照顾，包括矫形器具的供给和维修、配镜和牙科治疗；对受伤人员提供的照顾不应受时间限制，并且不向个人收取费用。1964年，第48届国际劳工大会通过《工伤事故和职业病津贴公约》(第121号)提出，考虑到有些国家的医疗保险制度存在个人承担费用的情况，认为在一定情况下可以由个人负担部分费用。不过从实际操作来看，绝大多数国家的工伤医疗费用由雇主或保险基金承担，少数国家由政府补贴。

2. 暂时失能津贴和工伤补偿

暂时失能津贴是指受工伤雇员在尚未鉴定劳动能力丧失程度的医疗期间应享受的保险费用。一般职工在受伤后4～6周内由雇主支付工资，此后才由工伤保险的专门机构支付工伤津贴，10～14周后按照伤残程度给予本人工资收入的20%～100%的工伤补偿金。1964年，《工伤事故和职业病津贴公约》规定，对于暂时丧失劳动能力者的最低补偿标准应达到本人工资的60%，并且从丧失劳动能力的第一天起就支付暂时失能补助金，不再需要等待期。多数国家的标准为本人工资的60%、65%或75%，部分国家达到了80%～85%，有的国家则达到了100%，如卢森堡。

3. 伤残待遇

经过劳动能力鉴定为劳动能力永久性丧失的雇员可以领取伤残待遇，可分为永久性完全失能和永久性部分失能。根据国际劳工组织的规定，完全失能者的最低伤残待遇是其工资收入的60%，多数国家达到了80%。部分失能者的伤残待遇视其伤残程度可以一次性发给伤残补助或者定期发放。有些国家不管是完全失能者还是部分失能者，都一次性发放待遇，标准一般不少于本人5年工资的总和。

4. 工伤死亡待遇

受工伤雇员的死亡待遇主要是对其家属的补偿。按照1964年国际劳工组织的规定，遗孀可以无条件获得抚恤金，且标准必须达到其丈夫原工资水平的30%以上。鳏夫只有是残疾人或缺乏完整的劳动能力者，才能获得抚恤金。有两个孩子的遗孀的抚恤金最低不能低于其丈夫工资的50%，未成年子女(一般不满16岁或不满18岁)每个子女可领取亡父原工资的15%，18岁以后继续接受教育或本身残疾的，年龄可适当延长。

8.2.6　工伤预防与职业康复

现代工伤保险已不只注重经济补偿，而是将工伤预防与职业康复紧密结合起来。工伤预防可以从源头上降低事故率，保障工人权益；职业康复则可以帮助工伤雇员尽早恢复工作。因此，工伤保险预防与职业康复成为许多国家工伤保险发展的方向。

工伤预防的措施主要有以下几种：一是通过缴费手段和费率机制将企业是否重视安全与企业经济利益联系起来；二是通过工伤保险基金中的一小部分，开展预防研究工作；三是通过各种手段，对工伤预防进行宣传教育和培训工作。

职业康复是指综合运用药物、器具、疗养护理、就业咨询、职业训练等多种手段，以帮助受工伤者全部或部分恢复正常生活能力，重返合适的工作岗位。1964年的《工伤事故和职业病津贴公约》提出，政府应当重视职业康复工作，提供充足的财政援助，以满足残疾人对职业康复的需要。由此，职业康复为世界上大多数国家所接受。

8.3 中国工伤保险制度

8.3.1 中国工伤保险制度的发展历程

1951 年，中国颁布了《劳动保险条例》，对企业职工因工负伤的治疗和补偿做了规定，并开始在中国企业内实施。改革开放后，原劳动部在试点的基础上，于 1996 年颁布了《企业职工工伤保险试行办法》，第一次将工伤保险作为独立的制度进行规定，初步确立了新型工伤保险制度的基本框架，提出中国职工工伤保险制度的内容和任务是工伤预防、工伤康复和工伤补偿相结合。2003 年 4 月，国务院颁布了《工伤保险条例》(以下称原《工伤保险条例》)，于 2004 年 1 月 1 日起开始施行。该条例以行政法规的形式规范了工伤保险制度，成为完善工伤保险制度、进一步维护劳动者权益的重要举措，标志着与社会主义市场经济体制相适应的工伤保险制度基本确立。

原《工伤保险条例》出台后，工伤保险各项政策不断完善，相继出台了《工伤认定办法》《职业病诊断与鉴定管理办法》《因工死亡职工供养亲属范围的规定》等一系列政策措施，进一步推进了工伤保险工作的开展。原《工伤保险条例》的施行，对维护工伤职工合法权益、分散用人单位工伤风险、规范工伤保险制度发挥了重要作用。随着社会经济的发展，原《工伤保险条例》逐渐出现不能适应社会发展需求的现象，2010 年 12 月，国务院下发关于修改《工伤保险条例》的决定，进一步对工伤保险制度进行了完善。

8.3.2 中国工伤保险制度的主要内容

1. 工伤保险范围

《工伤保险条例》规定：中华人民共和国境内的企业、事业单位、社会团体、民办非企业单位、基金会、律师事务所、会计师事务所等组织和有雇工的个体工商户都应当为本单位的全部职工或雇工交纳工伤保险费。该条例拓宽了工伤保险的范围，将所有存在实际劳动关系的人员均纳入保险范围。

2. 工伤保险基金

工伤保险基金由用人单位缴纳(个人不缴费)的工伤保险费、工伤保险基金的利息和依法纳入工伤保险基金的其他资金构成。其中，工伤保险费根据以支定收、收支平衡的原则，确定费率。国家根据不同行业的工伤风险程度确定行业的差别费率，并根据工伤保险费使用、工伤发生率等情况在每个行业内确定若干费率档次。2015 年，人社部下发《关于调整工伤保险费率政策的通知》，规定各行业工伤风险类别对应的全国工伤保险行业基准费率为：一类至八类分别控制在该行业用人单位职工工资总额的 0.2%、0.4%、0.7%、0.9%、1.1%、1.3%、1.6%、1.9%左右。通过费率浮动的办法确定每个行业内的费率档次。一类行业分为三个档次，即在基准费率的基础上，可向上浮动至 120%、150%；二类至八类行业分为五个档次，即在基准费率的基础上，可分别向上浮动至 120%、150%或向下浮动至 80%、50%。

行业差别费率及行业内费率档次由国务院社会保险行政部门制定，报国务院批准后公布施行。统筹地区社会保险经办机构根据用人单位工伤保险费使用、工伤发生率、职业病危害程度等因素，确定其工伤保险费率，并可依据上述因素变化情况，每一至三年确定其在所属行业不同费率档次间是否浮动。用人单位缴纳的工伤保险费为本单位职工工资总额乘以单位缴费费率之积。

工伤保险基金存入社会保障基金财政专户，用于工伤保险待遇，劳动能力鉴定，工伤预防的宣传、培训等费用，以及法律、法规规定的用于工伤保险的其他费用的支付。工伤保险基金逐步实现省级统筹，并且要求留有一定比例的储备金，用于统筹地区重大事故的工伤保险待遇支付。

3. 工伤认定与劳动能力鉴定

工伤认定是决定被保险人能否享受工伤保险待遇的重要程序，根据《工伤保险条例》的规定，工伤认定分为直接认定工伤、视同工伤和不得认定工伤三种情况。

可直接认定为工伤的情形主要有：①在工作时间和工作场所内，因工作原因受到事故伤害的；②工作时间前后在工作场所内，从事与工作有关的预备性或者收尾性工作受到事故伤害的；③在工作时间和工作场所内，因履行工作职责受到暴力等意外伤害的；④患职业病的；⑤因工外出期间，由于工作原因受到伤害或者发生事故下落不明的；⑥在上下班途中，受到非本人主要责任的交通事故或者城市轨道交通、客运轮渡、火车事故伤害的；⑦法律、行政法规规定应当认定为工伤的其他情形。

可视同工伤的情形主要有：①在工作时间和工作岗位，突发疾病死亡或者在48小时之内经抢救无效死亡的；②对服役，因战、因公负伤致残，已取得革命伤残军人证，到用人单位后旧伤复发的。

职工受到伤害时即使符合上述两种情形，但若出现以下情形的，也不认定为工伤：①故意犯罪的；②醉酒或者吸毒的；③自残或者自杀的。

职业病的诊断与鉴定主要采用“开放式列表”法，即制定职业病目录，并综合病人的职业史、工作场所职业病危害因素、临床表现等多种情形进行诊断。国家于2016年制定《职业病目录与分类》共涵盖132种职业病。

劳动能力鉴定是受工伤职工在经过治疗且伤情稳定后，对其劳动功能障碍程度和生活自理障碍程度进行等级鉴定，并据此给予相应的补偿。中国将劳动功能障碍分为十个等级，一级最重，十级最轻。生活自理障碍则分为生活完全不能自理、生活大部分不能自理和生活部分不能自理三个等级。

4. 工伤保险待遇

中国工伤保险待遇包括工伤医疗待遇、生活补偿、伤残待遇和死亡待遇等多个方面。职工因工作遭受事故伤害或者患职业病需要进行治疗的，享受工伤医疗待遇，需要暂停工作接受工伤医疗的，在停工留薪期内，原工资福利待遇不变，由所在单位按月支付。工伤职工需要生活护理的，从工伤保险基金按月支付生活护理费。生活护理费按照生活完全不能自理、生活大部分不能自理或者生活部分不能自理三个不同等级支付，其标准分别为统筹地区上年度职工月平均工资的50%、40%或者30%。职工因工致残的，按照伤残程度享受一次性伤残补助金、按月发放伤残津贴等。职工因工死亡，其近亲属有权领取丧葬补助金、供养亲属抚恤金和一次性工亡补助金等。

按照中国法律法规规定，工伤保险制度实施先行支付原则，即因职工所在用人单位未依法缴纳工伤保险费而发生工伤事故的，由用人单位支付工伤保险待遇。用人单位不支付的，从工伤保险基金中先行支付，且该部分费用由用人单位偿还。若工伤由第三人造成，但第三人不支付工伤医疗费用或者无法确定第三人的，由工伤保险基金先行支付，并有权向第三人追偿。

5. 工伤预防

建立工伤保险制度的目的是为了保障工伤职工的权益，但并不是工伤越多越好。因此，工伤预防的地位越来越重要。工伤预防作为工伤保险制度的重要组成部分，近年来一直是中国试点与探索的重要内容。2017 年，人社部出台《工伤预防费使用管理暂行办法》，工伤预防工作于 2018 年在前期试点的基础上全面推开。

8.3.3 中国工伤保险制度存在的问题与未来发展

中国工伤保险制度在覆盖范围、保障项目和保障水平等各方面都取得了较大的成就，然而随着社会经济水平的发展，该制度仍然处于不断完善之中。当前中国工伤保险制度在实施中依然存在一些问题。

1. 覆盖范围仍需进一步扩展

中国工伤保险制度的建立和实施对保障工伤职工权益、分散企业风险起到了重要作用。但随着经济社会的发展，工伤保险制度也面临新的挑战，其覆盖范围亟须进一步扩展。2003 年颁布的《工伤保险条例》规定的工伤保险调整的对象范围有所扩大，即工伤保险调整的对象范围是和单位存在劳动关系的企业职工以及个体工商户的雇工。但实践中仍然将农民工排除在工伤保险之外。为了维护农民工的合法权益，2004 年 6 月，劳动和社会保障部发出了《关于农民工参加工伤保险有关问题的通知》，提出了切实有效的政策措施，明确了农民工作为工伤保险调整的对象。虽然作为特殊群体的农民工被纳入了工伤保险范围，体现了工伤保险制度的一大突破，但仍然有许多新就业形态人员如自由职业者、自谋职业者、快递业从业人员、外卖行业从业人员等想得到制度保障的需求难以满足。

2. 工伤案件个案性强，导致依法行政难度较大

工伤案件千差万别，面对案件依法做出客观公正的结论，存在一定难度。一是涉及工伤认定的人社、法制、法院等部门对有些法律条款的不同认识，将直接影响对具体案件结论的把握。二是工伤认定过程是一个复杂的不同法律体系法律的适用过程，法律适用难度的加大，也会一定程度上制约认定结论的正确性。三是对于有的情形，如职业病、上下班交通事故、突发疾病等情形认定工伤，需要以有关部门(组织)出具的结论为依据，有关部门(组织)出具结论的及时性和有效性，也会影响甚至决定案件的定性。

3. 先行支付制度难以实施

工伤保险制度中的先行支付制度是为了最大限度地保障工伤职工的权益，确保其能够及时得到救治与补偿，但在现实中，该制度却往往难以真正实施。由于普遍缺少完善的细则导致的受理尺度难把握、工伤保险经办机构追偿困难导致的保险基金安全性不足等问题使得经办机构也缺少先行支付的动力。

4. 工伤保险的监管服务任务繁重

工伤保险制度涉及工伤保险基金支出的主体面较广：工伤认定涉及职工、单位和人社部门；医疗救治(含康复)涉及医疗机构(康复机构)和医生；劳动能力鉴定涉及劳动能力鉴定机构和医疗专家；辅助器具配置涉及辅助器具配置机构；工伤预防涉及行业协会、大中型企业等实施工伤预防项目的社会组织以及人社、财政、卫计（卫健委）、安监等部门。实现对这么多主体的精准监管以及各相关环节对工伤职工的人本化服务，任务非常重。

因此，为了进一步完善工伤保险制度，真正实现保障职工权益、减轻企业负担、增进社会公平等目的，必须做到：一要继续扩大工伤保险制度的覆盖范围，将更多类型的从业人员纳入保障范围。同时，建立适合不同群体的认定标准、程序、保障项目、保障标准等，尽可能达到伤有所保。二要强化工伤保险相关部门间的协调与合作，增强法律制度的统一性，以进一步简化认定程序，提高效率。三要完善追偿制度，提高工伤保险经办机构的业务能力，同时拓宽先行支付基金的筹集渠道，以增强先行支付基金的承受力与安全性。四要探索打破不同险种的界限，借助其他险种如医保的平台等资源，加强监管和服务。同时，加快信息化建设，不断提高服务水平。

本章小结

工伤社会保障是指针对劳动者遭受工伤事故伤害或罹患职业病等情况提供的社会保障制度，主要形式是工伤保险。

工伤保险的目的是分散用人单位的风险，为工伤职工提供更为可靠、稳定的救济。工伤保险制度的渊源以其适用的法律为标准分为侵权法时期与工伤保险法时期。

在国际上，工伤认定的范围大多包括工伤事故和职业病两种。对工伤事故的认定最初仅限于因工作原因直接造成的伤害，后来逐渐扩大到间接伤害。职业病通常是指由于劳动者在劳动过程中接触跟职业相关的有害因素而导致的疾病。

工伤鉴定是指劳动者因工伤事故或职业病致残后，由国家法律规定的工伤鉴定机构对其丧失劳动能力的程度进行鉴定以确定伤残等级的法定检验与评价。国际上通常采用劳动能力鉴定和致残程度鉴定两种鉴定方式。

工伤保险基金的筹集一般采用费率机制，包含统一费率和差别费率两种形式。工伤保险待遇包含医疗待遇、工伤补偿、伤残待遇和死亡待遇等。并且，现代工伤保险已不只注重经济补偿，而是将工伤预防与职业康复紧密结合起来。

中国工伤认定包括直接认定和视同工伤两类，工伤保险待遇包括工伤医疗待遇、生活补偿、伤残待遇和死亡待遇等多个方面。中国工伤保险制度仍存在覆盖范围不全、依法行政难度大、先行支付制度难以实施等问题，仍需进一步完善。

思考题

1. 从世界范围看，工伤保险制度有哪些模式？
2. 工伤保险制度应遵循哪些原则？
3. 工伤鉴定的方法主要有哪些？
4. 工伤保险资金的筹集方式有哪些？
5. 工伤保险待遇主要包括哪些内容？
6. 你认为中国目前的工伤保险制度存在哪些问题？未来发展的趋势是什么？

案例讨论1

非工作原因受伤,不纳入工伤赔偿

【案件回放】2016年7月21日,梁××驾车随公司老总来到深圳。将老总送到客户处后,老总让她将车开到一家宾馆休息,下午6时再去接老总。由于等候时间长达10个小时,梁××便瞒着老总开车到市区游玩。岂料,当她将车开到城乡接合处时,因与一辆大型客车发生碰撞而受伤。这次负伤,她不仅花去11万余元医疗费,还落下9级伤残。可她申请认定工伤时,人力资源和社会保障局做出了《不予认定工伤决定书》。

【案件分析】《工伤保险条例》第14条第(5)项规定:“因工外出期间,由于工作原因受到伤害或者发生事故下落不明的”,应当认定为工伤。劳动者如果按照这条规定认定工伤,必须以“由于工作原因”受到伤害等为前提。

对此,最高人民法院《关于审理工伤保险行政案件若干问题的规定》第5条指出:“社会保险行政部门认定下列情形为‘因工外出期间’的,人民法院应予支持:(一)职工受用人单位指派或者因工作需要在工作场所以外从事与工作职责有关的活动期间;(二)职工受用人单位指派外出学习或者开会期间;(三)职工因工作需要的其他外出活动期间。职工因工外出期间从事与工作或者受用人单位指派外出学习、开会无关的个人活动受到伤害,社会保险行政部门不认定为工伤的,人民法院应予支持。”

由此来看,梁××开车外出的目的是自行游玩,与其工作职责无关。再者,她这样做不仅没有得到老总许可,还违背了老总要求,故其行为是与工作“无关的个人活动”,而非“由于工作原因”或“工作需要”,因此,梁××这种情形不构成工伤。

案例讨论2

无劳动合同的工伤赔偿

【案件回放】徐某是某管业公司职工,其与公司一直没有签订书面劳动合同,该管业公司也没有依法给徐某缴纳工伤保险,但公司按时将每月2700元左右的工资发到他手上。2013年8月25日,徐某在该管业公司铸造车间工作时,被铁水溅入双眼受伤,同日入住中国人民解放军第八十九医院治疗,诊断为角、结膜热烧伤,共住院52天;后又于2013年10月16日入住潍坊医学院附属医院治疗,诊断为角膜烧伤、睑球粘连、角膜变性,共住院19天;徐某又于2014年4月30日入住潍坊眼科医院治疗,诊断为睑球粘连(左)、陈旧性热烧伤(左),共住院78天。

2014年7月28日,徐某向潍坊经济开发区劳动人事局提出工伤认定申请。该局受理后,做出潍经劳工伤认字[2014]15025号认定工伤决定书,认为徐某受到的事故伤害符合《工伤保险条例》第十四条第(一)项之规定,属于工伤认定范围,予以认定为工伤。2014年12月5日,潍坊市劳动能力鉴定委员会做出潍劳鉴定[2014]第14110611号鉴定结论通知书,确认徐某劳动功能障碍程度为柒级,生活自理障碍程度为无生活自理障碍。

【案件分析】在现实生活中,不少用人单位从节约用工成本角度出发,不给劳动者缴纳工伤保险,导致职工无法享受工伤保险待遇,但这不影响职工的工伤保险权益,工伤职工产生的符合规定的费用由用人单位支付。

第9章 失业保险

本章要点

◎ 失业的类型

◎ 失业保险制度的主要内容

◎ 中国的失业保险制度

9.1 失业的一般理论

9.1.1 失业的含义

国际劳工组织《2017就业和社会展望报告》发布的数据显示，2017年全球失业人口超过2亿人。失业是指劳动者处于法定劳动年龄、没有从事有报酬的工作或自营职业而又具有工作能力且在积极寻找工作的状态。由于各国的社会经济状况不同，对失业的具体界定有所不同，但其核心点基本一致。

中国在1999年的《失业保险条例》中首次正式使用“失业”一词，失业指在法定劳动年龄内的劳动者在具有劳动能力且确实在努力寻找工作的情况下却不能得到适当职业的状态。处在法定劳动年龄，但正在学校读书、在军队服役的，或没有就业意愿的未就业人员不属于失业的范畴。

9.1.2 失业的基本类型

按照不同的标准可以将失业分为不同的类型，如按照失业时间可分为短期失业和长期失业，按失业者的意愿可分为自愿失业和非自愿失业等。比较常用的一种分类方式是按照失业的成因，将其分为摩擦性失业、结构性失业、周期性失业、技术性失业、季节性失业和隐藏性失业等。

1. 摩擦性失业

摩擦性失业是指在生产过程中由于难以避免的摩擦(如劳动力市场信息不完全等)而造成的短期、局部的失业，其在性质上是过渡性的或短期性的，通常起源于劳动力供给方。例如学生毕业时需要找工作、妇女产假后需要回到工作岗位、企业辞退员工等。摩擦性失业是由于劳动力市场的动态属性及其流动性特性决定的，一般时间较短。

2. 结构性失业

结构性失业是指由于经济结构变化或产业兴衰转移而导致的劳动力供需失衡造成的失业。其特点是既有失业，又有空缺职位，可能一些行业中劳动力稀缺，而另一些行业中劳动力又过剩。造成结构性失业的原因可能有：一是技术变化，原有劳动者不能适应新技术的要求，或者是技术进步使得劳动力需求下降；二是产业结构或产品结构发生变化；三是劳动力的流动性不足。流动成本的存在制约着失业者从一个地方或一个行业流动到另一个地方或另一个行业，从而使得结构性失业长期存在。

与摩擦性失业相比，结构性失业存在的时间更长，再就业的速率更低。

3. 周期性失业

周期性失业是指经济衰退或萧条时，由于劳动力需求下降而造成的失业。这种失业与经济危机紧密联系在一起，而经济危机往往难以预测且其程度与持续时间也都带有很大的不确定性，因此，周期性失业一旦出现通常就比较严重。

4. 技术性失业

技术性失业是指在生产过程中引进先进技术代替人力，以及改善生产方法和管理而造成的失业。从两个角度观察：从长期看，劳动力的供求总水平不因技术进步而受到影响；从短期看，先进的技术、生产力和完善的经营管理，以及生产率的提高，必然会取代一部分劳动力，从而使一部分人失业。

5. 季节性失业

季节性失业是指由于某些行业的生产或经营条件受到气候条件、社会风俗或购买习惯等影响，由季节性变动而导致的劳动者就业岗位的丧失所造成的失业现象。例如，农业、建筑业、旅游业等行业的生产经营活动具有很强的季节性，旺季形成对劳动力需求的高峰，淡季则形成对劳动力需求的低谷。一般来讲，这种失业的影响不是很严重而且失业的时间和持续的时间基本上可以预料，因此相对比较容易解决。

6. 隐蔽性失业

隐蔽性失业是指在职人员从事不能充分发挥其能力或从事那种劳动生产率低于他所能够达到的标准的工作的一种状态。如在经济衰退或经济危机时期，雇主常常让技术人员从事普通工人所做的工作，让熟练工人降级从事非熟练工人所做的无须多少技能的工作，以及缩减工作时间(如实行半日工作制)等。许多发展经济学家认为，不发达国家失业的特点之一就是“隐蔽性失业”。因为在这些国家里，人口压力问题是发生在货币工资经济发展之前的自给经济环境里的。由于大家庭制度的存在，许多家庭成员依靠有限的土地产品在低于自给的水平下也可以生存下去，许多在工资体系下本来要挨饿的人受亲属的维持而处于隐蔽性失业状态。

隐蔽性失业是一种潜在的失业形式，其存在与经济、人口等多种因素相联系，持续时间一般较长。改革的趋势倾向于将隐性失业转变为显性失业，进而通过人员自由流动实现优化组合，减少失业现象。

9.1.3 失业率

失业率是指失业者的数量占劳动力总量的比例，是衡量失业程度的重要指标。事实上，失业率的计算远没有想象中那么简单，因为对失业率的分母以及对失业者的界定不同，导致不同国家的失业率计算不同。因此，失业率经常出现高估或低估的情况。例如，在美国，计算失业率分母的年龄下限为16岁，而欧盟和加拿大为15岁，由于15岁的年龄段(15－19岁)具有比其他年龄段较高的失业率，因此，就这一差异来看，美国会造成对失业率的低估。另外一种情况是，美国将没有工作且正在找工作的学生视为失业者，而加拿大则认为他们并不在劳动力市场，这就会造成美国对失业率的高估。因此，失业率是难以进行国际比较的。

基于失业率的衡量社会对失业的容忍程度的指标被称为失业警戒线。失业警戒线的标准随着社会经济的发展而不断发生变化。目前，西方发达国家确定的失业警戒线标准为：3％或4％以下为劳动力供给紧张型，5％～6％为劳动力供给宽松型，7％或8％以上为失业问题严重型。

中国使用城镇登记失业率来反映失业率情况，即城镇登记失业人数同城镇在业人数与城镇登记失业人数之和的比例（见图9－1）。

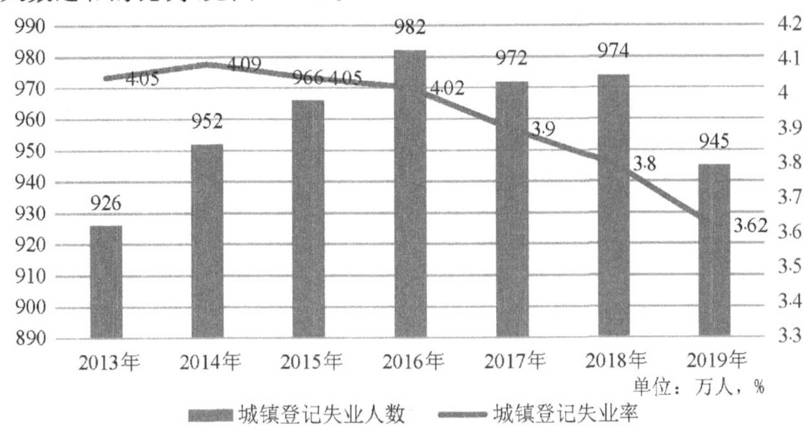

图9－1　2013—2019年城镇登记失业人数及登记失业率（单位：万人，％）

（数据来源：人力资源和社会保障部，2013—2019年度《人力资源和社会保障事业发展统计公报》。）

失业登记仅限于具有城镇户口的人员，因此登记失业率并不能准确反映实际的失业情况。近年来有关部门开展了以“调查失业率”统计作为政府决策的参考依据，即符合失业条件的人数占全部常住经济活动人口的比率，能够将农民工等在城镇居住满半年但户籍不在调查所在地的群体涵盖进去。2014年6月末，全国31个大城市城镇调查失业率为5.05％，这是首次由官方正式发布调查失业率数据。2018年末，全国城镇调查失业率为4.9％，2019年末则达到5.2％，均明显高于城镇登记失业率。

9.2　失业保险制度的模式及其基本内容

9.2.1　失业保险制度的模式

失业保险是指国家通过立法强制建立失业保险基金，对非因本人原因失去工作、中断收入的劳动者，提供限定时期的物质帮助以及再就业服务的一项社会保险制度。失业保险既要保障失业者的基本生活，又要促进其再就业。

英国于1911年颁布《失业保险法》，最先建立起强制性失业保险制度。总体上与养老、医疗保险相比，失业保险的起步较晚。德国是最早建立社会保险制度的国家，但失业保险却到1927年才建立，相较于第一步社会保险法案——《疾病保险法》晚了44年。同样，法国、英国、丹麦、挪威等国的失业保险制度也远远滞后于养老、医疗、工伤等保险制度。发展中国家则到20世纪五六十年代才开始建立失业保险制度，甚至有的更晚。

从各国实际来看，失业保险制度的具体模式有以下几种：

(1)强制性失业保险制度。由国家立法强制实施,一般由政府直接管理或委托一个机构管理,强制要求覆盖范围内的用人单位和劳动者参加。这是当前采用最多的一种失业保险制度模式。

(2)自愿性失业保险制度。该模式允许劳动者自愿选择是否参加失业保险,失业保险一般由工会组织建立,失业基金会负责管理,政府提供一定的资金支持。

(3)失业救济制度。该制度的具体实施方式有多种:一是由政府或雇主支付一次性失业救济金或一次性解雇费;二是对不具备享受失业保险条件的失业者提供标准较低的失业救济;三是不具备领取失业保险金条件的失业者可以申请失业救济,但要接受家庭经济状况调查,符合救济条件者才可以领取。

除了以上三种基础类型外,还有些国家采取混合模式,如瑞典将自愿性失业保险制度与失业救济制度并行实施,德国将强制性失业保险制度和失业救济制度并行实施,日本将强制性失业保险制度和自愿性失业保险制度并行实施等。

9.2.2 失业保险制度的基本内容

1. 失业保险的覆盖范围

失业保险建立的目的是为遭遇失业风险导致收入暂时中断的劳动者提供基本保障,但在建立之初,大多数国家都只是将职业比较稳定的职工纳入保障范围,而将临时工等工作不稳定的群体和公务员等工作相当稳定的群体排除在外。随着社会经济的发展,近年来,一些国家失业保险的覆盖范围正在逐步扩大,逐渐将自雇人员、公务员、季节性、不规则就业人员等纳入失业保险保障范围,详见表 9-1。

表 9-1 失业保险的覆盖范围示例

新增群体	代表国家
政府公务人员、军人	美国、丹麦纳入;西班牙:将政府公务人员纳入并适用专门的失业保险体系;加拿大:将联邦政府的公务人员纳入
自雇人员	匈牙利、冰岛、丹麦、芬兰纳入;奥地利、德国、西班牙自愿覆盖
学徒、首次求业者	奥地利、意大利、法国、德国:将学徒和受训人员纳入;比利时:将首次求业者和特定分类的学生纳入
家政人员	美国纳入;爱尔兰、法国、德国、韩国自愿覆盖
其他季节性、不规则就业者	法国:将建筑工人、码头工人、商船海员等纳入并适用专门的失业保险体系;韩国:将农业、林业、渔业、建筑业从业者及电工、狩猎者等纳入;美国:将大多数农业从业者纳入

资料来源:郝君富,李心愉. 失业保险制度机制设计的国际比较与启示[J]. 兰州学刊,2018(7):1.

2. 失业保险基金的筹集

从基金来源看,失业保险基金的筹集方式主要有以下几种:

(1)三方负担型。即由雇主、雇员和政府三方分担失业保险费用,这种方式使用较多。例如日本,政府负担 25%,雇主和雇员对半分担。

(2)政府负担型。即由政府一方负担全部失业保险费用,雇主和雇员均无须缴费。该模式主要出现在新西兰、澳大利亚等财力较充裕的国家。

(3)雇主负担型。即由雇主一方承担全部失业保险费用,雇员个人不缴费,政府也不提供补贴等。采用该类型的国家主要有加纳、印度尼西亚等。

(4)双方负担型。双方负担型又可分为雇主和雇员负责(如德国)、雇主和政府补贴(如埃及)。

(5)雇员个人负担型。即由雇员承担全部失业保险费用,采取这种类型的国家较少。

3. 失业保险待遇领取条件

为了防范道德风险,各国基本上都对失业保险待遇的领取条件做出了明确、严格的规定,并且存在待遇领取的等待期。

一般情况下,失业者必须符合法定劳动年龄,非自愿失业且按规定参加了失业保险并符合一定缴费条件、在失业保险管理机构登记失业并有求职意向者才可按要求领取失业保险金。例如:冰岛规定在过去 12 个月里至少从事 10 周的就业和缴费;韩国规定在过去 18 个月里至少有 6 个月的失业保险缴费。

劳动者失业后一般并不能马上领到失业保险金,会有一定的等待期。这一方面是要避免短期失业者失业保险金的支付,减轻财力负担;另一方面有利于防止失业保险金的冒领等行为,为失业保险管理机构留出充足的时间确认失业者的领取资格。国际劳工组织对失业保险待遇领取的等待期做出了规定:一是如果成员国的立法规定,在全失业的情况下必须在等待期满后才能开始支付失业津贴,这一等待期不得超过:每次失业的前 3 天;12 个月里失业的前 6 天;两者结合。二是特定情形下,每次失业的等待期可以达到 7 天。三是对季节性工人,规定的相应等待期可按他们的职业活动情况调整。

4. 失业保险待遇的给付标准与期限

失业保险待遇的给付标准决定了失业者能享受到的保障水平,不同国家对此的规定也不尽相同,在给付标准与给付期限上均有一定差异。

1988 年第 75 届国际劳工组织会议“促进就业社会保障”列出了失业保险待遇的给付标准:当津贴数额以受保护人所缴的费用或以其名义缴纳的费用或以前的收入为依据时,其数额应定为以前收入的 50%以上。对津贴的数额和所考虑的收入可事实上高出最高限额,例如,这一限额可与技术工人的工资或有关地区工人的平均工资挂钩。当津贴数额不以其所缴纳的费用或以前的收益为依据时,应按不少于法定最低工资或一个普通工人工资的 50%,或按其基本生活费用的最低额确定。

失业津贴标准的确定通常涉及基数和比例两个要素,基数主要有失业者失业前本人工资、社会平均工资、法定最低工资和最低生活保障标准几种不同的选择。除波兰等少数国家按照固定水平提供失业津贴外,多数国家基于失业者失业前一定期间平均收入水平的一定比例即替代率确定失业津贴标准。收益水平的最终确定可能还要综合考虑失业者的家庭收支状况及所处的失业期等因素。

失业保险待遇的给付期限应以促使大多数失业者重新就业前不过多地减少收入为原则。按照国际劳工组织的规定,无论是按收入津贴还是补助,给付期应为每年至少 156 个工作日,在任何情况下,也不能少于 78 个工作日;据此确定的最低水平失业津贴至少支付 13 周。各国具体采用的给付期限有所不同,主要考虑失业者的缴费期限和年龄因素等,具体示例见表 9-2。

表 9-2 失业津贴的给付水平与给付期限规定示例

代表国家	受益水平(替代率)	受益期限
德国	67%(无需要抚养的子女者为 60%)	最长 6～24 个月:取决于缴费期限和年龄
西班牙	70%,180 天后调低为 60%	最长 120～720 天:取决于缴费天数
瑞士	80%(无 25 岁以下需要抚养的子女者为 70%)	最长 200～520 天:取决于缴费期限和年龄
奥地利	55%(按需要抚养的子女数量额外提供抚养补贴,包括抚养补贴在内的总替代率不得超过 80%)	最长 20～52 周:取决于缴费期限和年龄,若因参加职业培训最长可延长至 78 周
日本	50%～80%(低收入者适用更高的替代率);45%～80%:60 至 64 岁	30～330 天:综合考虑缴费期限、年龄及失业原因等因素

资料来源:郝君富,李心愉. 失业保险制度机制设计的国际比较与启示[J]. 兰州学刊,2018(7):2.

9.3 失业预防与促进再就业

为了实现充分就业这一目标,失业保险已经难以承载这一目标提出的要求,越来越多的人开始关注失业预防与促进再就业。失业预防是遏制失业问题的源头,能够从根本上减少失业问题,促进再就业则是保证失业者重新走向工作的重要支撑,能够从根本上解决失业者的生活问题。

9.3.1 失业预防

失业预防就是在失业问题发生之前所采取的减少失业发生的举措,主要包括约束企业的解雇行为、安定企业的雇佣行为、建立失业预警系统和提升雇员能力等。

1. 约束企业的解雇行为

为了保障劳动者的就业权,防止企业随意解雇工人,许多国家都制定了相应的法律来约束企业的解雇行为。例如,规定企业解雇必须有正当理由,必须事先通知政府有关部门、法院、工人代表或被解雇者本人;必须征得政府有关部门或工人代表的同意;必须支付一定数额的解雇费等。企业解雇员工可分为单项解雇和集体解雇两种,单项解雇包括过失解雇和无过失解雇两种形式,前者指雇员因为犯罪、严重渎职而被解雇,这种情形下企业可以立即实施解雇,并无须给予经济补偿;后者指因为雇员的能力等与企业要求不适应而被解雇,这要涉及一定的法律程序、事先通知和最低限度的经济补偿。集体解雇的规模较大,后果也更严重。因此,除美国外的其他发达国家对集体解雇均有不同程度的法律约束。其中,欧洲的规定最为严格,解雇程序复杂,必须事先通知政府有关部门和被解雇者,必须给予最低限度的经济补偿。

2. 安定企业的雇佣行为

安定企业的雇佣行为是指政府为了减少失业问题的出现,通过公共政策扩大就业机会、保障劳动力市场的稳定运行。主要包括:①对不景气或因产业结构调整而不得不缩小生产规模的企业给予补助,使其有能力对暂时闲置的劳动力进行职业培训、转业培训或发放工资。②对雇佣应退休职工、残疾人等的雇主给予补助。这样既能够发挥老年人的余热,减轻养老金压力,又能够防止社会边缘群体的形成,推动经济发展。③对身处就业条件差的地区的雇主给予补助,鼓励其开创新事业,为当地居民提供更多的就业机会。

3. 建立失业预警系统

失业率过高将会对一国或地区的社会经济构成威胁，因此，在一定时期内，某一国或地区的失业率在高于某一特定值时提前做出警示，以便及时采取措施，避免或减少高失业率引起的危害，由此便产生了预警系统。其中的“特定值”即所谓的失业“预警线”，确定失业“预警线”是构建失业预警系统的核心。

完整的失业预警系统一般包括失业预警线、失业监测系统、失业控制对策等几个要素。失业预警线是根据当地社会经济状况划定的失业率的数值，是失业监测的重要依据。失业监测系统也被称为失业预警信息管理系统，是指对实际失业状况的调查、统计、分析、预测及报告的管理系统。失业控制对策则是根据失业监测系统提供的数据提出的长期或短期的应对举措。

4. 提升雇员能力

提升雇员能力是指通过职业教育和职业培训等方式保证工人在职期间能够不断通过参加各种教育训练，提高专业技能，挖掘自身潜力，以更好地适应工作需要。其主要形式包括：一是政府负责。政府设置、管理各种能力训练设施，供劳动者使用，开发他们的能力；政府建立公共职业培训机构，加强失业人员的劳动技能培训；政府资助经常举办现场讲座与技术训练的雇主和积极参加听讲、实训并取得相关资格的雇员等。二是社会负责。这是指在社会上成立的职业教育、培训行业，为需要者提供培训机会，政府依法监管。

除此之外，还有很多国家为学生提供就业指导教育，培养学生的职业兴趣和选择职业的能力，帮助学生了解自己的个性，以便学生毕业后能找到更适合自己、更能胜任的职业，减少失业的发生。

9.3.2 促进再就业

促进再就业是指政府通过公共政策鼓励就业并提供就业服务等，来促进失业者的再就业。

1. 政策扶持失业者再就业

政府通过提供一系列优惠政策扶持失业者实现再就业，主要有：①再就业津贴，如中国台湾向在失业津贴最长受益期届满之前实现再就业的受益人提供“提前再就业津贴”，将剩余受益期限内失业津贴受益金额的50%一次性支付给受益人。②促进失业者积极参与技能和就业培训，如丹麦政府对满足特定培训要求的失业者提高失业保险的受益水平；奥地利政府规定可按劳动者参加劳动市场部门提供的培训期间延长失业保险的受益期限；日本、德国、中国台湾等设置专门的职业培训津贴以保障失业者培训期间的生活支出。

2. 拓展新的就业领域及岗位

失业问题的出现部分基于就业岗位的缺乏，因此，拓展新的就业领域、提供就业岗位是促进再就业的重要手段。具体的做法主要有：①鼓励失业者创业。有些国家通过小额补贴、贷款等方式帮助失业者创办小企业，以创造就业岗位。例如，法国对创办或接管企业或从事其他不靠工资谋生的正当职业的失业者提供一定时期的国家补助，补助金额依据失业者的类别和失业时间而定；如果失业者为其他人创造了就业机会，补助还会增加。德国政府向创业者提供6个月的创业起步津贴以用于基本生活保障，创业企业实现正常运转后再给予9个月的奖励津贴，并给予贷款和担保支持。②开发社区工作岗位。即组织失业者从事社区服务，例如法国的“区域工作方案”，针对16—21岁的离校青年设立每周20小时以上工作时间的岗位，具体内容为对社区有意义的工作,如改善社区环境、整理校园、帮助无人照顾的老年人等。由中央政府和主办地方机关负责筹集劳动报酬。③开发家庭雇工就业领域。随着生活水平的提高、工作压力的增大、家庭养老问题的浮现以及双职工家庭的增多,家庭雇工成为一个有潜力的行业。许多国家开始支持家庭劳务市场,使这一行业提供了相当多的就业岗位。意大利约有4%的工人从事家庭服务工作。

3. 实施岗位轮换制度

岗位轮换制度是指企业雇佣失业人员来暂时替代需要接受培训的正式职员,一方面能保证正式职员职业培训工作的顺利实施,另一方面还能使失业者学习到一定的职业技能和经验,并同轮换单位建立联系,提高了就业概率。较有代表性的是丹麦通过为提供轮换岗位的单位发放补贴的形式鼓励企业培训员工并创造轮换就业岗位,并由就业服务部门为岗位轮换提供全方位的服务,详细了解企业和失业人员的情况,为企业选派合适的失业人员上岗。

4. 扶持就业困难群体

几乎每个国家都会存在由于各种原因而难以实现就业的就业困难群体,很多国家采取措施扶持他们实现再就业。

(1)向招聘失业者或就业困难人员的企业提供补贴,也被称为"特种雇佣计划"。如在德国雇佣具有较严重就业障碍者的企业可在最长两年的时间内按企业所支付工资的75%获得失业保险基金提供的补贴。

(2)激励就业困难者个人的求职积极性。就业困难群体基本都是由于某些特殊原因导致其寻找工作受挫,往往失去就业信心。加之失业保障的存在,降低了其求职的积极性。因此,有些国家采取措施激励就业困难者,鼓励他们积极寻找工作。例如美国的"个人再就业账户"政策,符合条件的失业者可以获得一个一定额度的个人账户,再就业需要的开支可以用账户资金支付。如果能在13周内实现再就业,账户上的余额便作为奖励归其个人所有。

5. 提供就业服务

就业服务包含的内容很多,其中非常重要的一项就是就业信息。就业信息包括失业者信息和空缺岗位信息两部分,很多国家就此建立了专门机构,负责就业信息管理,并及时公开发布,以满足失业者的求职需求。

除了以上几项再就业政策,有的国家还采用缩短就业者个人的工作时间,把就业机会分给其他人员,提供临时工作岗位,增加就业机会等。

9.4 中国的失业保险制度

9.4.1 中国失业保险制度的主要内容

新中国刚成立之初,失业问题非常严峻。1950年,政务院发布了《关于救济失业工人的指示》,同时,劳动部发布了《救济失业工人暂行办法》,规定要对失业人员进行妥善安置,并提出了具体救济措施。中国进入计划经济时期之后,开始实行统包统配的劳动就业制度,并且当时的观点是失业是私有制和现代工业发展的产物,是资本主义生产方式存在的条件之一,社会主义制度下是没有失业的,因此认为中国不存在失业问题,自然也就无从涉及失业保险的问题。

到了20世纪70年代末，大批上山下乡的知识青年返城，积蓄多年的失业问题顷刻爆发，统包统配的就业政策已无法应对失业问题。在此情况下，党的十一届三中全会后，推出了“在国家统筹规划和指导下，劳动部门介绍就业、自愿组织起来就业和自谋职业相结合”的就业方针，打破了统包统配就业政策的桎梏，就业渠道拓宽，就业领域开始出现竞争，为劳动力市场注入了活力。

1986年，国务院颁布《国营企业实行劳动合同制暂行规定》和《国营企业职工待业保险暂行规定》，标志着中国失业保险制度的初步建立（当时并没有使用“失业”一词，而是用“待业”）。

1999年，中国颁布实施《失业保险条例》，标志着中国规范的失业保险制度正式建立。同时，国务院还颁布了《社会保险费征缴暂行条例》，为失业保险基金的征缴提供了法律依据。通过表9－3可以看出，随着法律法规的修订，中国失业保险制度不断完善，由“待业保险”转为“失业保险”，实施企业、职工个人和政府三方承担保险费用的缴纳办法，强调个人的权利义务对等，实现了带有救济色彩的制度安排向真正的社会保险制度的转变。

表9－3　失业保险制度的完善过程

法规	失业保险覆盖范围	保险基金的筹集模式	待遇水平
1986年《国营企业职工待业保险暂行规定》	宣告破产的企业的职工；濒临破产企业法定整顿期间被精简的员工；企业终止、解除劳动合同的工人；企业辞退的职工	企业按全部职工标准工资总额的1%缴纳的保险费（保险费在企业缴纳所得税前列支）；地方财政补贴；保险基金的利息收入	待业救济金的发放标准：按本人工资标准的50%～70%；领取失业保险金的最长期限：24个月
1993年《国营企业职工待业保险规定》	仅限于国有企业及职工：依法宣告破产企业的职工；濒临破产企业法定整顿期间被精简的员工；被撤销、解散企业的职工；停产整顿企业被精简的职工；企业终止或者解除劳动合同的职工；企业辞退、除名或者开除的职工；依照法律、法规规定享受失业保险的其他职工	企业按全部职工工资总额的0.6%～1%缴纳的保险费；地方财政补贴；保险基金的利息收入	待业救济金的发放标准：按当地社会救助金的120%～150%；领取失业救济金的最长期限：24个月
1999年《失业保险条例》	城镇各类企业事业单位，包括国有企业、城镇集体企业、外商投资企业、城镇私营企业、城镇其他企业、非企业化管理的事业单位	单位对失业保险基金的缴费率，由按本单位工资总额的1%提高到2%；职工个人按本人工资的1%缴纳失业保险费	失业保险金的给付标准：与最低工资和城镇居民最低生活保障线挂钩，低于当地最低工资、高于当地城镇居民最低生活保障线。领取失业金的最长期限：24个月

《失业保险条例》实施以来，对于保障失业人员基本生活、促进其再就业、维护就业局势总体稳定、服务经济社会发展大局发挥了积极作用。但是，随着经济社会的发展和有关法律、政

策的调整，该条例已不能完全适应经济社会发展的需要。一是党的十九大明确提出要完善失业保险制度；二是2010年出台的《社会保险法》对现行条例部分内容已经做出修改；三是现行条例实施中反映的一些新问题、新期盼需要解决。2017年，人社部发布《关于〈失业保险条例（修订草案征求意见稿）〉公开征求意见的通知》。

通过表9－4可以看出现行失业保险制度的基本内容和根据修订后的《失业保险条例》可能会实施的失业保险制度的基本内容。修订后的《失业保险条例》在失业保险制度基本内容上实现了一些突破，失业保险的覆盖范围扩大，基本上涵盖了所有的劳动者；保险费率下降，由原来固定的3％改为不得超过2％；保险待遇水平提高，失业保险金的标准不变，但增加了失业人员基本养老保险费和基本医疗保险费的项目。

表9－4　现行《失业保险条例》与《失业保险条例（修订草案征求意见稿）》部分内容对比

基本内容	现行《失业保险条例》	《失业保险条例（修订草案征求意见稿）》
覆盖范围	城镇企业事业单位，包括：国有企业、城镇集体企业、外商投资企业、城镇私营企业以及其他城镇企业	企业、事业单位、社会团体、民办非企业单位、基金会、律师事务所、会计师事务所等组织及其职工
基金的筹集	城镇企业事业单位本单位工资总额的2％，职工本人工资的1％；财政补贴；失业保险基金的利息；依法纳入失业保险基金的其他资金	由用人单位和职工分别按照本单位工资总额和本人工资的一定比例缴纳，用人单位和职工的缴费比例之和不得超过2％；其他不变
待遇领取条件	按照规定参加失业保险，所在单位和本人已按照规定履行缴费义务满1年的；非因本人意愿中断就业的；已办理失业登记，并有求职要求的	不变
待遇标准	低于当地最低工资标准、高于城市居民最低生活保障标准 失业人员在领取失业保险金期间患病就医的，可以按照规定向社会保险经办机构申请领取医疗补助金	失业保险金的标准不变，失业人员应当缴纳的基本养老保险费和基本医疗保险费从失业保险基金中支付，个人不缴纳基本养老保险费和基本医疗保险费
领取待遇期限	失业人员失业前所在单位和本人按照规定累计缴费时间满1年不足5年的，领取失业保险金的期限最长为12个月；累计缴费时间满5年不足10年的，领取失业保险金的期限最长为18个月；累计缴费时间10年以上的，领取失业保险金的期限最长为24个月。重新就业后，再次失业的，缴费时间重新计算，领取失业保险金的期限可以与前次失业应领取而尚未领取的失业保险金的期限合并计算，但是最长不得超过24个月	不变

9.4.2 中国的失业预防与促进再就业制度

伴随着国有企业改革的推进,大批企业内部富余人员及下岗工人的再就业问题逐渐突出。1995 年政府即推出再就业工程,逐步建立起了就业扶助制度。充分发挥政府、企业、劳动者和社会各方面的积极性,综合运用政策扶持和就业服务等方式,实现企业安置、个人自谋职业和社会帮扶安置就业相结合,重点帮助失业 6 个月以上的职工及生活困难的企业富余人员尽快实现再就业等。

1998 年,国务院发布《关于切实做好国有企业下岗职工基本生活保障和再就业工作的通知》,开始建设失业预防制度,建立失业预警体系,适度约束失业率,建立职业培训制度等。2002 年,国务院发布《关于进一步做好下岗失业人员再就业工作的通知》,提出一系列强化失业预防和就业扶助、促进再就业的政策和配套措施。2008 年 1 月 1 日,《中华人民共和国就业促进法》正式实施,对促进就业的原则、方针和工作机制,以及发展职业教育和培训、就业服务和援助等方面的内容做出了明确规定,实现中国就业保障制度建设的一大进步。2014 年,人社部下发《关于失业保险支持企业稳定岗位有关问题的通知》,提出“稳岗补贴”政策,目的是在调整优化产业结构中更好地发挥失业保险预防失业、促进就业作用。

2017 年,人社部发布《关于〈失业保险条例(修订草案征求意见稿)〉公开征求意见的通知》,明确规定在符合条件的地区,由失业保险基金支付失业人员的职业培训补贴、职业技能鉴定补贴、创业补贴;对于采取措施稳定岗位的企业,给予稳定岗位补贴。这充分体现了中国失业保险向就业保障的转变趋势。

9.4.3 中国失业制度的问题及发展趋势

经过不断的发展,中国基本实现了由失业预防、实现保险、促进再就业三者组成的失业保险制度框架的建立,体现出中国就业社会保障事业的重大进步。但在具体实践中,中国失业保险制度仍存在一系列的问题。

(1)失业保险的覆盖面过窄。一方面体现在失业保险将临时性、阶段性和弹性工作时间等灵活就业人员排除在外;另一方面体现在失业保险的实际覆盖面与制度设计覆盖面存在差距,有些本应纳入制度范围的企业由于种种原因实际上并没有参加失业保险。

(2)失业保险制度的受益率和替代率过低。失业保险待遇的领取要符合规定的条件,并且在实际申领过程中有更复杂的程序,导致中国真正领到失业保险待遇的人员数量很小。这从众多的失业人口与大量结余的失业保险基金并存中可见一斑。另外,按照现行制度规定,失业保险金水平要低于当地最低工资标准、高于城市居民最低生活保障标准,实际水平通常被定在最低工资的 60%~80%,这既与缴纳费用标准脱钩,又没有建立依据物价水平调整的相应机制,实际的替代率水平不高,很难保证失业者及其家庭的生活需要,失业保险金的给付水平远远落后于经济发展速度。

(3)失业保险的预防失业与促进再就业功能薄弱。预防失业是从失业的源头出发解决问题,但长期实施的失业保险制度在这方面并没有做出明确规定,类似企业的在岗培训等项目并没有纳入其中。虽然现行失业保险制度对促进再就业有所涉及,但其核心定位在生活保障上,促进再就业功能不足。失业保险基金中用于促进再就业的支出比例过低,只有职业培训和职业介绍两项,范围过窄;许多地区失业金领取的期限为 2 年,超过了大部分西方国家,这容易导致低技能水平的劳动者和预期收入较低的劳动者丧失寻找工作的积极性，甚至陷入失业陷阱。

中国失业保险制度的未来发展方向即是整合生活保障、失业预防与再就业促进三位一体的就业保障制度。2017 年发布的《失业保险条例（修订草案征求意见稿）》在很大程度上能够缓解当前失业保险制度存在的问题，在此基础上，中国就业社会保障制度的未来发展趋势一要扩展覆盖人群，将农民工、大学生、灵活就业人员等劳动者群体纳入保险范围，并通过严格监管实现失业保险的实际覆盖；二要提升失业保险待遇的受益率和替代率，简化申领手续，设置失业保险待遇的增长机制，以使其能够与经济发展水平相适应；三要强化失业预防与再就业促进功能，适当调整失业保险基金的支出项目与范围，鼓励企业等积极做出失业预防行为。同时，增加再就业促进项目，并调整失业金领取期限，激励失业者本人积极再就业。

本章小结

失业分为摩擦性失业、结构性失业、周期性失业等六种类型，通常用失业率来衡量失业程度。

失业保险是既保障失业者基本生活的保障制度，又是促进其再就业的保障制度，从各国实际看，可以将其分为强制性失业保险制度、自愿性失业保险制度和失业救济制度三种模式。

失业保险的覆盖范围呈现出逐步扩大的趋势，失业保险基金的筹集有三方负担型、双方负担型等不同形式，失业保险待遇的领取一般都设定了严格的条件。

失业预防就是在失业问题发生之前所采取的减少失业发生的举措，主要包括约束企业的解雇行为、安定企业的雇佣行为、建立失业预警系统和提升雇员能力等。促进再就业是指政府通过公共政策鼓励就业并提供就业服务等，来促进失业者再就业。

中国的失业保险制度是一个不断完善的过程，失业预防与促进再就业也在积极发展中，但仍存在覆盖面过窄、受益率和替代率过低、预防失业与促进再就业功能薄弱等问题，亟须进一步完善。

思考题

1. 失业有哪些基本类型？
2. 什么是失业保险？失业保险制度有哪些类型？
3. 失业保险基金的筹集方式有哪几种？
4. 什么是失业保险等待期？
5. 什么是失业预防？失业预防的手段主要有哪些？
6. 你认为有哪些措施可以促进失业人员的再就业。
7. 你认为中国的就业社会保障制度仍存在哪些问题，未来发展趋势如何。

案例讨论

浙江省龙泉市人力社保局“四项举措”防失业稳就业

近年来，着眼于企业可持续发展需求，龙泉市人力社保局致力完善失业保险体制机制，积极优化公共就业服务，驱动企业健康发展。充分发挥失业保险“稳定器”作用，兜牢失业人员保障底线。截至 2018 年二季度末，全市失业保险参保达到 12.9 余万人次，申领失业保险金 173

人，失业人员每月可领取失业保险金1200元。

1. 降费率“防失业”

从2015年起对失业保险费率进行阶段性调整，目前已经进行第三次下调。从2017年5月1日开始至2018年12月31日，龙泉市失业保险单位费率由1%降为0.5%。经过测算，本次降低失业保险费率后，2018年企业每月为每位员工缴纳的失业保险费减少15.75元，而员工享受的失业保险待遇不变。

2. 发补贴“稳就业”

积极落实企业稳定岗位就业补贴，对减员率低于年度全市平均减员率的企业，给予企业及其职工实际缴纳失业保险费的50%的补贴，用于职工生活补助、缴纳社会保险费、技能提升培训等相关支出。近3年来，龙泉市稳岗补贴政策惠及企业78家，补贴金额241.85万元。

3. 重监测“强预警”

运用浙江省企业用工监测系统，实施企业用工定点监测机制，给企业和求职者间搭建起信息互通的平台，力促企业用工与求职者实现“双赢”。目前，企业用工监测面已扩大至68家企业，其中重点监测企业4家。前两个季度累计收集用工监测信息620余条。

4. 简流程“优服务”

围绕“最多跑一次、就近跑一次、不用跑一次”目标，建立事项制度化，确保“标准”清晰。整编业务受理一次性告知材料清单，实施标准化操作细则。落实窗口柜员化，全面整合窗口功能。推进业务下沉化，实现“家门口”办理。失业保险申领公示、职业技能培训报名等16项就业失业常规业务下放到19个乡镇街道劳保所，实现便民服务平台县域、乡镇街道同步联动，确保群众就近就地享受高效、便捷的就业服务。

问题：

1. 你认为失业预防与失业保险各自发挥的功能是什么。

2. 结合案例分析，你认为应该如何促进就业社会保障事业的发展。

第 10 章　社会救助

本章要点

◎ 贫困、绝对贫困与相对贫困

◎ 社会救助的概念及原则

◎ 中国社会救助制度的基本内容

10.1　贫困

10.1.1　贫困的含义

贫困是一个复杂的事物，尤其是在我们追求贫困的原因的时候。不同的研究者从不同角度得出的贫困的含义也有所不同，大致可以分为以下几类。

1. 经济视角下的“匮乏说”

一般而言，对贫困最直接的解释就是“匮乏”——从单纯的物质匮乏，一直到将社会的、情感的和精神文化的等各方面的匮乏都包含在内。美国学者劳埃德·雷诺兹的贫困定义最为直接：“所谓贫困问题，是说在美国有许多家庭，没有足够的收入可以使之有起码的生活水平。”也就是通常说的“收入贫困”。

比约恩·希勒罗德和丹尼尔·拉森主要从“低水平”消费的角度去定义贫困。他们认为，贫困是由于获取经济资源的不足，处于一种无法接受的低水平的商品和服务的消费。

英国学者彼特·汤森对贫困所下的定义含义较广，他的关注点是“资源的不足”。他说，所有居民中那些缺乏获得各种食物、参加社会活动和最起码的生活和社交条件的资源的个人、家庭和群体就是所谓贫困的。

中国的研究者王小林认为，贫困“即个人或家庭没有足够的收入满足其基本需要”。

2. 发展视角下的“能力说”

“能力贫困”的概念是阿马蒂亚·森提出来的，他指出：“有很好的理由把贫困看作是对基本的可行能力的剥夺，而不仅仅是收入低下。对基本可行能力的剥夺可以表现为过早死亡、严重的营养不良(特别是儿童营养不足)、长期流行疾病、大量的文盲以及其他一些失败。”“可行能力”，即“一个人所拥有的、享受自己有理由珍视的那种生活”的能力。

世界银行接受了森的观点，并在《2000/2001 年世界发展报告》中把“能力贫困”表述为：“贫困除了物质上的匮乏、低水平的教育和健康外，还包括风险和面临风险时的脆弱性，以及不能表达自身的需求和缺乏影响力。”

对此，虞崇胜和余扬评论说：“所谓可行能力，是一种预存能力，即能够自由从事创造性活动的能力。人们一旦拥有了这种能力，就能够从根本上消除贫困和落后的根源，实行社会公平和可持续发展。从一定意义上讲，贫困说到底是可行能力的贫困，提升可行能力就是消除落后和贫困。”

3. 社会视角下的“剥夺说”

联合国开发计划署(United Nations Development Program)认为：贫困是指无法获得包括物质福利在内的人类发展的机遇和选择的权利。贫困不仅仅是收入缺乏的问题，它是一种对人类发展的权利、长寿、知识、尊严和体面生活标准等多方面的剥夺。

欧共体委员会(Commission of the European Communities)给贫困下的定义是从“社会排斥”的角度阐述的，这与“剥夺”的说法相近：“贫困应该被理解为个人、家庭和人的群体的资源(物质的、文化的和社会的)如此有限以致他们被排除在他们所在的成员国的可以接受的最低限度的生活方式之外。”

还有学者更为重视的则是对贫困与社会排斥之间因果关系的表述，大卫·柏尔纳的回答是最直截了当的：“排斥是社会作为整体而犯的过错，是贫困的直接原因之一。”

4. 阶层视角下的“地位说”

该视角下的研究者认为，贫困是因为与之相关的个人或群体的阶层地位处于社会底层(下层阶级)。正如托马斯·戴伊在《权力与社会》一书中所说：“穷人经常被视为‘下层阶级’，他们的生活大部分处在贫穷状态。”瑞典的冈纳·米尔达尔是最早使用“下层阶级”一词的学者，他对“下层阶级”的定义是：“一个最底层的阶级，由失业、不能就业和待业的人组成，他们与国家分离，不能共享其生活、抱负和成就，他们对生活越来越感到绝望。”

由此，美国学者迪帕·纳拉扬等人从他们的研究中得出了一个结论：“贫穷从来不因仅仅缺乏某一样东西而产生，它来自穷人们所体验和定义的许多相关因素的共同作用。一个人的社会地位和所处的地理位置是造成贫困的最直接的因素。”对于这个最直接的因素，挪威学者艾尔泽·厄延认为：“贫困是经济、政治、社会和符号的等级格局的一部分，穷人就处在这格局的底部。贫困状态在人口中持续得时间越长，这种格局就越稳定。”

纵观对贫困的界定可以看出，贫困问题涉及经济、社会、文化、精神、生理等多个方面，现代社会的贫困已不仅是指缺少维持生存所必需的物质条件，还包括获取这些条件的机会、社会地位、权利等。贫困是一个多维度概念，体现在收入、教育以及生活的其他多个方面。因此，贫困是指在一定的社会环境下，人们长期内无法满足自身物质生活、精神生活、社会生活等需求以致使其处于社会最低生活水平之下的状态，主要表现为物质匮乏、可行能力缺乏、社会地位低下等。但必须指出的是，社会保障制度涉及的贫困主要是指经济方面的贫困。

10.1.2 绝对贫困与相对贫困

对贫困最为普遍的一种划分方式就是按照贫困的程度将其分为绝对贫困与相对贫困。

英国的罗旺垂和布什分别在《贫困：城镇生活研究》《欧洲国家的资源、福利支出和贫困》著作中较早地提出了绝对贫困的概念，之后的研究者又进行了探讨。阿尔柯克指出：“绝对贫困被认为是一个客观上的定义，它建立在维持生存这个概念的基础上，维持生存就是延续生命的最低需求，因此低于维持生存的水平就会遭受绝对贫困，因为他没有足以延续生命的必需品。”

世界银行提出：“绝对贫困是指某个人或某家庭的状况低于这样一个贫困线，其实际价值是固定的，不随时间变化而变化，绝对贫困线是基于最低消费标准，基于必需的人体热量吸收的食品。”

绝对贫困是指在特定的社会生产方式和生活条件下，个人或家庭依靠劳动所得或其他合法收入，却不能维持其基本生存需要的状态。绝对贫困也被称为生存贫困，因为它是从人的生存角度出发，以维持人的生理效能的最低需要为标准加以限定的。绝对贫困采用绝对贫困线作为其衡量标准，贫困线是指购买基本的生活必需品或维持最低限度生活需要的最低收入水平，处在该水平之下就是绝对贫困。此处的基本必需品一般包括满足人体最低热量需求所摄取的食品，以及最简单的衣物、住房等。但基本必需品也是随着社会、经济的变化而变化的，因此，绝对贫困的标准也是会发生变化的。2015 年，世界银行在题为《消除绝对贫困、共享繁荣——进展与政策》的报告中指出，按照购买力平价计算，将国际贫困线标准从此前的一人一天 1.25 美元上调至 1.9 美元。

阿尔柯克认为：“相对贫困是一个较为主观的标准，……一个相对的贫困定义是建立在将穷人的生活水平与其他较为不贫困的社会成员的生活水平相比较的基础上的，通常这包括对作为研究对象的社会的总体平均水平的测度。”

世界银行则指出：“相对贫困是指某人或家庭与本国平均收入相比。……相对贫困线随着平均收入的不同而不同。”

相对贫困是指在同一时期，由于不同地区之间、各个社会阶层之间、各阶层内部不同成员之间的收入差别而产生的低于社会认定的某种水平的状况。相对贫困的出发点不是人的生存或人的生理效能所需的最低标准，而是人们之间收入的比较和差距。只要存在着收入差距，那么生活在消费水平底层的人口总会存在。因此，相对贫困本质上已经与分配不公、穷人环境质量下降以及引起精神痛苦的各种因素联系起来，拓宽了贫困的内容。

由于社会经济发展的不平衡，相对贫困的存在难以避免。发达国家的社会保障制度主要解决的是相对贫困的问题，而发展中国家的社会保障制度则更多的是解决绝对贫困的问题。

10.1.3 贫困的测量

贫困的测量主要是指贫困线的确定，斯蒂格利兹曾说，贫困线是指“最低维持生活水准的所得”。因此，贫困线也被用作最低生活保障线。国际上确定贫困线的方法主要有以下几种。

1. 市场菜篮子法

市场菜篮子法首先要求确定一张生活必需品的清单，内容包括维持社会认定的最起码的生活水准的必需品的种类和数量，然后根据市场价格来计算拥有这些生活必需品需要多少现金，以此确定的现金金额就是贫困线。

2. 恩格尔系数法

19 世纪末，德国研究者恩格尔在比较了不同收入水平的家庭的消费模式后，发现收入较低的家庭花在生活必需品上的钱占他们的收入的比例更大。随着收入的增加，这一比例会下降。这一论断被称为“恩格尔定律”。恩格尔系数就是指人们全年的食品支出与消费性支出的比率，恩格尔系数越高，表明生活水平越低，反之则生活水平越高。恩格尔系数法以一个家庭用于食品消费的绝对支出，除以已知的恩格尔系数，求出所需的消费支出即为贫困线。国际粮农组织认为，恩格尔系数在 60%以上，即属于贫困；用这个数据求出的消费支出，就是贫困线。

3. 国际贫困标准法

国际贫困标准法实际上是一种收入比例法，它以相对贫困的概念作为理论基础。经济合作与发展组织在1976年组织了一次对其成员国的大规模调查后提出了一个贫困标准，即以一个国家或地区的中位收入或平均收入的50％或60％作为这个国家或地区的贫困线，这就是后来被广泛运用的国际贫困标准。

4. 生活形态法

生活形态法也称"剥夺指标法"，它首先是从人们的生活方式、消费行为等"生活形态"入手，提出一系列有关贫困家庭生活形态的问题，然后根据被调查者的回答，从中选择出若干"剥夺指标"，再根据这些剥夺指标和被调查者的实际生活状况计算出"贫困门槛"，从而确定哪些人属于贫困者，最后再来分析他们(被剥夺)的需求以及通过其消费和收入来求出贫困线。

不同的贫困测量方法各有特色，具体要采用哪一种方法要由一国或地区的基本情况而定，例如实际生活水平、政府财力、救助范围等。一般来说，发达国家或地区的救助标准多采用收入比例法，保障水平较高；发展中国家和不发达地区多以基本需求为依据，采用绝对贫困标准较多，保障水平较低。

10.2 社会救助概述

10.2.1 社会救助的概念及原则

社会救助制度起源于19世纪的济贫制度，现代的社会救助制度产生于20世纪30年代。当时欧美各国爆发了严重的经济危机，从而导致了大量贫困现象的产生。在传统的济贫手段和社会保险都不足以解决问题的前提下，各国政府不得不尝试建立社会救助制度以弥补社会保险制度的不足。美国最早于1935年通过了包括十项不同但相关的社会保障法案，开始实施社会救助。但较具体的社会救助制度应以贝弗里奇1943年提出的著名的《社会保险及其服务有关的事务报告书》为标志，该报告详细拟定了一套社会安全制度，尤其拟定了一个社会救助(公共救助)方案，对社会保险未能完全保护的人给予各项救助。英国国会参照该报告通过了各种有关法案，1946年通过了《国民救助法》，废除了实施三百年的《济贫法》，建立了正式的社会救助制度。此后，各国的社会救助政策大多由慈善恩惠的观念变为国民权利与政府责任的观念，由教会或私人或地方政府办理的事务转变为各级政府的重要职能。

社会救助在有些国家也被称为公共扶助，是在公民因各种原因导致难以维持最低生活水平时，由国家和社会按照法定的程序给予款物接济和服务以使其生活得到基本保障的制度。社会救助是与社会保险、社会福利并列的三大基本保障系统之一，它不仅是法定的社会保障制度安排，而且是最基本、最悠久的社会保障制度安排。

社会救助制度是维持社会稳定的重要政策之一，在实施中应遵循以下原则：

(1)保障的兜底性。社会救助是对陷入生活困境的社会成员给予一定的帮助和支持，以满足其最低或基本生活需求，而不是为了提高社会成员的生活质量。就当前中国的国情而言，社会救助制度仍然以保底为目标，帮助陷入贫困的社会成员渡过难关，同时也能避免贫困陷阱的出现。

(2)对象的特定性。社会救助虽然不像社会保险一样有年龄、职业等限制,但其实施以确定的贫困线或救助起点为依据,只有已经处于生活困境的特定成员才能享受。因此,获得救助需要经过严格的资格认定程序,尤其是要经过家庭经济状况的调查。也正是如此,社会救助呈现出一定的按需分配的特征,即需要进行医疗救助、教育救助还是实物救助,要根据不同社会救助对象的需求来决定。

(3)权利义务关系的单向性。与其他社会保障项目相比,社会救助体现出权利义务关系的单向性特征。在社会保险领域,被保险人要承担一定的缴费义务,才能享受保障的权利。但在社会救助领域,只要符合条件,就可以申请国家救助,无须做出履行某种特定义务的承诺,社会救助是国家和社会的责任。

(4)公民待遇性。社会救助制度的基本理念是以人为本、人权平等,以及尊重人格,不歧视贫困群体,不把贫穷当成是罪恶。原则上它对那些需要救助的对象提供经济援助,并且在其他方面提供可能的帮助,凡无力生活者均可依法律规定享受救助,属于法律赋予的一种权利,而不是一种恩赐。

除了上述原则,社会救助制度还应遵循充分激发受救助者的个人潜能以及依法实施等原则。

10.2.2 社会救助对象的确定

在各国的社会救助制度中,通常都对社会救助对象做出明确规定,即自我保障有困难而且确定需要国家与社会给予救助才能摆脱生存危机或困境的社会成员。国际劳工组织规定,工业化国家享有最低生活水平救助的对象,是指那些收入相当于制造业工人平均工资30%的家庭和个人。欧洲经济合作委员会认为,如果一个成年人的可支配收入低于平均水平的50%,则属于救助对象。各国一般是通过家庭财力(包括收入状况与资产状况)审查和就业(有劳动能力的人)审查,来确认申请人领取社会救助金的资格。

不同的国家在救助对象上也各有不同的划分和偏重。例如,英国社会救助对象主要分为四类:无固定职业或就业不充分,无力定期交纳社会保险费,因而无权享受社会保险者;有权领取社会保险津贴,但不足以维持最低生活者;领取社会保险津贴已满期限,却无其他收入者;未参加社会保险,生活又无着落的人。

中国社会救助的对象主要包括三类人员:一是"三无"人员,即无依无靠、无生活来源、无法定抚养人的社会成员。这一群体大多属于长期被救助者,即定期救助的对象,主要包括孤儿、孤老及无劳动收入和社会保险津贴的劳动者、长期患病者以及未参加社会保险又无子女的丧偶老人。二是灾民,即遭受灾害侵袭而使生活一时陷入困境的社会成员。这类社会成员有劳动能力也有生活收入来源,只是由于突发性的灾害而遭受严重的财产损失或人身伤害,生活一时发生困难,需要国家和社会给予相应的援助。三是贫困人口,即生活水平低于国家规定最低标准的社会成员。这一群体尽管会有生活来源和相应的收入,但收入水平及生活水平达不到法定的最低标准,所以也属于社会救助的对象范围。此外,一些特殊的成员亦被列为社会救助的对象,如艾滋病人等。在社会救助过程中,第一、二类救助对象随着经济和社会的发展或者其他保障机制的确立而越来越少,而第三类救助对象在很长一段时期内会依然存在,它将构成救助对象的主体。

10.2.3 社会救助的主要内容

社会救助的主要内容是指国家或社会为了解决救助对象的基本生活等问题,而采取的具体救助活动与项目。2008 年的《政府工作报告》中指出中国城乡社会救助体系已基本建立,可概括为以城乡低保制度为基础,以农村五保供养制度、灾害救助制度、医疗救助、流浪乞讨人员救助为主要内容,以住房救助、教育救助、司法援助制度相配套,以临时救助制度为补充,与慈善事业相衔接的制度体系。

为了进一步完善中国社会救助制度,2014 年,国务院颁布《社会救助暂行办法》(以下简称《暂行办法》),对社会救助制度的具体内容和相关问题做出了比较系统全面的规定。社会救助制度的基本框架主要包括以下八项内容(见图 10-1):一是最低生活保障,主要保障对象为人均纯收入低于当地政府公布的最低生活保障标准的城乡贫困人口;二是特困人员供养,主要是保障孤苦无依的老年人、未成年人和残疾人的基本生存,通过家庭分散供养和机构集中供养的形式予以救助;三是受灾人员救助,主要是对由于自然灾害而无法保证基本生活的灾民提供生活救助;四是医疗救助,主要是对城乡贫困人口的医疗费用进行补助或者补贴;五是教育救助,主要是对城乡贫困家庭子女受教育给予费用减免和发放奖助学金等;六是住房救助,主要是以提供廉价住房、住房补贴和危房改造等形式对城乡贫困人口予以救助;七是就业救助,主要是以就业援助的方式帮助城乡贫困家庭中有劳动能力的失业人员实现再就业;八是临时救助,主要是对由于天灾人祸造成基本生活困难的家庭和流浪乞讨人员提供救助。

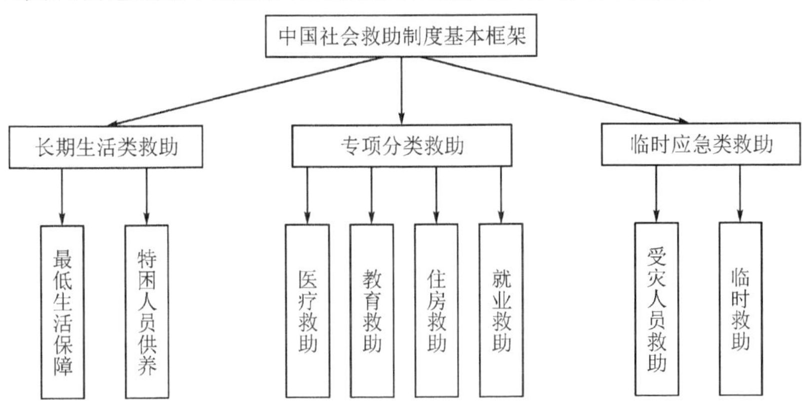

图 10-1 社会救助制度基本框架

10.3 长期生活类救助

10.3.1 最低生活保障制度

最低生活保障制度是指国家通过现金或实物资助的方式帮助家庭人均收入低于一定标准的社会困难群体,使其能够维持基本生活需要的制度。救助对象个人不需要承担任何缴费义务,体现国家对公民基本生存权的维护。自 1993 年上海市率先建立城市居民最低生活保障制度开始,目前已经逐步走向成熟完善,成为社会保障制度的重要组成部分,成为维护"底线公平”的最后一道“安全网”。

1. 城市居民最低生活保障制度

20世纪90年代末，为了有效缓解由于国企转制和社会转型而出现的1500万—3000万失业下岗人员的基本生存困境，国务院于1999年颁布《城市居民最低生活保障条例》(以下简称《条例》)，正式建立城市居民最低生活保障制度。按照《条例》规定，城市居民最低生活保障制度的保障对象是共同生活的家庭人均收入低于当地最低生活保障标准的持有非农业户口的城市居民。《国务院关于在全国建立城市居民最低生活保障制度的通知》(国发[1997]29号)中将其具体分为三类：一是无生活来源、无劳动能力、无法定赡养人或抚养人的居民；二是领取失业救济金期间或失业救济期满仍未能重新就业，家庭人均收入低于最低生活保障标准的居民；三是在职人员和下岗人员在领取工资或最低工资、基本生活费后以及退休人员领取退休金后，其家庭人均收入仍低于最低生活保障标准的居民。

保障标准由当地政府根据城市居民维持基本生活的最低支出(当地维持城市居民基本生活所必需的衣、食、住费用，并适当考虑水电燃煤、燃气费用以及未成年人的义务教育费用等)和物价指数，并考虑社会平均生活水平和政府财政的承受能力等因素制定，并且该标准还应随物价上涨等因素进行调整。

城市居民最低生活保障所需资金由地方人民政府列入财政预算，纳入社会救济专项资金支出项目，专项管理，专款专用。地方财政确有困难的，中央财政给予支持。

城市居民最低生活保障需要由居民主动提出申请，并由当地管理审批机关进行调查核实。根据《社会救助暂行办法》规定，对批准获得最低生活保障的家庭，县级人民政府民政部门按照共同生活的家庭成员人均收入低于当地最低生活保障标准的差额，按月发给最低生活保障金。对获得最低生活保障后生活仍有困难的老年人、未成年人、重度残疾人和重病患者，县级以上地方人民政府应当采取必要措施给予生活保障。

城市居民最低生活保障制度的正式建立是中国社会救助事业的一大进步：扩大了保障范围，由过去的民政救济“三无”人员扩大到全体贫困城市居民；保障资金由政府与保障对象所在单位分担过渡到政府负担；救助程序更加规范，减少了救助活动的随意性；保障水平不断提高，并随着经济水平做出调整。

据统计，截至2019年底，全国有城市低保对象524.9万户、860.9万人。全国城市低保平均保障标准624.0元/人·月，比上年增长7.6%，全年各级财政共支出城市低保资金519.5亿元。

2. 农村居民最低生活保障制度

为了有效地解决部分农村贫困居民的温饱问题，国务院于2007年7月印发《关于在全国建立农村最低生活保障制度的通知》(以下简称《通知》)，决定在农村建立最低生活保障制度。《通知》规定，农村低保制度的保障对象为家庭年人均纯收入低于当地政府规定的最低生活保障标准的农村贫困人口，具体包括由于年老体衰、病残以及丧失劳动能力等因素导致长期生活困窘的农村居民。2010年，民政部下发《关于进一步规范农村最低生活保障工作的指导意见》，提出了规范保障对象的意见：凡家庭年人均纯收入低于当地低保标准的农村居民家庭，均属于农村低保的保障范围。坚持以家庭为单位进行操作，纠正“保人不保户”的不规范做法。边境居民、水库移民、失地农民等特殊人员的生活保障问题由专门政策解决，不能不加区别地将这些人员全部纳入农村低保范围。

保障标准由县级以上地方人民政府按照能够维持当地农村居民全年基本生活所必需的吃饭、穿衣、用水、用电等费用确定，并随着当地生活必需品价格变化和人民生活水平提高适时进行调整。

保障资金的筹集由当地政府列入财政预算，省级人民政府要加大投入，中央财政对财政困难地区给予适当补助。

农村居民最低生活保障要由居民主动申请，并由村民委员会初审、乡(镇)政府复审，最后报县级民政部门审批。各级组织均应将相关内容进行公示，确认无误后再进行资金发放，保障金按照申请人家庭年人均纯收入与保障标准的差额发放，也可以在核查申请人家庭收入的基础上，按照其家庭的困难程度和类别，分档发放。鼓励有条件的地区实行县、乡联审联批或网上审批，提高工作效率。并推行由国库集中支付，通过银行、信用社等金融服务机构直接发放低保金的办法。

截至2019年底，全国有农村低保对象1892.3万户、3455.4万人。全年各级财政共支出农村低保资金1127.2亿元。2019年全国农村低保平均标准5335.5元/人·年，比上年增长10.4%。

10.3.2 特困人员供养制度

特困人员供养制度是指国家对无劳动能力、无生活来源且无法定赡养、抚养、扶养义务人，或者其法定赡养、抚养、扶养义务人无赡养、抚养、扶养能力的老年人、残疾人以及未满16周岁的未成年人，给予的保障制度。其主要是提供基本生活条件、生活不能自理人员的照料、疾病治疗以及丧葬事宜等保障项目。2016年，民政部出台了《特困人员认定办法》，本着应救尽救、应养尽养的基本原则，明确规定了特困人员的认定办法。

特困人员供养由本人提出申请，但乡镇政府、街道办等机构也应当主动了解居民情况，发现符合供养条件的，要主动办理供养。乡镇政府、街道办通过入户调查、邻里访问、信函索证、民主评议、信息核对等方式，对申请人的经济状况、实际生活状况以及赡养、抚养、扶养状况等进行调查核实。

特困供养人员可以在当地的供养服务机构集中供养，也可以在家分散供养，由本人自由选择。由县级民政部门组织对特困人员的自理能力进行评估，并据此确定照料标准。基本生活标准参照当地的人均消费支出、人均可支配收入或者低保标准这三者的比例来确定。但民政部提出，一般情况下不低于低保标准的1.3倍。

10.4 专项分类救助制度

10.4.1 医疗救助制度

医疗救助制度是指国家建立的对最低生活保障家庭成员、特困供养人员以及县级以上人民政府规定的其他特殊困难人员给予基本医疗卫生服务保障的制度。根据《关于进一步完善医疗救助制度 全面开展重特大疾病医疗救助工作的意见》的规定，最低生活保障家庭成员和特困供养人员是医疗救助的重点救助对象，要逐步将低收入家庭的老年人、未成年人、重度残疾人和重病患者等困难群众(低收入救助对象),以及县级以上人民政府规定的其他特殊困难人员纳入救助范围。

具体的救助办法为:对重点救助对象参加城镇居民基本医疗保险或新型农村合作医疗的个人缴费部分进行补贴,特困供养人员给予全额资助,最低生活保障家庭成员给予定额资助,保障其获得基本医疗保险服务。

重特大医疗疾病救助对重点救助对象和低收入救助对象经各类医疗保险报销后个人负担的合规医疗费用,直接予以救助;因病致贫家庭重病患者等其他救助对象负担的合规医疗费用,先由其个人支付,对超过家庭负担能力的部分予以救助。救助比例和限额综合考虑患病家庭负担能力、个人自负费用、当地筹资情况等因素,分类分段设置。

根据《城乡医疗救助基金管理办法》的规定,县级以上政府要建立城乡医疗救助基金,主要来源于地方各级财政预算和彩票公益金、社会捐赠、医疗救助基金的利息收入等。救助方式以住院救助为主,同时兼顾门诊救助。

据统计,2019 年,全国医疗救助基金支出 502.2 亿元,资助参加基本医疗保险 8751 万人。实施住院和门诊医疗救助 7050 万人次,住院和门诊每人次平均救助水平分别为 1123 元和 93 元。截至 2019 年底,农村建档立卡贫困人口参保率达到 99.9%以上。医保扶贫综合保障政策惠及贫困人口近 2 亿人次,帮助 418 万因病致贫人口精准脱贫。

10.4.2 教育救助制度

教育救助制度是指国家为保障困难适龄儿童青少年享有平等的受教育权、公平的受教育机会和资源,从物质、资金和服务上对其提供的各种援助,是保障教育公平、实现反贫困的重要路径,旨在为国民经济的健康发展提供充分的人力资本储备。

救助的对象主要有:对在义务教育阶段就学的最低生活保障家庭成员、特困供养人员,给予教育救助;对在高中教育(含中等职业教育)、普通高等教育阶段就学的最低生活保障家庭成员、特困供养人员,以及不能入学接受义务教育的残疾儿童,根据实际情况给予适当教育救助。

教育救助的方式在不同的教育阶段有所不同,主要有减免相关费用、发放助学金、给予生活补助、安排勤工助学等。教育救助待遇应当按照国家有关规定向就读学校提出,按规定程序审核、确认后,由学校按照国家有关规定实施。

教育救助与其他救助不同,属于通过教育激发救助对象自身潜力、提升其自身脱贫能力的救助形式。教育救助能够增加人力资本存量、提升劳动者自身素质,有利于社会的可持续发展。特别是在中国,农民工群体大量存在,农民工随迁子女的教育问题成为重中之重。教育救助为他们提供了更多的受教育机会,有利于消除可能存在的贫困文化,促进整个社会的发展。

10.4.3 住房救助制度

住房救助是指政府向最低收入家庭和其他需要保障的特殊家庭提供租金补贴或以低廉租金配租的具有社会保障性质的制度。其特点是由政府承担住房市场费用与居民支付能力之间的差额,解决部分居民住房支付能力不足的问题。

各国政府提供住房救助的形式大致有以下几种:

(1)向居民提供福利保障性的廉租房。廉租房是由国家出资建设规格适当、设备齐全的住房,以低廉的可被接受的方式向住房弱势群体提供,保证其住房达到当地最低生活标准。

(2)出售低于市场价格的经济适用住房。经济适用住房介于完全市场化的普通商品住房和保障性的廉租住房之间,由政府或受委托的经济组织建造和供应,政府提供一定的划拨土地和减免税费等优惠政策,主要由购房者来承担购房费用,但房价明显低于商品住房①。

(3)发放住房现金补贴。即政府向低收入家庭直接发放现金,帮助其购买或租住房屋。这不是住房救助的最主要的形式,但其作用仍不可忽视。如在美国,家庭收入为居住地的中等收入 80%以下者均可申请住房租金补贴,享受补贴的家庭拿出总收入的 25%支付租金,其余由政府发放的住房券支付。

在中国,住房救助是切实保障特殊困难群众获得能够满足其家庭生活需要的基本住房,在住房方面保民生、促公平的托底性制度安排。住房救助对象是符合县级以上地方政府规定标准的、住房困难的最低生活保障家庭和分散供养的特困人员。城镇住房救助对象属于公共租赁住房制度保障范围,农村住房救助对象属于优先实施农村危房改造的对象范围。

住房救助的方式主要有公共租赁住房、低收入住房困难家庭租赁补贴、农村危房改造等。

住房救助待遇需要救助对象提出申请,并经相关部门进行审核后给予审批。

10.4.4 就业救助制度

就业救助制度是指国家对最低生活保障家庭中有劳动能力并处于失业状态的成员,通过贷款贴息、社会保险补贴、岗位补贴、培训补贴、费用减免、公益性岗位安置等办法,促进其重新就业的保障性制度。

《社会救助暂行办法》规定,最低生活保障家庭中有劳动能力但未就业的成员,应当接受人力资源社会保障等有关部门介绍的工作;无正当理由,连续 3 次拒绝接受介绍的与其健康状况、劳动能力等相适应的工作的,县级民政部门应当决定减发或者停发其本人的最低生活保障金。以此来防止"福利依赖"的产生,促进应就业成员的就业积极性。

国家对于吸纳就业救助对象的用人单位,给予社会保险补贴、税收优惠、小额担保贷款等就业扶持政策。公共就业服务机构向提出就业救助申请的成员免费提供就业岗位信息、职业介绍、职业指导等就业服务。

就业救助制度是一种促进有劳动能力的贫困成员再就业、激发成员再生力量、实现自主脱贫的积极性政策。

除了以上四种专项救助制度,一般认为其还包含司法救助制度,它又称为法律援助制度,是指律师、公证员、基层法律服务工作者为经济困难或其他特定案件当事人减收或免收相关费用而提供法律服务的制度。2003 年,国务院颁布《法律援助条例》,规定了法律援助的范围。2004 年,司法部、民政部等部门联合下发了《关于贯彻落实〈法律援助条例〉切实解决困难群众打官司难问题的意见》,规定了相关部门对法律援助案件办理中费用的减、免问题。

---

① 20 世纪 70 年代之后,主要发达国家经济陷入萧条,庞大的福利体系成为政府的负担,各国的福利体系包括住房保障制度都出现了新的变化。主流的变化趋势就是,引用更多市场化的手段,政府直接投资或通过多种融资渠道支持低成本住房的建设与出售。这一变化的基础思想有:一是以低价向居民出售房屋是让中低收入民众分享财富和发展的重要途径。二是拥有住房财产的阶层是最稳定的阶层,因此提高住房拥有率有利于社会稳定发展。

10.5 临时应急类救助制度

10.5.1 受灾人员救助制度

1. 自然灾害与灾害救助

自然灾害是指给人类生存带来危害或损害人类生活环境的自然现象，包括干旱、洪涝、台风、冰雹、暴雪、沙尘暴等气象灾害，火山、地震灾害，山体崩塌、滑坡、泥石流等地质灾害，风暴潮、海啸等海洋灾害，森林草原火灾和重大生物灾害等。自然灾害会对人类社会造成物质财富损失和人身伤亡等，并伴随着人类社会的发展而发展，难以完全消灭。因此，人类社会亟须灾害应对机制来减少损失，灾害救助就是其中的一项重要内容。

灾害救助(《社会救助暂行办法》将其称为受灾人员救助制度)是指国家或社会对因遭遇自然灾害而陷入生活困境的灾民进行抢救和援助的一项社会救助制度，其目的是通过救助，使灾民摆脱生存危机，同时使灾区的生产、生活等尽快恢复正常秩序。

中国自古以来就是自然灾害多发的国家，随着机械化进程的加快及老龄化社会的形成，灾害型危机事件造成的经济损失呈增长态势，导致财富减少、劳动率下降及资源被破坏，人民生命财产安全受到威胁。据民政部统计，2017 年全国各类自然灾害共造成 1.4 亿人次不同程度受灾，因灾死亡失踪 979 人，紧急转移安置 525.3 万人次；农作物受灾面积 18478.1 千公顷，其中绝收面积 1826.7 千公顷；倒塌房屋 15.3 万间，损坏房屋 157.9 万间；因灾直接经济损失 3018.7 亿元。国家减灾委、民政部共启动国家救灾应急响应 17 次，向各受灾省份累计下拨中央财政自然灾害生活补助资金 80.7 亿元(含中央冬春救灾资金 57.3 亿元)，紧急调拨近 3 万顶救灾帐篷、11.6 万床(件)衣被、3.1 万条睡袋、6.9 万张折叠床等中央储备生活类救灾物资。灾害救助是受灾人员保障基本生活的主要途径之一。

与其他社会保障项目相比，灾害救助应对的是各种突发性的灾难，体现出救助的紧急性、救助方式的多样性、救助的非经常性以及不确定性等特征。

2. 典型国家的灾害救助

1) 美国

美国的自然灾害救助包括防灾减灾救助、重大灾害应急救助和突发事件救助三大类。其中防灾减灾救助主要包括防灾计划救助和灾害预警救助两部分。重大灾害应急救助主要包括一般性联邦救助、必需的基本救助、风险防御、联邦设施救助、修复和重建受损设施、对个人和家庭的联邦救助、失业救助、食品券的分配、食品紧急调度与供应、法律服务、危机咨询服务、社区灾难贷款、紧急通信、紧急公共交通、消防救助和木材售卖合同等共 16 项。突发事件救助主要是联邦政府对州与地方政府进行紧急援助，协调联邦机构、私营组织、州与地方政府共同救灾，向受灾的州与地方政府提供技术与咨询服务，清除废墟，提供临时住房，帮助州与地方政府分发药品、食品、可消费补给与紧急援助物资。

美国形成了较为完善的灾害救助法律体系和应急计划体系，不但有综合性的法律《斯塔福德法》，也有应对单灾种的法律如《国家洪水保险法》等。财政筹措资金以中央财政预算为主体，联邦政府出资比例最低为 50%，最高可达 75%。建立了多元化的资金筹集渠道，以保险为核心，贷款以低息贷款为主，目前保险理赔、信贷支持等市场融资渠道所占救灾资金的份额日渐增多。政府对于灾民的补助以非货币化服务为主，如法律咨询、心理咨询、保险服务、建筑执照申请服务、再就业服务等，在政府部门提供这些救助的同时，民间团体也扮演重要角色。

2）日本

日本相关法律对灾害救助的种类及救助额度有明确规定，同时授权中央政府制定全国统一的自然灾害救助标准。日本各项灾害救助费用的筹集，中央和地方按比例分担，法律均有明文规定。其中，中央政府的救灾资金侧重于整个国土安全和灾害预防，地方资金则主要用于灾害发生后的应急响应和灾民救助。救助的种类主要包括：提供临时救助住所；提供伙食、其他食品和矿泉水；提供衣服、寝具和其他生活必需品；提供医疗及助产；救出受灾者；对因灾受损的住宅进行应急修理；提供维持生计所需的资金、器具或资料；提供学生用品；埋葬；前述各项之外的政令规定事项。2011 年东日本大地震发生后，日本内阁府在原有各项政策的基础上进一步完善了灾民和灾区援助各项政策，规定了政府所制定的各项救助政策。

日本的灾后救助机制较为健全，在立法方面，还有《灾害救助法》等有关法律规范，对于灾害救助的实施，所应包括的项目、金额及费用负担等，都有明确的法律规定和全国统一的标准。日本中央与地方政府对于灾害救助费用、灾害抚慰金及低息贷款等的财务分担责任非常明确。日本对灾害现金救助的规定极为严格，目前现金救助仅包括灾害抚慰金、过渡性生活救助金和生活重建救助金，灾害救助以低利息的贷款、减免租税和非现金补助为主。

3）印度

印度建立了全国统一的自然灾害救助项目和《灾害对策基本法》标准。印度政府对自然灾害的救助主要体现在灾害救济基金和国家灾害应急基金中。两个基金的内容主要包括因灾死亡救助、因灾受伤救助、生活用品救助、食物救助、农民救助、就业者救助、畜牧业救助、渔业救助、手工业救助、房屋修复救助、饮用水救助、基础设施修缮救助、医疗设施救助等 29 个救助项目，在每个救助项目中，详细规定了救助标准和金额，两个基金的救助项目框架较为完备。

印度自然灾害救助的法制基础是《灾害应急管理法》。自然灾害救助机制比较健全，制定了详细的自然灾害救助政策。印度建立了自然灾害救助标准的动态调整机制，自然灾害救助项目和标准不断更新完善。

通过以上可以看出，美国、日本和印度的灾害救助制度体现出救助项目日益完备、救助标准日益细化、救助形式灵活多样、救助对象范围较广等特征。

3. 中国的灾害救助制度

2010 年，国务院颁布《自然灾害救助条例》，规定国家减灾委员会、民政部、县级以上地方政府承担灾害救助工作，并由红十字会、慈善会和公募基金会等社会组织依法协助。建立了自然灾害救助应急预案、应急救助、灾后救助（灾后恢复重建、灾民生活救助等）一体化的自然灾害救助机制。

自然灾害生活救助资金由中央财政与地方财政共同负担，具体分担比例根据各地经济发展水平、财力状况和自然灾害特点等因素确定。中央层面的自然灾害救助项目主要包括民房恢复重建救助、过渡性生活救助、紧急转移安置救助、旱灾临时生活困难救助、冬春临时生活困难救助、遇难人员家属抚慰六项。地方政府再根据当地情况对救助的具体标准做出细化。

与前文所述的三个国家相比，中国的灾害救助制度体现出以下特征：救助项目较单一，主要是围绕衣、食、住等基本生活需要进行，在生计恢复、灾民教育、心理抚慰等方面仍有不足；救助形式以政府现金补贴为主，灾害保险、贷款等形式较少；救助标准偏低；缺乏动态调整机制等。

10.5.2 临时救助制度

临时救助是国家对遭遇突发事件、意外伤害、重大疾病或其他特殊原因导致基本生活陷入困境，其他社会救助制度暂时无法覆盖或救助之后基本生活暂时仍有严重困难的家庭或个人给予的应急性、过渡性的救助。临时救助制度的建立弥补了中国社会救助制度中存在的短板，使得社会救助制度更加完善，但在其具体实施中，应注意其应当发挥的功能和实施的原则。

1. 临时救助制度的功能

1）补充性

中国社会救助制度的低水平容易导致救助不足的问题，需要专门的临时救助制度加以弥补。与发达国家高水平、高救助的模式不同，中国社会救助制度采取了低水平、高瞄准度的模式。但这种救助制度容易使社会安全网出现漏洞。有些特别困难的家庭即使在获得了低保救助以后还存在很多严重的困难，需要额外的救助，但目前的低保制度对此却无能为力。另外，在有些项目上，救助不足还可能导致整个救助待遇的失效。例如在医疗救助上，许多严重贫困的家庭如果因病情严重需要发生大额医疗费用，往往由于无法支付其自付部分，导致实际上无法获得所有的医疗保险和医疗救助待遇。因此就需要通过临时救助来为确有特殊困难的家庭提供补充性的救助，以使民生保障的安全网更加完善。

2）应急性

在当代复杂社会中，随着经济与技术的发展，在社会经济和日常生活中的风险都大幅度增加，人们生产和生活中面临的各种不确定因素不断增多。生产或生活中的各种突发事件往往可能导致个人和家庭瞬间陷入困境。在亲友、邻里、工作单位等传统救助机制大大弱化的情况下，如果没有政府的救助，受影响的个人和家庭往往难以摆脱困境，甚至有可能陷入绝境。同时，在当代社会中，贫困和低收入家庭往往面临着更多的风险，并且在风险事件中所受的影响也更大，因而是最需要救助的对象。即使对于普通的家庭，如果遇到较大的灾祸，许多人也难以自我应对，需要政府的救助。《社会救助暂行办法》中规定社会救助制度有"救急难"的目标，但这一目标的实现主要靠临时救助。要充分重视临时救助的"救急"特点，在发现个人或家庭因突发事件而陷入困境后，救助机构要在第一时间里做出快速反应，向其提供适宜的救助。

3）预防性

预防性功能主要是要发挥临时救助的灵活性特点，向有可能产生严重后果的危机预兆事件或人员提供帮助，防止其滑向更加严重的后果或发生灾难性事件。传统的社会救助一般都是"事后救助"，这种被动的救助原则很难应对当代风险社会中的复杂性。在很多情况下个人和家庭陷入困境或发生灾难性事件都是从小困难、小危机开始，由于缺乏事先的帮助而最终酿成严重困境或灾难性事件。因此，如果能够建立和完善预防性的救助项目，对有可能陷入严重困境的个人或家庭，以及有可能导致灾难性后果的先兆性困难提前加以干预，给相关的家庭或个人提供必要的帮助，则可以更加有效地防止严重后果的发生。

4）综合托底性

所谓综合托底性功能是指临时救助要担负起别的救助项目无法承担的，但又确实需要提供的救助。在当代社会中各种各样的个人和家庭所遇到的困难和风险是相当多样化的。不管各种社会救助项目如何细化也很难将人们可能遇到的所有困难和风险都预先列到救助目录中。并且，随着社会救助制度越来越制度化，它应对各种例外特殊困难的救助能力也会随之而降低。通常有两种办法来提高社会救助制度对例外特殊困难的包容能力：一是通过降低制度化程度而提高其运行的灵活性；二是通过综合托底性项目来解决各种例外特殊困难。前一种办法不利于我国整个社会救助制度的规范化运行，在当前不太可取，因此目前最好的办法是通过临时救助项目来承担各种例外特殊困难的救助功能。

2. 临时救助制度的主要内容

临时救助制度的救助对象包括家庭和个人两部分。家庭对象包括：因火灾、交通事故等意外事件，家庭成员突发重大疾病等原因，导致基本生活暂时出现严重困难的家庭；因生活必需支出突然增加超出家庭承受能力，导致基本生活暂时出现严重困难的最低生活保障家庭等。个人对象包括：因遭遇火灾、交通事故、突发重大疾病或其他特殊困难，暂时无法得到家庭支持，导致基本生活陷入困境的个人。其中，符合生活无着的流浪、乞讨人员救助条件的，由县级政府按有关规定提供临时食宿、急病救治、协助返回等救助。对此类人员的救助办法，《城市生活无着的流浪乞讨人员救助管理办法》做出了明确规定。

临时救助待遇可以由符合条件的家庭或个人提出申请，相关政府部门或机构也应当积极了解情况，主动发现救助对象。

临时救助方式主要有：一是发放临时救助金。一般采用直接支付到救助对象个人账户或现金发放的形式。二是发放实物。主要是根据临时救助标准和救助对象基本生活需要，发放衣物、食品、饮用水，提供临时住所等。三是提供转介服务。对给予临时救助金、实物救助后，仍不能解决救助对象困难的，应分情况提供转介服务。对符合最低生活保障或医疗、教育、住房、就业等专项救助条件的，要协助其申请；对需要公益慈善组织、社会工作服务机构等通过慈善项目、发动社会募捐、提供专业服务、志愿服务等形式给予帮扶的，要及时转介。

临时救助标准与当地经济社会发展水平相适应，由县级以上地方政府根据救助对象困难类型、困难程度，统筹考虑其他社会救助制度保障水平，合理确定并适时调整。

3. 临时救助的基本原则

由于临时救助制度的特殊性，使得其在实施过程中与其他社会救助项目有所不同，应遵循一定的原则。

1）以救助对象的实际需要为标准

临时救助制度与基本资格标准应当适当放宽：一是不限于低保人员。我国有些救助项目是与低保挂钩的，但临时救助制度不应简单参照低保标准，所有社会成员个人或家庭，凡是遭遇到突发事件并因此而陷入自己无法解决的困境的，都应可以申请临时救助。二是对临时救助对象资格的认定不应事先设立收入标准。任何收入标准的家庭或个人在巨大灾难面前都有可能陷入困境，只是高收入水平者陷入困境的概率会小一些。临时救助对象资格的认定应当根据经济状况和困境程度综合考虑。三是临时救助应打破户籍限制。我国很多社会保障政策都需要符合“户籍所在地”这一条件，但临时救助制度具有应急性的特征，因此不宜因户籍限制而将需要救助的人员排除在外。

2）救助形式多样化

我国现行的社会救助多以现金救助为主，但临时救助可包括现金救助、实物救助和服务救助等形式。实物救助的最大优势是救助内容的瞄准性更强，能够直接针对求助者的困难，在短时间里有效地满足其最基本的需要。服务救助是指向有需要者提供必要的服务，包括庇护服务、紧急救治，临时护理服务、心理安抚、危机干预等服务。服务救助可以单独提供，也可以与现金救助或实物救助同时提供。

3）服务和管理方式新型化

临时救助在目标功能、对象确定、救助方式等方面与其他社会救助项目都有所不同，因此在临时救助的服务和管理方式上也应该有其特点。

(1)一线人员应享有充足的自由裁量权。临时救助面对的是充满不确定性的情况，难以完全遵照现有制度执行，加之临时救助具有应急性的特征，需要一线人员迅速做出决定，因此必须减少审批程序，赋予其充足的自由裁量权。当然，这一原则是与一线人员较高的业务素质水平密切相关的。

(2)应申请受理与主动发现受理相结合。现实中有些个人和家庭可能缺乏提出申请的能力或意识，或者在突发事件中来不及申请，救助机构获得信息并核实后应主动提供救助。主动发现受理方式的建立，可以大大提升临时救助的托底性功能，进一步强化社会安全网。

(3)应强化社会力量的作用。一方面，社会组织相对政府而言具有规模小、灵活性、快捷性等特点，因此其特别适用于参与临时救助；另一方面，临时救助往往面对最严重的困难，因此其社会公益性最强，最能吸引公众的关注，也就最能吸引社会组织的参与。因此，积极推动社会组织和慈善事业参与急难救助，不仅对发展临时救助制度具有重要的意义，而且对于社会组织和慈善事业自身的发展也具有重要的意义。

(4)应提升整体专业水平。临时救助制度的建构和运行的复杂性与难度都高于其他社会救助项目，既要有效地健全社会安全网，又要相对节省开支，避免资源的低效率使用，最重要的方法就是通过更加专业化的管理和服务来达到社会效益和运行效率的最大化。

中国的社会救助项目除了以上几种，通常还包括农村扶贫开发、残疾人救助等。

10.6 中国社会救助制度存在的问题及发展趋势

10.6.1 存在的问题

近年来，中国社会救助制度不断完善，形成了长期生活类救助、专项救助与应急类救助于一体的社会救助体系，为社会成员提供了重要的安全屏障。但从整体上看，社会救助制度依然存在一些不足。

1. 社会救助保障水平总体偏低

一方面，城乡低保的保障水平较低。从表 10-2 可以看出，虽然近五年来城乡低保占城乡居民人均可支配收入的比重呈现上升的趋势，但整体水平依然较低。2017 年，城乡低保平均标准分别占城乡居民人均可支配收入的 17.8%和 32%；到 2019 年，占比则为 14.7%和

33.3%，城乡低保占比甚至出现下降。欧洲等发达国家一般按人均收入或收入中位值的60%为贫困线。相比来看，我国的低保标准相距甚远。

另一方面，国家对社会救助的财政投入水平也较低。以2017年为例，全年全部社会救助项目共支出2547.5亿元，仅占GDP的0.31%。虽然整体上社会救助的财政投入是在不断提升的，但与GDP的增速相比，其增长速度仍然较低。

长期以来，中国都是以绝对标准来界定贫困，将贫困问题等同于温饱问题，因此，社会救助的目标也是以解决温饱问题为核心的，成为"生存型救助"。在这一贫困观的影响下，低保标准和实际救助水平一直按维持低保对象家庭的最低需要而测定，而每年提高救助标准的依据也主要是与物价指数挂钩的，因此社会救助只能维持原有的购买能力，而无法实质性地缩小贫困家庭与普通家庭之间的收入和实际生活差距。并且，仅瞄准绝对贫困对象，也难以适应贫困结构的变化。随着我国经济社会的发展，绝对贫困人口数量减少，相对贫困问题凸显，当前的社会救助标准容易导致"应保尽保"难以实现，进而降低救助效果。

表10-2 城乡低保水平

年份	城市低保平均标准/(元/人、月)	城市居民人均可支配收入占比/%	农村低保平均标准/(元/人、年)	农村人均可支配收入占比/%
2013	373.3	16.6	2434.0	27.3
2014	411.0	17.1	2777.0	28.1
2015	451.1	17.4	3177.6	27.8
2016	494.6	17.7	3744.0	30.3
2017	540.6	17.8	4300.7	32.0
2018	579.7	14.8	4833.4	33.1
2019	624.0	14.7	5355.5	33.3

数据来源：国家统计局，2013—2019年《国民经济和社会发展统计公报》；民政部，2013—2017年《社会服务发展统计公报》，2018—2019年《民政事业发展统计公报》。

2. 单向救助理念难以实现自助

社会救助项目在较大程度上缓解了贫困群体的生存危机，然而，无论是最低生活保障还是医疗救助，抑或是受灾人员救助等，采取的都是单向式救助，由贫困家庭或者个人提出申请，政府对符合条件的申请者予以救助，进而解除贫困群体的生存危机，保障其基本生存。事实上，这是一种自上而下的单向"他助"过程，是纯粹的"给予"或者"接受"，往往忽略了受助对象的主体能动性。故而，这种消极、被动的"输血型救助"，不但无助于发掘受助对象的自身潜能，导致其缺乏摆脱困境的积极性与主动性，无法实现助人自助，而且还有可能造成政府的救助无法匹配受助者的实际需求，出现供需关系的错位，从而严重地削弱救助的实际效果。

3. 社会救助制度设计存在缺陷

现行的社会救助制度能够解决贫困群体的基本生存问题，但对贫困群体摆脱贫困的帮助却很有限，并且因救助激励不足，容易出现"救助依赖"现象。补差制(救助全额标准减去受助者实际收入)的救助方式，意味着受助者就业收入增加多少，实际救助金就相应减去多少，受助对象就业收入的增加并不能带来总体收入水平的提升，间接强化了救助的劳动负激励。

在社会救助政策的基层执行中，很多地方把其他专项救助或优惠政策与低保资格进行简单捆绑，获得低保救助资格，就可以自动获得其他很多救助项目或优惠政策，尤其是对于那些收入略微高出最低生活保障线的家庭，受到比较严重的“相对剥夺”。这就导致很多人“挤破脑袋吃低保”，受助对象就业积极性降低，自我改善生活的愿望不高，加之退出机制构建不畅，部分受助对象长期处于救助行列，形成比较明显的救助依赖现象。受助对象仅依赖救助金维持较低水平的生活，长期处于贫困状态，进而陷入“贫困陷阱”。

4. 社会救助管理体制仍不够完善

随着社会救助项目的日益增多，涉及的政府部门也逐步增多，民政部门作为社会救助的主要部门，并未能够对整个社会救助体系进行有效的监督与管理。社会救助制度的不同项目由不同的政府部门负责，呈现出碎片化特征。在制度设计、发展规划、相关政策的制定和实施，以及基层管理体制等方面的协调性不够高，既有交叉又有空白。另外，社会救助制度与其他社会保障制度之间缺乏有效衔接。虽然政策文件中对相关制度之间的衔接有所涉及，但缺乏具体、明确的制度衔接设计。加之部门分管与部门间协调性不足，导致社会保障制度之间的衔接性不足。

10.6.2　发展趋势

随着社会经济的发展，社会救助制度也一直处于发展与完善之中。社会救助制度发展的重点是由生存型救助向发展型救助转变，主要包括以下几方面。

1. 覆盖相对贫困，提高救助水平

我国的社会救助制度应该适应贫困主体结构的变化，适度地扩大救助范围，不仅要对处于绝对贫困境地的贫困人口实施救助，更应该为处于贫困边缘的相对贫困人口进行有针对性的帮扶，通过物质补偿或者技能培训等措施，帮助他们提升自我发展能力和风险抵御能力。国家需要投入更多财政，并适度拓宽救助资金的来源渠道，适当地提高救助标准，以满足受助者的基本生活需要为依据，救助资金的金额应当让受助者在满足温饱、解决基本生存后有所剩余，以鼓励有条件的受助者通过参加就业培训、技能培训或者创业培训等提升自身人力资本，增强自我发展能力，进而有效地摆脱贫困。

2. 由单向救助转为双向救助

双向救助是指救助者帮助受助者提升自我发展能力，实现助人自助。一方面需要救助部门及社会以积极的眼光看待受助者，将他们视为宝贵的人力资源，应当把改善受助者的贫困状况和发展机会的平等有机结合；另一方面要让受助者成为救助行动的积极参与者，救助部门从受助者的实际需要出发进行有针对性的分类救助，充分发挥其自助潜能，彻底摆脱贫困。

3. 精细化分解致贫因素，完善社会救助制度设计

与计划经济时代不同，当今贫困个体失去了单位制或集体经济的庇护，往往会面临更大的社会冲击。并且，每个个体面临的致贫因素也有很大差异，历史贫困等因素不断弱化，新的致贫因素不断得到强化（因病致贫、因学致贫、行业间与群体间收入分配不公、经济社会转型导致的结构性失业等）。这就表明单纯的现金给付已不能解决问题，且保障基本生存这一目标已经不能满足贫困群体的需求。因此，专项救助的功能应该进一步强化，且不能简单与低保资格挂钩，而是依据实际致贫因素给予救助。同时，完善救助退出机制，即达到一定水平后应取消其救助资格，以促进其自我发展的积极性。

4. 完善社会救助管理体制

社会救助体系效率的高低，不仅关系到有限的救助资源能否得到充分利用，而且关乎救助制度能否实现健康发展。当前存在的救助项目分散、缺乏协调等问题亟须解决。民政部门应当进一步发挥好统筹作用，尽快建立民政牵头和相关部门配合的救助协作机制，加强与其他救助部门之间的互动、沟通与协作，减少制度运行的环节与成本，实现各项救助项目之间的有效衔接，避免救助项目之间出现重复或者遗漏，从而有效地提升社会救助体系的效率，促进制度的可持续发展。

本章小结

贫困是一个多维度概念，体现在收入、教育以及生活的其他多个方面。目前社会保障制度涉及的贫困主要是指经济方面的贫困，贫困按照程度可以分为绝对贫困和相对贫困。发达国家的社会保障制度主要解决的是相对贫困的问题，而发展中国家的社会保障制度则更多的是解决绝对贫困的问题。

贫困线也被称作最低生活保障线，国际上确定贫困线的方法主要有市场菜篮子法、恩格尔系数法、国际贫困标准法、生活形态法，具体要采用哪一种方法要由一国或地区的基本情况而定。

社会救助是最基本的社会保障制度安排，主要救助自我保障有困难而且确定需要国家与社会给予救助才能摆脱生存危机或困境的社会成员。中国主要救助三无人员、灾民、贫困人口和艾滋病患者等特殊人群。

中国的社会救助体系主要分为：长期生活类救助，包括最低生活保障和特困人员供养；专项分类救助，包括医疗救助、教育救助、住房救助和就业救助；临时应急类救助，包括受灾人员救助和临时救助。

中国社会救助制度整体上仍存在救助水平总体偏低、单向救助理念难以实现自助、社会救助制度设计存在缺陷、社会救助管理体制仍不够完善等问题，仍需进一步发展。

思考题

1. 什么是贫困、绝对贫困与相对贫困？
2. 国际上确定贫困线的测量方法有哪些？
3. 什么是社会救助？社会救助应遵循哪些原则？
4. 简述最低生活保障制度的主要内容。
5. 特困人员供养制度的主要内容是什么？
6. 简述专项分类救助制度的主要内容。
7. 分析美国、日本、印度等国的灾害救助制度及其对我国的启示。
8. 简述临时救助制度的基本功能。
9. 你认为中国社会救助制度存在哪些问题，应如何进一步完善。

案例讨论

南京“社会救助”创新

2017年，南京市以“全科社工”“全科受理”为核心的基层社会救助服务尝试，被评为2017年度全国社会救助领域优秀创新实践活动成果案例，在入围的15个提名单位中评分名列第一。

残疾、年迈、孤寡独居的人，出门不方便怎么办？长期以来，这些特殊人群申请救助常常要跑多个部门，周期长、效率低。为此，2014年，南京市以栖霞区尧化街道和江宁区东山街道等为代表，抓住街镇便民服务中心建设契机，开展新一轮社会救助受理模式改革试点工作。这种社会救助受理尝试的核心做法，就是“一门受理”“一站办结”“一网联办”，大大方便了困难群众。

一直在外省生活的王奶奶因为生病、思念家乡，回到了南京。王奶奶早年离异，没有子女，也没有稳定的收入来源，此前户口一直空挂在江宁区东山街道天云社区。重归故里的王奶奶，生活无法自理又无独立住房，独自生活十分困难。王奶奶的这种情况，申请救助涉及多个部门，往来办手续就要好几趟。开展“一门受理”后，东山街道多个部门集思广益为老人想办法，终于找到了一个符合政策的好点子——帮老人办理最低生活保障和“城镇“三无”人员托养手续，这样老人就能在敬老院里踏踏实实地安度晚年了。

所谓“一门受理”，就是对原先由民政、人社、计生、残联等部门行使的行政审批、公共服务事项进行科学整合，将具有行政服务和公共服务职责的科室集中办公，将所有社会救助服务事项集中在中心统一办理。栖霞区尧化街道梳理了134项服务事项，江宁区东山街道提供了127项一站式服务内容，真正实现了社会救助“一门受理”。

同时，该社会救助受理尝试还彻底打破以往一人只负责一项工作、只办理一项业务的传统方式，经过系统培训和岗位实践，使每一名窗口人员都成为“全科社工”，熟练掌握全部社会救助政策和业务流程，能承接所有的社会救助等服务事项。

经民政部门统计，社会救助服务新探索在试点街道的实施，使其相关工作人员减少70%以上，居民办事时间节约84%以上，工作效率提升77%以上，政务服务空间节约85%以上。

问题：

1. 请结合案例，分析南京市的这一做法在哪些地方体现出优越性。
2. 你认为当前中国的社会救助制度应当如何进一步创新。

第11章　社会福利

本章要点

◎ 社会福利的概念及其内涵

◎ 社会福利的特征

◎ 中国社会福利存在的问题及改进措施

11.1　社会福利概述

11.1.1　社会福利的概念及其内涵

1. 社会福利的概念

“社会福利”(social welfare)一词最早出现于1941年英国首相丘吉尔和美国总统罗斯福所签订的《大西洋宪章》中，是“福利”一词的延伸。社会福利通常被理解为有关改善社会成员物质、文化生活的一切举措。社会福利是关乎民生、关乎社会公平公正、关乎社会发展的重要制度、政策与项目措施，是社会管理与社会建设中不可或缺的重要内容。由于社会文化、宗教信仰、地理环境等的差异，不同的国家、地区对社会福利的界定也不尽相同。目前，在社会工作专业领域里，人们对社会福利普遍存在着广义和狭义两种争议。

1）广义的社会福利

从广义上来说，社会福利是指一切改善和提高人民物质生活和精神生活的社会措施，不仅包括社会保障的内容，而且包括公共文化、免费教育、公共卫生和家庭津贴等方面，其对象是全体国民，提供的福利既包括物质生活方面，又包括精神生活方面。其主要代表是以英国为主的西方国家和中国的台湾、香港地区。例如，在英国出版的《新大不列颠百科全书》中，“社会福利”条目包含社会工作和社会保障两个子项目，社会保障并未单独列目。

2）狭义的社会福利

从狭义上来说，社会福利是社会保障制度中的一个特定的范围和领域，是国家和社会通过社会化的福利津贴、实物供给和社会服务，满足社会成员的生活需要并促使其生活质量不断得到改善的一种社会政策。狭义的社会福利对象是“弱势群体”，这种服务的作用是“补缺”性的，涉及的项目是传统的社会工作的内容。从资金和服务的提供者来看，狭义的社会福利从一开始就不是国家垄断的，宗教和慈善组织及邻里和社区都扮演着重要角色。即使在国家力量介入之后，这一领域仍被认为是一个混合的经济领域。

在社会福利概念的外延上，西方国家认为“社会福利”始终大于“社会保障”。然而，与西方的概念界定恰恰相反，由于中国现行制度中社会保障居于更高的概念层次，使得社会福利成为其所属的一部分，这也是一直以来广义的社会福利与狭义的社会福利发生争议的学理诱因。

本书结合中国实际，将社会福利界定为：国家和社会在保证全体公民基本生活水平需要的基础上，为保护特殊人群的基本权益、提高全体公民物质和精神生活水平而出台的一系列服务政策和服务措施。

2. 社会福利的基本内涵

社会福利在保护和促进生产力的发展、缓解社会矛盾、稳定社会秩序、调解人际关系方面，不断发挥稳定机制的作用。具体来看，社会福利应当具有三个方面的含义：其一，基本生活保障。在任何时期，广大社会成员的基本物质生活，都必须能够得到保障与满足。政府在立法的基础上，通过制度化的社会保障，为社会成员提供基本就业、基本医疗、基本养老等基本生活福利。对于特殊弱势群体，政府及社会通过社会救助方式为其提供救助金或生活资料，以保障其基本生活，这是社会福利的基本层面。其二，生活水平改善、生活质量提高。如果说社会保障的目标定位是保障基本生活，那么，社会福利的目标定位应该是在保障基本生活的基础上，不断改善生活水平，提高生活质量，这是社会福利的本质内涵。不断提高民众的生活水平，改善其生活质量，实施普惠型福利，是福利发展的本质要求与具体体现。其三，生活状况的满足程度。

福利具有客观性与主观性两种属性：一方面是客观的福利供给与获得，即政府及社会为民众提供了多少福利项目及何种福利水平，民众获得了多少具体实际物质性福利；另一方面是民众对获得的福利的主观认可与评价，即他们是否在心理上对其生活状况感到“幸福”与“满足”。如同安东尼·吉登斯所言，“福利在本质上不是一个经济学概念，而是一个心理学概念，它关乎个人的幸福”。

11.1.2 社会福利的特征

1. 保障对象的全民性

与社会救助、优抚安置等其他社会保障的保障对象不同，社会福利具有普惠性，全体社会公民都可以享受到政府及社会所提供的旨在保证基本生活水平、提高生活质量的资金和服务，且不受年龄、性别、职业等的限制，是国家给予全体公民的服务与帮助。

2. 权利义务的单向性

社会成员享有享受国家所提供社会福利的权利，且不需要承担相应的缴纳费用的义务。与社会保险需要公民事先履行缴费的义务不同，社会福利的经费来源于国家和各级财政拨款。社会福利是在国家整体利益的基础上实现财富的均衡分配，具有缩小贫富差距的作用。

3. 待遇标准的一致性

社会救助的对象是贫困人口，且贫困程度越高，享有的救济就越多。与社会救助不同，社会福利强调使每一位符合立法或政策范围内的公民都享有平等的机会，享有一致的社会福利待遇，实现基本公共服务均等化。

4. 保障待遇的高层次性

在社会保障体系中，社会救助、社会保险和社会福利是依次递进的三个不同层次的社会保障项目。社会福利在整个社会保障体系中处于最高层次，它是在国家财力允许的范围内，在既定的生活水平的基础上，尽力提高被服务对象的生活质量。

5. 实施主体及保障方式的多样性

社会福利的实施主体通常是以政府部门为主，其他社会组织形成的“第三部门”在其领导下，积极参与各种各样的社会福利活动。

社会福利的保障方式多样性体现在实现目标的渠道多样化上。社会福利一般包括现金援助和直接服务。现金援助是直接通过给付金钱等形式实现；直接服务通过兴办各类社会福利机构和设施实现。其主要内容有医疗卫生服务、文化教育服务、劳动就业服务、住宅服务、孤老残幼服务、残疾康复服务、犯罪矫治及感化服务、心理卫生服务、公共福利服务等。服务的形式有人力、物力、财力的帮助，包括国家、集体、个人兴办的社会福利事业的收养、社区服务、家庭服务、个案服务、群体服务等。

11.1.3　社会福利的分类

1. 按照社会福利的作用方式划分

按照作用方式，社会福利可以分为补缺型社会福利(residual model)和制度型社会福利(institutional model)，它们分别由美国学者威伦斯基和勒博克斯提出。

补缺型的社会福利模式是指国家在社会福利方面扮演有限的角色，政府除了在社会救助和基本的社会服务方面承担主要责任外，在其他社会服务和福利领域基本上依靠市场、非政府组织和就业者个人。它强调政府的最小作用和公民的工作价值，社会保障基本上是在建立就业制度的前提下，政府只对社会中最不利群体担负基本的社会救助义务。

与其相反，制度型福利模式是把社会福利看成任何社会都必须具备的一项重要的职责和功能。在制度型社会福利视角看来，社会福利不是在家庭和市场不能满足个人需求时才介入的，而是现代社会结构中常规化的、永久性的、必需的而且值得称赞的重要组成部分，是一种不同于自由市场和家庭的实行再分配的利益机制。该观点把社会福利的对象从特殊的弱势群体扩展到社会中的所有公民，从“被保护者”或“非正常人”扩展到“普通人”，从而实现了从选择性社会福利(selective welfare)到普遍性社会福利(universal welfare)的转变。

2. 按照社会福利资源的提供方式划分

按照资源的提供方式，社会福利可以分为现金给付型、实物给付型和社会服务型等福利。

(1)现金给付型福利。现金给付也称为社会津贴，它是政府在实施某项可能影响居民物质利益的社会经济政策时，为了使居民能够享受到政策实施推动经济发展的成果，或者使居民不因新政策的出台导致生活水平降低而为居民普遍提供的一种津贴。

(2)实物给付型福利。实物给付是指政府和社会以实物的形式来体现社会福利待遇、向社会提供福利设施。

(3)社会服务型福利。社会服务是指政府和社会通过向社会成员提供服务的方式来解决成员所遇到的困难等，以提高其生活质量和生活水平。

11.2　典型国家的社会福利制度

本节主要介绍了英国、美国、德国、日本四个国家的社会福利制度内容，其中主要涉及美国的残疾人社会福利制度、德国的儿童福利制度和日本的老年人福利制度。

11.2.1 英国

英国的社会福利主要是对社会弱势群体如妇女、儿童和老人提供的生活和健康保障,并对有特殊困难的居民提供各种福利设施和各类服务。

1. 儿童津贴

在英国,儿童津贴是给予儿童的主要社会保障补贴,无须交纳保险费。每个16岁以下的儿童和青少年,每周可领取6.85英镑,如果是在校学生,可领至19岁,对单亲家庭的儿童发放特别补贴,对负责抚育孤儿或失去照管的儿童的监护人发给儿童监护补贴。

2. 孀妇津贴

英国法律规定,前26周每周领取50.10英镑,若供养子女,每人加发7.65英镑。26周后如满50岁、伤残或照料子女者每周补助36.35英镑。供养的子女,每周每人加发7.65英镑。

3. 住房补贴

英国住房补贴主要有两种办法:一是由地方当局出面兴建大批公房,然后向居民低价出租,并鼓励居民以30%～50%的折扣优惠购房,或以抵押贷款方式购房;二是实行住房津贴制度,给租房户提供房租补贴,补贴最多的可完全用来交付房租。

4. 免费教育

在英国,公办的初等教育和中等教育是免费的,由国家拨付教育基金专款,学生书本和学习用具也是免费的。学校食堂提供廉价午餐,有的学校还用校车免费接送学生。在聋哑、低能儿童等特殊学校就读的学生还可享受免费午餐。私立学校是自费的,但其学生只占学生总数的4%。高等教育不免费,但90%的大学生可得到政府设立的奖学金和其他津贴。对义务教育结束后未能升入高等教育的青年,政府仍提供免费继续教育。

5. 社会服务

由英国政府设专门机构及组织社会志愿者对有特殊困难的人提供福利设施及相关服务。资金来源于地方政府拨款,具体事务由社会服务部或社会工作部负责。服务对象是老年人、残疾人、失去父母照料的儿童及精神病人。主要服务项目有为老年人开设养老院,提供家庭助手和膳食服务;国家设残疾人康复中心,配置各种训练器材,指导残疾者进行康复训练,就业部还为他们提供技术培训,帮助其就业;对精神残疾者,还有一些特殊福利。对于儿童,政府建造了托儿所、幼儿园,并给予各种津贴和补贴。地方政府还提供单亲儿童和孤儿的收养、残疾儿童康复护理和教育、儿童保护等有关服务。

11.2.2 美国

在西方主要发达国家中,美国的社会福利政策一直最为保守,福利项目实施得最晚,在福利资格、福利范围和福利开支方面也限制得最为严格,但是美国的社会保障法律制度却相当健全。美国虽然不属于高福利的社会保障制度,但其对弱势群体尤其是残疾人的社会福利却很完善,主要有以下三个特点。

1. 强调就业与劳动自助

1920年美国制定的《职业康复法》,是世界上第一部专门针对残疾人就业方面的法律。

1935年美国实施《社会保障法》，规定为残疾人重新就业而进行培训，联邦政府对州政府给予财政援助。1956年艾森豪威尔执政时扩大了对残疾人的就业保障，制定了OASDI(old-age and survivors and disability insurance)计划，即"老年、遗属及残疾保险，也被称为联邦社保基金"。1973年《康复法案》首次在社会福利层面禁止对残疾人实行就业歧视。2003年，美国劳工部与小企业管理局签署《战略联盟备忘录》，以帮助残疾人创办小企业，增加残疾人在小企业中的就业机会。

在就业税收优惠政策上，《工作机会税收减免法案》和《福利工作税收减免法案》对雇佣残疾人提供了税收优惠条款，并且，联邦政府对残疾人就业的税收优惠政策不要求雇主雇佣残疾人一定要达到某一个比例，而是每雇佣一位残疾雇员就能享受一定优惠政策，实施起来较为灵活，也能够最大限度地激发雇主的积极性。

2. 突出教育与转换服务

美国国会根据残疾人教育存在的问题及发展走向，在不同的历史时期颁布或调整相应的法律。从1958年《残障儿童教育补助法》、1968年《协助残障儿童早期教育法案》、1975年《所有残障儿童教育法》到1990年《残疾人教育法》、1997年《残疾人教育法修正案》、2004年《残疾人教育促进法》，在教育对象、教学管理、经费保障、教师队伍等方面做了详细规定。美国残疾人教育主要包含六个基本原则：坚持零拒绝、非歧视性评估、免费而合适的公立、最少限制的环境、家长参与决策以及正当程序保护等，由特殊学校、特殊班级等实施机构，采取个别化的教育方式和有针对性的课程体系。1997年《全体残疾儿童教育法》(the education for all handicapped children act)修正案要求为14岁以上残疾学生制定个别化教育计划，对他们的转换服务需求进行陈述并且必须每年更新。这为残疾人接受高等教育和拓展就业空间打下了坚实基础。

3. 注重康复与融入社会

美国具有较为完善的康复医疗服务和残疾人专用的康复设施，并形成了联邦政府与地方政府分权、国家与社会机构互动互补的格局。1973年美国国会通过了《残疾人康复法》，明确联邦康复服务署为法定主管机关，地方政府设立职业康复机构以执行康复计划，中央给予80%的经费补助。其中，"访问护士制度"是美国为残疾人提供康复服务的主要渠道之一。1961年美国标准协会制定了第一个"便于残疾人出入、使用建筑物及有关设施的设计标准"，使美国成为第一个制定"无障碍标准"的国家。1968年美国颁布了《建筑障碍法》，1973年成立了属于联邦独立机构的无障碍委员会。1990年生效的《美国残疾人法案》，标志着美国残疾人进入了"无障碍时代"。时至今日，美国在公共交通、住宅社区等均设立了无障碍设施，办公设备、电子设备等也均采用了无障碍技术。

11.2.3 德国

在德国，社会尤其重视对儿童的福利保障。德国儿童社会福利的具体内容包括法律体系、日托机制、健康服务、培养与教育以及反虐待和暴力等。

1. 法律体系

在德国，各个社会组织和部门不是通过联邦政府的行政命令来实现协调统一的，而是以儿童和青少年公共服务体系的相关法律法规为准则的。联邦政府在制定法律时将儿童权益作为最高优先点，法律体系伴随着每个儿童的不同生活阶段和生活情况。庞杂的法律体系涵盖了儿童和青少年生活的方方面面。如《联邦儿童保护基本法》从2012年1月1日开始生效，从各个方面加强了对儿童保护的规定，是其他法令的基础和前提。其他法律包括《改革儿童权利法》《儿童宗教教育法》等专门法令。

2. 日托机制

对于一个德国孩子而言，他们要在日托中心和幼儿园里度过将近4000个小时。2015年3月18日结束的德国联邦内阁会议拨款一亿欧元专项资金用于德国日托机构的特殊补助。在整个日托机制中，全日托管(指一个小孩每天在一个日托机构或者护理人员家里度过7小时以上)占据了重要的一部分。截至2018年，全德共有55933所幼儿托管机构，比上年增加了640所。2018年，有78.96万3岁以下幼儿在托管机构就读，比上年增加2.7万。这些日常陪护和托管机制对于儿童的教育、家庭压力的缓解，发挥了至关重要的作用。

但在移民潮影响下，德国新生儿数量增多，对儿童日托机构的需求也在逐年上涨。为了全面实施2019年8月1日生效的《儿童日托优化法》，德国联邦政府将在2022年前投资55亿欧元(1欧元约合7.69元人民币)，用于支持16个州的儿童日托机构发展，并降低日托费用。

3. 健康服务

1988年，在德国全社会福利事业的推动和妇女协会的赞助下，“在家康复”这个社会非营利组织应运而生。该组织吸收特殊的护理人员，提供短时间内的病患儿童援助，并且在儿童家中开展护理活动，让儿童在熟悉的环境下静养恢复。这也保证了父母的工作时间，让父母能安心工作，以维持整个家庭的运转。

4. 培养和教育

德国的教育机构分工细致，各有特色。其中有常见的幼儿园、初级教育机构，也有预防青少年吸毒机构、帮助厌学儿童机构等专门机构，甚至还有引得报刊争相报道的“图宾根儿童大学”(依附本有的大学建立专门为儿童开设的课堂，传授启蒙知识和自然百科)。在德国的幼儿园中，残疾儿童与普通儿童尽量融合，努力减少特殊儿童的不适感。对于低收入家庭，德国也有不同形式的减免政策，政府通过直接教育补贴和间接的免税政策来帮助贫困儿童实现教育均等化。2001年，德国家庭政策补贴资金为1800亿欧元，占GDP的9%，其中约30%用于减免儿童教育和护理的各项税收，70%作为援助儿童的转移支付。

5. 反虐待和暴力

由于长期以来德国有公共部门避免涉足私人感情领域和德国儿童福利政策中权力下放至各个州的传统，德国在家庭虐待问题上向来坚持“辅助”管理，强调预防性帮助。但是德国在2000年的《教育中严禁暴力条例》和《反暴力保护法》中统一规定，如果家庭中确有虐待和危害儿童的现象存在，法院会限制和剥夺监护人的权利，由国家和社会暂时履行对儿童的监护权。虽然这种处罚只在极端情况下强制实施，但是对家庭暴力和维护儿童的权利起到了绝对的威慑作用。

11.2.4 日本

日本人口的平均寿命无论男女都是世界上最高的，随着老年人口数量的增加，日本政府不仅从物质上，也从精神上开始关心老年人。日本每三年对老年人的健康状态进行调查，在1999年的调查中，全日本大约80%的老年人健康状态良好，不影响日常生活和参加一些社会活动。可见，老年人并不都是行动不便需要照顾的，那么这些健康的老年人怎样充实地度过他退休以后的漫长人生、用什么来取代工作、怎样减轻孤独感，这些逐渐成为日本政府关注的新课题。

日本的老年人福利主要分为三个内容。

1. 老年人社会活动——黄金计划

1999年，日本制定了“老年人保健福利措施五年计划”(黄金计划21)，其特点是构建一个支持老年人保健福利的社会。计划中突出的特点是，尽可能使更多的老年人健康地参与社会活动、融入社会中，以塑造“有活力的老年人”为基本目标。其中，塑造有活力的老年人政策的推进被称为“活力四射老年人作战”。具体内容如下：①实施综合性的疾病管理措施。以健康影响评价为基础，实施个别健康教育。②完善地区医疗体制。对老年人能接受身边医疗机构的医疗指导和介护预防进行支援。③推进介护预防事业。对介护预防教师和地区居民的志愿者群体进行支援。④对社会参与、就业活动的支援。支援老年俱乐部、银发人才中心等举办的活动，以及老年人文化活动、就业活动、社会活动等。

2. 福利文化

为保证相关老年事业顺利推进，日本政府营造出积极参与的福利文化氛围。

1)“敬老日”和“老人日”

2001年，日本政府根据“快乐星期一制度”构想的节日法修正案，将每年9月的第3个星期一定为“敬老日”，从2003年开始实施。9月15日重新在老人福利法中以“老人日”予以法制化，以当日作为第一日起的一周作为老人周，进行老人福利、敬老思想的普及和启发活动。

2) 老人俱乐部活动

老人俱乐部是指在能够保证活动顺利进行的小地区内，以居住地大概60岁以上的老人为会员，由50到100人左右自发组织的老年人活动组织。通过共同参加社会义务活动、旅游文化活动和地区互助事业等，利用其知识和经验，进行同代交流。

3) 生活意义和保持健康

为了发挥高龄者丰富的经验和知识技能，保障高龄者健康快乐地参与社会生活，在全国由“长寿社会开发中心”都道府县推进“高龄者的生活意义和保持健康事业”。主要包括生活意义和保持健康的局势培养、建立推进老年人的体育活动、保持健康活动以及地区活动的组织和培养志愿者事业。

3. 社会福利机构

根据老年人福利法，日本入所型老年人福利机构分为三大设施体系，即养护老人院、疗养型老人院、特别养护老人院。

1) 养护老人院

养护老人院是指针对65岁以上，由于身体、精神或者环境、经济的原因在自己家无条件接受养护的老人，使他们入院保健、受到看护的一种措施。定员必须是50人以上，如果和特别养护老人院合并也要在20人以上。费用由被看护者及其家人支付。

2) 疗养型老人院

1961年起，疗养型老人院一直是日本国库补助的收费老人院，直到老年人福利法制定以后才成为老年人福利设施。在日本，疗养型老人院分为A型、B型、老人之家三种类型。A型同养护型老人院的服务相同，提供饮食、保健服务。B型是针对那些不需要看护的老年人，作为住宅来使用的设施，可以自己做饭。老人之家是以那些身体机能低下、独立生活困难、想自己独居的老年人为对象，提供饮食服务。疗养型老人院的对象均为60岁以上老人，且以合约形式使用。

养护老人院和疗养型老人院最主要的不同是居住条件。养护老人原是多人合住一室，而疗养型老人院的三种类型都是每人单间独住，不收费或收取较低的费用。

3）特别养护老人院

特别养护老人院是日本根据老人福利法创建的设施。特别养护老人院是以身体或精神上有明显障碍需要经常看护、难以独自居住的65岁以上老人为对象，以其入院后进行看护为目的的设施。日本1970年发表了"社会福利设施紧急整备5年计划"后，特别养护老人院迅速发展。根据日本2009年经济调查普查资料显示，到2009年已经创建6000多所，可容纳40万余人。

11.3 中国社会福利的主要内容

11.3.1 老年人福利

老年人福利，是指国家和社会为了安定老年人生活、维护老年人健康、充实老年人精神文化生活而采取的政策措施和提供的设施和服务，它作为养老保险的延续和提高，在解决老年人基本物质生活需要的基础上，进一步满足老年人物质文化生活的需要，努力实现"老有所养、老有所医、老有所为、老有所乐"的社会目标。老年人福利主要包括老年经济保障、老年照顾，老年服务等。

1. 老年经济保障

老年经济保障是指对退出劳动领域或无劳动能力的老年人给予的经济方面的福利，如高龄津贴、贫困老人救助等。2011年以来民政部持续推动各地逐步将本地区80周岁以上老年人纳入高龄补贴保障范围，按月向符合条件的老年人计发高龄补贴。截至2019年2月21日，全国31个省份均已建立高龄津贴制度，但不同的省市对发放的年龄标准与补贴金额均有所不同。例如，2021年，北京市对于80岁以上的老人发放养老费用，共分为3个年龄阶层，年龄标准分别为80－89周岁、90～99周岁、100岁及以上，而发放金额分别为100元、500元、800元，按月发放。而深圳市则相比北京市增加了70～79岁的年龄阶层，发放标准分别为200元/月、300元/月、500元/月以及1000元/月。还有的地区则采取在养老金的基础上进行增发的形式，比如江苏的南京，只要是满足65周岁的老年人，就会在居民养老金的基础上增加高龄津贴。

2. 老年照顾

老年照顾是近些年在探索与发展的重要老年福利项目，主要包括社区养老、机构养老、医养结合等。

社区养老是通过政府扶持、社会参与、市场运作，向居家老人提供生活照料、医疗保健、精神慰藉、文化娱乐等为主要内容的服务。社区养老以家庭养老为主、社区机构养老为辅，在为居家老人照料服务方面以上门服务为主，即让老人住在自己家里，在继续得到家人照顾的同时，又由社区的有关服务机构和人士为老人提供上门服务或托老服务。其吸收了家庭养老和社会养老方式的优点和可操作性，把家庭养老和机构养老的最佳结合点集中在社区。这是针对中国社会转型期在21世纪上半叶所面临的巨大老龄化问题所提出的一种新型养老方式。

机构养老是指依靠国家资助、亲人资助或老年人自备的形式获得经济来源，由专门的养老机构统一为老年人提供有偿或无偿的生活照料与精神慰藉，从而保障老年人安度晚年的养老方式。目前中国的机构养老主要有几种模式：①"公建民营"模式。即政府为养老机构出资，由社会团体或个人经营，政府在其经营过程中只起到监督作用。与其类似的提法还有"公办民营"模式，是指在盘活存量领域对已经办起来的公办养老机构进行改制改革。二者的本质都是引入社会力量运营管理公办养老机构，因此统一使用"公建民营"这一说法。②互助养老模式。即在政府支持、多方参与、民间操作的基础上，在老人家中和社区两个层面建立的互助养老点和互助养老中心，并由政府负责为互助养老点提供娱乐设施、补充水电费的同时加强引导扶持，组织开展各种形式的活动；由社区内的企事业单位提供闲置场所或提供赞助；由条件宽裕的老人家庭提供活动场所的协同合作中整合政府、社会和家庭资源，从而形成以老人家庭为基础的家庭式互助养老和以社区养老设施为依托的社区式互助养老。③老年社区模式。即居家养老和机构养老完美结合的一种新型养老模式。老人以户为单位入住生活社区，完全是居家的概念；同时，老人置身于社区内，又可获得专业化的照料服务，并参与人际互动，有效地解决了老人的孤独与衰老感。④异地养老模式，它是一个集合概念，包括回原籍养老、互动式异地养老、度假养老等方式，实质是移地养老。其中，"互动式异地养老"，是指各地养老机构将老年人的市场需求资源和养老机构闲置资源整合起来，从而通过有效的机制建立起一个统一的网络，进行交换性服务，相互交换客户资源，让老年人在花费最少的情况下，可以享受来自不同养老机构的多样化服务。⑤新型老年公寓。其在经营管理上有两种模式：一是实行自主经营、自负盈亏的企业化经营，其经营和管理完全与政府脱离关系；二是由政府主导，国家控股，吸纳社会资金组建有限责任公司。此外，新型老年公寓分为养老区(健康老人)、康复区(患病老人)、特护区(临终老人)、托老所(短期托管)、休闲养老区(异地养老)等不同区位，满足不同状况的养老需要。

医养结合是指医疗资源与养老资源相结合，实现社会资源利用的最大化。其中："医"包括医疗康复保健服务，具体有医疗服务、健康检查服务、大病康复服务、健康咨询服务、疾病诊治和护理服务以及临终关怀服务等；"养"包括的生活照护服务、文化活动服务、精神心理服务。利用"医养一体化"的发展模式，集医疗、康复、养生、养老等为一体，把老年人健康医疗服务放在首要位置，将养老机构和医院的功能相结合，是把生活照料和康复关怀融为一体的新型模式。目前，国内医养结合养老模式主要有四种：一是将社区医院的医疗资源辐射到养老院[①]；二是公立医院外派数名医生和护士组成"小分队"，长期进驻养老院，这一模式一般只存在于公办养老机构[②]；三是养老机构自行投资医院，由专业医疗团队运营[③]；四是医院团队直接经营养老院[④]。

---

① 上海在中心城区推行全科医生模式，通过巡诊制和签订协议，将社区医院的医疗资源辐射辖区内的养老院，并通过阶梯医保报销比例，实现医疗资源合理利用。

② 陕西省延安市宝塔区中心敬老院的内设医疗机构，通过政府协调，由宝塔区人民医院派驻医生和护士，定期轮换。

③ 上海亲和源老年公寓内设的医院由专业的医疗团队运营，不仅对会员开放，也对外提供医疗服务。

④ 上海闵行区中心医院投资1.2亿元，建设君莲养老服务中心，是全国第一家由医院投资、管理的公立养老机构。这一拥有500个床位的养老院由医院专业护理团队提供服务，除了在医疗康复、慢性病防治上具备优势，还提供理疗、补牙、体检等个性服务。

3. 老年服务

老年服务主要分为以下几个方面:①供养和生活料理服务。一是街道、社区提供长期性和临时性养老(托老)场所,如敬老院、福利院、老年公寓、老人日托站、老人食堂等;二是成立老人家庭服务站,上门帮助老年人料理生活;三是资助老年人活动辅助器材;四是进行适当的康复医疗知识教育和咨询,使家庭更好地了解老年人的问题和需求;五是在社会服务业中,增设老年人生活服务点,如老人商店、专柜等,为老年人提供日常生活方便。②医疗保健和康复服务。社区建立老年人医疗保健服务中心,为老年人就医提供方便,并向老年人提供常见病的护理和治疗。③教育服务。开办各类老年学校、老年大学,为老年人再学习、再教育提供机会和便利条件。④社会参与服务。为老年人晚年继续参与社会活动提供条件,如加强老年人和青少年以及社会的联系,为关心教育下一代发挥力所能及的作用;在公共场所、桥梁、道路和公共设施的建设中,要有适合老年人特点的服务设施;组织老年人成立老年人技术服务部、科学技术咨询服务部、老年人协会,义务协助和参加街道居委会工作等。⑤文体娱乐服务。兴办各种文体娱乐设施,组织老年人成立各类协会、研究会,开展各种文体娱乐活动。如建立老年人活动室、活动中心,成立老年书画社、旅游服务部、戏社等。⑥其他方面的服务。如开办老年婚姻介绍所,帮助老年人再婚,并在就医、乘车、旅游等方面提供优先照顾老人服务。

11.3.2 妇女福利

妇女福利是指国家和社会为妇女的特殊需要和特殊利益而提供的照顾和特殊服务。国家和社会现在已经确认,妇女在经济、政治、文化、社会和家庭生活等各方面享有与男子平等的权利,但是权利的享有不等于权利的实现,从应有权利、法定权利到事实权利往往有很长的路要走。由于妇女的生理和心理特点以及千百年来所形成的社会惯性,国家和社会只有以特别的立法来保护妇女的特殊权益,才可能形成真正的男女平等。中国在1992年第七届全国人大代表大会第五次会议通过了《中华人民共和国妇女权益保障法》,1994年颁布《中华人民共和国母婴保健法》等,对妇女的政治权利、文化教育权益、劳动权益、财产权益、人身权利、婚姻家庭权益等各方面权益做出了规定。

妇女福利主要包括以下几方面内容。

1. 生育福利

对于妇女生育发给生育津贴,是各国比较通行的做法。国际劳工会议年会通过的“生育保护公约”(第3号)的宗旨就是:保证妇女劳动者在产前产后的全部假期内,产妇本人及其婴儿得到支持和照顾。许多国家的劳工立法,都规定雇主支付产假工资,如果对妇女没有这种足够的保护,便由社会保障机构提供。绝大多数国家对于妇女的特殊福利津贴重点都是围绕生育而提供的。

按规定,女职工怀孕,在本单位的医疗机构或者指定的医疗机构检查和分娩时,其检查费、接生费、手术费、住院费和药费由所在单位负担。产假期间,工资照发。女职工产假期满,因身体原因仍然不能工作的,经过医务部门证明以后,其超过产假期间的待遇,按照职工患病的有关规定处理。

在中国,目前仅对职业妇女实行生育津贴制度。随着我国经济的发展,妇女津贴的范围应当进一步扩展,非职业妇女生育也应当给予一定的生育补贴。

2. 妇女劳动保护福利

为维护女职工的合法权益,减少和解决女职工在劳动和工作中因生理特点造成的特殊困难,保护其健康,国务院于1998年出台了《女职工劳动保护规定》。2012年,为了进一步完善相关措施,国务院又出台了《女职工劳动保护特别规定》,《女职工劳动保护规定》同时废止。

《女职工劳动保护特别规定》中明确:用人单位不得因女职工怀孕、生育、哺乳降低其工资、予以辞退、与其解除劳动或者聘用合同。女职工在孕期不能适应原劳动的,用人单位应当根据医疗机构的证明,予以减轻劳动量或者安排其他能够适应的劳动。对怀孕7个月以上的女职工,用人单位不得延长劳动时间或者安排夜班劳动,并应当在劳动时间内安排一定的休息时间。怀孕女职工在劳动时间内进行产前检查,所需时间计入劳动时间。女职工生育享受98天产假,其中产前可以休假15天;难产的,增加产假15天;生育多胞胎的,每多生育1个婴儿,增加产假15天。女职工怀孕未满4个月流产的,享受15天产假;怀孕满4个月流产的,享受42天产假。女职工产假期间的生育津贴,对已经参加生育保险的,按照用人单位上年度职工月平均工资的标准由生育保险基金支付;对未参加生育保险的,按照女职工产假前工资的标准由用人单位支付。女职工生育或者流产的医疗费用,按照生育保险规定的项目和标准,对已经参加生育保险的,由生育保险基金支付;对未参加生育保险的,由用人单位支付。对哺乳未满1周岁婴儿的女职工,用人单位不得延长劳动时间或者安排夜班劳动。用人单位应当在每天的劳动时间内为哺乳期女职工安排1小时哺乳时间;女职工生育多胞胎的,每多哺乳1个婴儿每天增加1小时哺乳时间。女职工比较多的用人单位应当根据女职工的需要,建立女职工卫生室、孕妇休息室、哺乳室等设施,妥善解决女职工在生理卫生、哺乳方面的困难。在劳动场所,用人单位应当预防和制止对女职工的性骚扰。

3. 妇女保健福利

在我国的《母婴保健法》和《女职工保健规定》中,对女职工保健制度做了以下规定:县以上的各级妇幼保健机构,负责对管理范围内的各单位进行业务指导。各单位的医疗卫生部门应负责本单位女职工保健工作。女职工保健包括月经期保健、婚前保健、孕前保健、孕期保健、产前保健、产后保健、哺乳期保健、更年期保健,并对女职工定期进行妇科疾病及乳腺疾病的查治。

4. 为妇女提供的福利设施和福利服务

为妇女提供的福利设施和福利服务,涉及妇女的生活、保健等多个方面,如妇幼保健院、妇产医院、妇女活动中心、咨询服务中心、健美中心、妇女用品专卖店等。一些妇女较多的企事业单位还应设置妇女冲洗设备,提供给妇女在"三期"使用。

11.3.3　儿童福利

儿童福利,也叫未成年人福利。由于未成年人正处于身体、心理的发育成长过程中,他们对自身的保护能力和对社会的适应能力还未形成,需要家庭和社会的关心、帮助和教化。儿童福利有广义和狭义之分。广义的儿童福利是指一切针对全体儿童的,促进儿童生理、心理及社会潜能最佳发展的各种措施和服务,它强调社会公平,具有普适性。狭义的儿童福利是指面向特定儿童和家庭的服务,特别是在家庭或其他社会机构中未能满足其需求的儿童,如孤儿、残疾儿童、流浪儿、被遗弃的儿童、被虐待或被忽视的儿童、家庭破碎的儿童、行为偏差或情绪困扰的儿童等,这些特殊困难环境中的儿童往往需要予以特别的救助、保护、矫治。因此,狭义的儿童福利强调的同样是社会公平，但重点是对弱势儿童的照顾。狭义的儿童福利一般包括实物援助和现金津贴两个方面，如实行各种形式的儿童津贴。根据我国现行的儿童社会福利制度，儿童社会福利事业主要指以社会福利为保障手段的社会收养、社会服务机构和设施，向孤儿、残疾儿童等提供的社会福利型服务，主要包括儿童的医疗保健设施和服务、儿童的活动场所及条件、普及义务教育和孤残儿童福利事业等。

2009 年 2 月和 6 月，民政部先后下发《关于制定孤儿最低养育标准的通知》4 号）和《关于制定福利院机构儿童最低养育标准的指导意见》两个重要文件。从保障社会散居孤儿基本生活和成长发育的需要出发，针对福利机构儿童残疾比例高、残疾种类多、营养康复和医疗需求大的特点，经测算论证，建议福利机构儿童最低养育标准为每人每月 1000 元。至此，我国才逐步迈出了为孤儿基本生活建立制度性保障的实质性步伐。2010 年 11 月 16 日，《国务院办公厅关于加强孤儿保障工作的意见》正式下发，对孤儿安置、基本生活、教育、医疗、就业、住房等政策措施做了全面安排和系统规范。

随着社会的发展，儿童福利暴露出的问题越来越多，诸如留守儿童的教育、安全问题，儿童沉迷网络等新的问题不断涌现，亟须儿童福利的进一步发展。应当大力发展儿童的精神福利、文化福利等内容，才能促进儿童的身心健康发展。

11.3.4 残疾人福利

残疾人福利是指国家保证有残疾的公民在年老、疾病、缺乏劳动能力及退休、失业、失学等情况下获得基本的物质帮助，并根据社会的经济、文化发展水平，给予残疾人相应的康复、医疗、教育、劳动就业、文化生活、社会环境等方面的权益保障，以维护社会稳定，实现残疾人“平等、参与、共享”的目标。

1. 残疾人群体的分类

残疾人，是指在情理、生理、人体结构上，某种组织、功能丧失或不正常，全部或部分地丧失能以正常方式从事某种活动的人。残疾人包括视力残疾、听力残疾、言语残疾、肢体残疾、智力残疾、精神残疾、多重残疾和其他残疾等多种类型，是一个特殊的社会群体。

2. 残疾人福利的主要内容

1）残疾预防

残疾预防是指采取一些行动来避免出现生理、智力、精神或感官上的缺陷（初级预防）或防止缺陷出现后造成永久性功能限制或残疾（二级预防）。残疾预防可通过多种方式实现，例如产前产后的幼儿保健、营养学教育、传染病免疫运功，出台防止措施、安全条例和防止发生事故的方案，还可以通过改造工作场所达到防止职业残疾和疾病、预防因环境污染或武装冲突而造成的残疾的目的。简单地说，残疾预防是指在了解致残原因的基础上，利用现有的卫生医疗技术，积极采取各种有效措施、途径，防止、控制或延迟残疾的发生。

2）残疾康复

残疾康复是指旨在使残疾人达到和保持生理、感官、智力、精神和社交功能上的最佳水平，从而使他们借助于某种手段，改善其生活，增强独立生活的能力，即通过专业化的程序和技术对生理的、心理的、行为的残障者实施再教育和再塑造，增强他们适应社会的能力，以便进入正常的社会生活，乃至成为具有建设性的社会一员。它具体包括医疗康复、心理康复、教育康复、职业康复、社区康复、社会康复等，其目的在于通过各种康复手段，使残疾人更好地融入社会。

3）残疾人教育

残疾人教育是国家提供给患有残疾的儿童、青年和成年人享有平等教育机会的一种制度安排，它由政府财政扶持，是现代国民教育系统的一个有机组成部分。它包括学前教育、基础教育、高等教育、职业技术教育和成人教育等。特殊教育是对有特殊需求的人实施的教育，在教育过程中需要特殊的教具、学具和教学方法。

4）残疾人就业

想要从根本上保障残疾人士的基本生活、提高残疾人士自主生活能力，最直接的方式就是保障残疾人的就业。目前，保障残疾人就业的福利措施一般包括两个方面：一是利用法律或政策手段保护残疾人的就业机会。例如，世界各国都有相对应的法律明确规定企业有义务雇用一定比例的残疾人。二是开展残疾人职业服务，提供残疾人职业咨询、职业评估、职业培训等福利服务。

5）残疾人文体活动

随着残疾人社会福利的不断发展，残疾人社会福利不仅注重残疾人物质生活方面的需求，残疾人文体活动也受到了重视。作为丰富残疾人精神生活的主要方式，残疾人体育运动得到了广泛支持与推广，现在许多国家都把残疾人体育的发展视为本国体育发展、经济发展水平和文明程度的标志，并予以高度重视。

6）无障碍环境

无障碍环境包括物质环境、信息和交流沟通的无障碍。

物质环境无障碍要求城市道路、公共建筑物和居住区的规划、设计、建设应方便残疾人通行和使用等。

信息和交流沟通的无障碍要求公共传媒应使听力、言语和视力残疾者能够无障碍地获取信息，进行交流。一是残疾人获取信息的机会权利；另一个是残疾人使用网络的无障碍，包括计算机硬件辅助的问题及计算机软件的设计问题等。

11.4 中国社会福利存在的问题及发展举措

11.4.1 中国社会福利存在的问题

中国的社会福利事业一直在积极发展，但现行社会福利事业的格局仍然存在制度安排残缺、公共投入不足、监管体制不顺、运行机制陈旧、地方政府的非理性冲动导致的秩序混乱等问题。

1. 制度安排残缺

与社会保险实现制度全覆盖、社会救助覆盖城乡相比，在社会福利领域，除了可以纳入儿童福利事业的义务教育已经上升到法制规范并成为未成年人的基本法定人权外，中国迄今并无其他普惠性的社会福利事业，有的只是针对鳏寡孤独及特定困难群体的分割式、零散的政策支持。以残疾人福利为例，虽然有一部《残疾人保障法》及相关配套法规，但法律并未真正赋予所有残疾人共有的福利权益，工伤致残者迄今仍然不能顺利地申领残疾证，家庭收入在低保水平之上的残疾人事实上很难享受专门的残疾人福利；至于老年人，又被按照退休前的身份分割成不同群体，离休干部福利待遇最好，机关事业单位退休人员次之，企业退休人员再次之，等等。与此同时，在有限的社会福利供给中，政府的关注重点是离退休干部和鳏寡孤独者，前者是在职福利的延伸，后者是传统社会救济的延伸。因此，中国现行社会福利制度属于典型的补缺式制度安排，不仅存在着鲜明的等级制，而且与社会救助混杂在一起，其覆盖范围窄，受益人口少。这种补缺式制度安排，在发展不足、经济落后、财力薄弱、国民社会福利诉求不高的条件下是可以接受的，但对经济、社会已经高速发展的当代中国而言，无疑是滞后的，它既影响到城乡居民生活质量的改善，也因缺乏普惠性而损害了社会公正，是必须尽快矫正的制度性缺陷。

2. 公共投入不足

一方面，我国社会保障总投入偏低，而社会福利在其中占有的份额更是微乎其微。尽管近几年国家对整个社会保障制度的投入在持续扩张，但实际上我国社会保障投入占国家财政支出的比重还不到15%，中央政府在2013年2月发布的《关于深化收入分配制度改革的若干意见》中也明确提出对就业与社会保障的财政投入每年增长1个百分点的目标，但这种投入主要集中在基本养老保险、基本医疗保险与社会救助制度上，公共财政对社会福利事业的投入却在相对下降。

另一方面，在有限的社会福利投入中，又存在着结构畸形的现象，它主要集中在高端退休人群与政府举办的福利机构，福利机构面向的对象基本上限于鳏寡孤独，仍然属于传统的救济对象，这使得国家社会福利投入实际上处于一种并不面向社会也无法调动社会资源与市场资源的内部运转状态。

3. 监管体制不顺

社会福利是面向全民的社会事业，它要求统筹规划、统一监管，以确保其统一性、协同性、公益性、规范性和全民性，即使是不同社会群体因福利诉求不同而需要有不同的制度安排，也应当在统一的监管体制下按照统筹规划原则进行顶层设计、顶层推动。然而，中国社会福利面临的现实却是多头管理，且职责交叉、责任边界不清。在政府系统，民政部门被定位为社会福利事业的主管部门，但事实上还有人力资源和社会保障部门、教育部门、卫生部门和卫生健康委员会等分担着相应职责；在党群系统，组织部门主管老干部与知识分子工作及相关福利，工会、妇联、共青团分别参与劳工福利、妇女福利、青少年福利等事务。在社会组织方面，中国残疾人联合会系统被赋予管理残疾人福利事务的特殊职能。政府主管社会福利事业的权力被严重分拆，这种多头管理的体制直接导致了政策分割与资源分割，使作为社会福利主管机构的民政部门的监管职能极端弱化。因此，缺乏统一监管与统一规划的多头管理格局客观上已经成为中国社会福利事业健康发展的重大障碍。

4. 运行机制陈旧

在中国社会福利事业的实践中，整个运行机制仍然保留着计划经济时代城乡分割、官民分割的板块结构，基本上处于封闭运行状态。即使一些地方进行了资助民办或社会办社会福利事业的试验，但并未从根本上改变运行机制陈旧的格局。以城乡孤寡老人为例，城市孤老进城市的福利院集中供养，农村的五保户则进敬老院集中供养，虽然两者均由财政负责供款，但一直都是两套政策、两种预算、两种管理方式、两套设施。再如，政府公共预算的老年福利事业拨款，通常只拨给公办福利院，民间或社会举办的福利机构即使收养的是应当由政府负责供养的鳏寡孤独人员，也得不到政府拨款资助，公共福利资源只在公办福利事业系统内部使用，这种状况无疑极大地制约了民间或社会力量举办社会福利事业的积极性。而在公办福利院所，仍然采取封闭运行方式，资金源于政府拨款，管理也与政府机关类同。因此，整个社会福利事业的运行机制并未跟上经济社会转型与发展进步的步伐，其后果不仅是公办福利机构无法发展壮大，社会力量参与也被排斥在外。

5. 地方政府的非理性冲动强烈

随着人口老龄化进程的加快，城乡居民对各类社会福利设施的需求在持续高涨，一些地方政府也开始关注社会福利事业特别是老年人服务设施的建设。然而，不良政绩观与功利主义取向使地方政府的非理性冲动与市场的非理性冲动混杂在一起，发展中蕴藏着巨大的风险。例如，一些地方追求大而全的养老机构建设，动辄兴建能够容纳数千名老年人的养老院，这种"老年人集中营"式的兴建风潮，根本无视老年人就近养老与融入社区的意愿，大多成了变相的房地产开发，既浪费了宝贵的土地资源，也扭曲了老年福利事业发展的路径。另外，由于缺乏统一规划与统一政策，各地的优惠措施五花八门，而民办或社会办养老服务机构却往往陷入供需匹配错位状态。在床位供求关系紧张的情形下，许多地方的民办养老机构却出现床位大量空置的现象。甚至一些地方利用政府拨款建立的敬老院，实际上成为农村健康老年人的小农场，即这些老年人在集中生活的同时还要从事种地、养猪、养鱼等农副产业，而高龄老年人、失能或半失能老年人却被敬老院拒之门外。因此，地方政府的非理性冲动与市场投资的非理性冲动，以及出现的秩序混乱现象，已经成为中国社会福利事业未来发展的隐患。

11.4.2　中国社会福利的发展举措

社会福利是一项面向全民的事业，需要通过更新发展理念、明确社会福利事业的发展原则、设计合理的制度框架等方式解决中国现存的福利问题。

(1)确立国民福利与国民经济同步发展的新理念，让更多的发展成果通过社会福利途径惠及民生。发展社会福利事业不仅是国家经济社会发展进程中持续高涨的民生诉求，也是促进经济社会协调发展的不竭动力。因此，必须改变重经济增长轻国民福利提供、重经济保障轻服务保障、重地方政府创新轻中央政府顶层设计的路径习惯，尽快确立国民福利与国民经济同步发展的基本方针，高度重视国民社会福利诉求中的精神需要与情感满足，尊重社会福利制度的普适性发展规律。同时还要尊重中国的具体国情特别是传统文化与国民特性，真正走出一条中国式的社会福利发展道路。中国政府有必要通过顶层设计，制定促进社会福利事业发展的路线图与推进时间表并提供财力保障，让老年人、儿童、残疾人、妇女等群体的生活质量通过相关福利制度安排得到保障。

(2)尊重制度发展的客观规律，维护并弘扬中华民族的优良传统，走中国式的社会福利发展道路。一方面，社会福利作为基本的社会保障制度安排，有着自身的客观规律，包括法制规范、公平普惠、社会化、多层次等，发展中国的社会福利事业必须尊重这些规律。通过法律赋予国民相应的福利权并规范相关制度是社会福利事业发展的前提条件，按照公平原则让社会福利事业普惠全民是其发展的追求目标，而社会化与多层次则是实现社会福利事业发展目标的基本手段。因此，改变中国当前社会福利事业无法可依、板块分割、封闭运行、层次单一的现状已经刻不容缓。另一方面，社会福利事业的主体内容是提供公共服务，并要求体现精神保障与情感慰藉，这就决定了中国的社会福利事业必须尊重中国人的需求，让中国人认同并接受，从而需要和中国文化与传统优势紧密结合。在加快发展中国社会福利事业的进程中，必须真正重视中国人的精神需求与情感保障，支持家庭保障，倡导邻里互助，促进社区服务与机构福利的发展，用公共资源进一步调动家庭资源、社区资源、单位资源等。

(3)合理设计社会福利制度的基本框架，协同推进。在社会福利系统内部，面向不同人群的制度安排既有共性也有差异性，需要合理设计这一制度体系的基本框架。它主要包括：一是确立“津贴＋服务＋优待”三位一体的社会福利政策框架。以发展面向老年人、儿童、残疾人、妇女的相关公共服务为主体，以提供有限的老年津贴、儿童津贴(或家庭津贴)、残疾人津贴和完善社会优待体系为补充，让这些群体能够更加公平地分享到国家发展成果。二是明确“普惠＋特惠”双层架构的制度安排。以普惠性的制度安排为主体，同时还应当考虑到老年人、儿童、残疾人、妇女的特别诉求，提供护理、保育、康复等个性化或特色化的服务，以保障和改善这些群体的生活质量。三是构建“公办＋公助民办＋民办”三轨并行的社会福利事业实施机制。基于传统路径与现实需求，在相当一段时间内，还有必要保留一部分公办福利设施，以为极端弱势群体提供相关服务，但宜以公助民办为主体，即通过具备独立法人资格的社会慈善、公益服务组织为有需要者提供相关服务，政府则可以提供财政资助、政策优惠或者购买服务；考虑到不同群体的社会分层，一部分收入较高者会要求更好的社会服务，因此，应当促进市场化的民办公益机构的发展。四是确立家庭支持政策。即国家有必要制定专门的家庭支持政策，以达到维系并促进家庭保障的优良传统，如建立家庭津贴制度，明确有利于维护家庭成员友爱互助的政策导向，重视社区服务供给等。

(4)多管齐下地推进社会福利事业快速发展。一是尽快改变多头管理的格局，切实理顺社会福利事业的监管体制。在进一步理清部门之间职责的同时，赋予民政部门更大的责任与权力，让其切实承担起整个社会福利事业的统筹规划、顶层设计与行政监管任务。二是要尽快健全社会福利法制。它包括制定社会福利事业的基本法《社会福利法》，制定《儿童福利法》等专门法律，为相关福利事业的发展提供具体的法律依据等。三是扩大对社会福利事业的公共投入，并改革财政拨款机制。它包括设立专项预算，明确财政拨款正常增长机制，改变福利拨款只对公办社会福利机构开放的传统做法，代之以“费随人转、费随事走”。四是创新社会福利事业的运行机制。由于人们对社会福利的需求面广量大并兼具个性色彩，绝非政府举办公立设施可以满足，从而必须让社会组织承担起主要的福利服务供给责任，政府既可以向这些社会组织购买个别服务，也可以透过财政性福利拨款来强势引导社会化机构的发展。同时，还应当做好社会福利制度与社会救助、社会保险等制度安排的衔接，努力争取整个社会保障体系综合效能的最大化。

本章小结

社会福利是国家和社会在保证全体公民基本生活水平需要的基础上，为保护特殊人群的基本权益、提高全体公民物质和精神生活水平而出台的一系列服务政策和服务措施。社会福利具有保障对象的全民性、权利义务的单向性、待遇标准的一致性、保障待遇的高层次性、实施主体及保障方式的多样性等特征。按照社会福利的作用方式，可以将其分为补缺型社会福利和制度型社会福利。

英国、美国、德国、日本四个国家的社会福利制度，各自具有一定的针对性，对我国社会福利制度有一定的借鉴意义。

中国的社会福利主要包括老年人福利、妇女福利、儿童福利，残疾人福利等。中国社会福利制度虽然已经取得了一定成绩，但仍存在制度安排残缺、公共投入不足、监管体制不顺、运行机制陈旧、地方政府的非理性冲动强烈等问题。应该从发展理念、发展道路、制度设计、管理体制等多方面进行完善。

思考题

1. 如何理解社会福利的概念？
2. 如何理解人口老龄化与老年人福利的关系？
3. 针对我国现阶段情况，我们应如何保障儿童福利的普及性实施？
4. 为什么说残疾人福利事业最能体现社会文明进步的水平？
5. 比较社会福利与社会保险制度的差异。

案例讨论

儿童福利知多少

案例1 2008年2月25日是安徽太湖县晋熙镇天台联合小学开学的第一天，这一天，校园里非常热闹，同学们都领到了崭新的课本。当天下午三点多钟，12岁男孩章××跟其他同学一起放学回家。不过章××却显得有点异样，他回家时书包空空的，所有新书都放在教室座位的抽屉中。

“爷爷，我可以亲你一下么?”放学后的章××回到家里，看见爷爷正围坐在桌前打麻将，就上前对爷爷轻声说道。爷爷听到这句话心里还直乐，可他不知道这竟是自己与孙子见的最后一面。当天晚上，姑父曾与章××约好了要孩子到他家里去住。可等了好久没等到章××，姑父赶紧给他家里打了个电话，得知孩子也不在家里。又去电学校询问，被告知学校已经放学了，章××也不在学校里。大家顿时慌了。家人发动邻居在屋前屋后展开了大搜索，最后在人迹罕至的祠堂后面发现了他。被发现时，他吊在祠堂后一间小屋子伸出来的横梁上，已经没了气息。

章××的尸体被发现后，人们在他裤子右边的口袋里发现了一封遗书，遗书写在当天发下来的《社会实践活动材料》封皮的背面。遗书的内容大概是：敬爱的爸爸、妈妈，你们好！请你们原谅我，我不能再爱你们了。我还欠丽丽姐20元钱，请你们替我还给她。你们每次离开我都很伤心，这也是我自杀的原因。落款日期是正月十九日。

爷爷表示，这孩子平时很温和，成绩也很好，但没想到他竟然会寻短见。这几年孩子的父母都在外面打工，每年都是过年才回来一趟。第一年孩子跟他住，后来几年都是跟姑姑住。但今年孩子却只愿呆在家中，希望妈妈留在家中不要走。“他妈妈走当天，他特别不情愿，还跟妈妈吵了一架，回家偷偷抹眼泪。其实他父母出门也是想让家里生活好点，把这间破旧的房屋整一整啊。”

案例2 随着社会经济的发展，孩子手里的零花钱越来越多，网购、移动支付越来越便捷。近几年，直播平台在年轻人的生活圈子里越来越火，其中不乏未成年人。打开这些App，可以看到装扮奇特的主播们唱歌、跳舞、讲笑话，简直无所不能，之后再通过打赏、礼物、红包等形式获得一定利益。孩子错误消费、挥霍金钱给父母、家庭带来影响的事件屡屡发生。

2019 年 4 月 24 日，河南许昌的胡女士称，手机里的 5 万块不见了，经查后发现，其 10 岁的儿子把这些钱用在了打赏游戏主播上。胡女士表示，这笔钱正是丈夫的丧葬费，而自己还患有直肠癌。

问题：

1. 儿童福利的内容有哪些？
2. 随着社会的发展，儿童福利有哪些新的要求？

第12章 补充保障

本章要点

◎ 职业福利
◎ 企业年金
◎ 慈善事业
◎ 互助保障

12.1 补充保障概述

12.1.1 补充保障的概念

补充保障是指在基本社会保障制度之外的各种社会化保障机制，它具有社会性、自愿性等特征。补充保障与基本社会保障不同，基本社会保障制度是国家的正式制度安排，通常具有政府主导性、强制性等特征，虽然带有社会性特征，但其主体一般是政府；补充保障则是一种由雇主、社会团体等主办的，个人自愿参与的非正式安排，其主体是社会。

不同国家采用的补充保障形式往往也不相同。根据实施主体划分，补充保障主要有企业补充保障、社会补充保障及自我补充保障等。企业补充保障主要以雇主为主体，如补充商业保险、企业年金等；社会补充保障主要由非营利组织等社会团体实施，如慈善事业、互助保险等；自我补充保障主要是指家庭成员之间的相互保障以及个人购买商业保险等单纯的个人保障。补充保障的方式与基本社会保障类似，包括经济保障、服务保障及精神保障等。

12.1.2 补充保障的基本功能

1. 增强社会保障体系的完整性与严密性

虽然当前中国的基本社会保障制度取得了极大的进步，但仍有部分社会成员未被纳入社会保障体系中，如城镇灵活就业人员、农民工等还存在未能参保问题，某些补充保障就能满足这些群体的需求。此外，由于诸如社会救助等制度的待遇条件有较严格的要求，可能部分特殊群体无法得到全面保障，社会慈善、社会互助等救助渠道就能发挥较大的作用。

在部分国家，补充保障甚至起到了替代社会保障的功能。例如，美国的社会保障主要限定在老年、残疾、遗属的生活保障及对贫困者的家庭津贴，而从业人员及其家属的社会保障问题则主要通过商业保险、企业提供的保障等来实现。

补充保障既扩大了社会保障的覆盖面，又增加了保障渠道，使得社会保障体系更加完整、严密。

2. 提高社会成员的抗风险能力

社会保障制度设计的初衷即在于帮助社会成员应对风险，但不同的个体面临的风险大小、风险发生的概率等均有所不同，因此，有必要建立不同层次的保障制度来提高社会成员的抗风险能力。霍尔茨曼和欣茨提出社会保障体系的五支柱模式，即最低保障水平的“零支柱”、与工资水平相关联的缴费型的“第一支柱”、强制储蓄型的“第二支柱”、自愿性的“第三支柱”和非正规保障的“第四支柱”。其中，具有补充保障性质的第三支柱是指由个人和雇主发起的养老保障制度，以自愿性为基础；第四支柱是指向老年人提供的非正式的家庭内部或代际的资金或非资金支持的制度。每个支柱要解决不同的风险，因此各个支柱之间要相互配合、相互协调，才能更好地应对社会风险。补充保障能够应对基本社会保障所不能应对的风险，基本社会保障和补充保障相结合有利于提高社会成员的整体抗风险能力。

3. 增加组织的诱因

西蒙在其《管理行为》一书中提到组织想要得以存续，就必须实现组织的平衡，即组织提供的诱因与组织成员所做的贡献之间的平衡。组织诱因是吸引优秀人才，增强组织认同与忠诚感，进而为实现组织目标服务的重要因素。其中，补充保障是很重要的诱因之一。例如企业提供的员工福利、企业年金等，都是吸引人才的重要条件。

12.1.3 补充保障中的政府角色

补充保障的本质是基于政府主导之外的保障形式，因此，理论上来说是排斥政府干预的。但实际上，大多国家的补充保障都是与政府力量分不开的，因为其运行与发展都需要在法律范围内进行，并受到政府的监督，甚至是政府的政策支持。

20 世纪 80 年代以来，一些发达国家鼓励补充保障的发展，以此来缓解社会保障的财政压力。补充保障是在社会力量和市场机制中形成和运行的，政府为了使其能够充分体现社会福利，对补充保障进行政策倾斜或约束；同时，政府要维护市场秩序、实现社会公平，就需要对基于契约等的补充保障进行监管。因此，在补充保障的运行中，政府的第一个角色是推进立法、实施监管。为了确保补充保障的当事双方履行自己的义务，实现自身权利，推进补充保障的有序进行，政府必须加强立法，保证信息公开、机会均等，规范基金运作等。不同国家大多根据本国情况，针对不同的补充保障项目或不同环节确立法律规范。

政府在补充保障中的另一个角色就是宏观调控。补充保障是为了实现人类福利事业的，因此，在市场运作的基础上，政府应当从整体国民经济发展的视角出发，对补充保障做出战略规划，恰当处理其与基本社会保障制度之间的关系，综合考虑政策的整体性与协调性，使其相得益彰，发挥更大的效益。政府可以通过政策进行引导，如税收、利率、财政支持等，保证补充保障的顺利进行。

中国要建立可持续的多层次社会保障体系，除了大力发展基本社会保障制度之外，也开始注重补充保障的建设。例如，中国政府鼓励企业建立年金制度，积极发展商业保险，推进社会慈善事业的进步等。这既是建立全面社会保障体系的要求，也是社会进步与发展的需要。

12.2 职业福利

12.2.1 职业福利的含义

1956年，蒂特马斯发表论文《福利的社会划分——对追寻公平的一些反思》，标志着“职业福利”正式作为学术研究领域被重视。蒂特马斯从整体性的角度出发，将所有为满足个体的某些需要和服务于社会的更为广泛利益的集体性干预，宽泛地划分为三种主要的福利类型：社会福利(social welfare)、财政福利(fiscal welfare)和职业福利(occupational welfare)。其中，职业福利一般采取实物和现金给付的方式，大部分由雇主供给，并且福利项目多种多样。

职业福利的概念提出之后，不同的研究者给予了不同的解释。格雷夫认为，职业福利是基于雇佣关系，在雇主提供的强制法定福利之外，由雇主单独与雇员共同发起的、能够满足职工应对(新旧)社会风险需要的福利项目。法恩斯沃斯认为按照法定外企业福利的作用，将企业供给的法规外的福利项目划分为福利的社会福利供给部分和以增加企业利润为目的的福利部分，前者(职业福利部分)能够增加工人的经济和人身安全，为员工提供社会保护。

按照职业福利是否包含法定福利(国家法律规定，强制雇主出资为雇员提供的福利项目)，职业福利又可以有广义和狭义之分。广义的职业福利既包含了法定强制的福利，如社会保障和其他政府项目，又包括雇主等的私人计划。职业福利包括雇主以全部或部分承担责任的形式，提供的工作时间所付薪酬以外的所有的津贴和服务。森菲尔德将职业福利解释为：“通过就业或雇佣关系提供的福利，或将职业福利所覆盖的补贴或福利看作是由雇员通过或由于雇佣关系而接受的超过公共福利，如国家保险的那部分福利。”古德恩和瑞恩也认为职业福利是：“由市场驱动的、私人雇主和作为雇主的国家所提供的社会津贴。”

郑功成提出：“职业福利是以企业或社会团体为责任主体，专门面向内部员工的一种福利待遇……狭义的员工福利，即为满足职工的生活和工作需要，企业自主建立的、非法定的、在工资收入之外向员工本人及其家属提供的一系列福利项目，包括货币津贴、实物和服务等形式。”综合以上可以看出，职业福利是指基于国家法定社会保障项目之外的、由企业自主建立的、为了提高员工的应对风险能力及生活水平而设置的福利项目。

12.2.2 职业福利的内容

职业福利的内容多种多样，并且随着社会生活的发展而不断变化，不同的研究者也从不视角进行了分类。

赖特认为职业福利既包括传统的个人安全、健康福利和工作或工龄相关福利，又包括新兴的家庭友好型系列。其中，传统的个人安全和健康包括养老金、超过法定最低病假工资以上的病假工资、人寿保险、医疗保险、长期失能或永久健康福利保险、贷款；工作、地位或工龄相关福利包括公司配车、车贴、法定最低休假期限以外的休假以及公司休假；家庭友好型福利包括儿童或老年照料、法定最低假期外延长的生育或父母哺育假；社会或公司友好或生活形态福利包括：餐饮补贴、健身或社交设施、产品/服务折扣、按摩等。

法恩斯沃斯依据需要或依赖关系，提出职业福利供给是为了满足某种依赖关系的需要：满足身体生理需要部分包括餐厅补贴、住房提供、安全服装、健康检查及健康保险等；增加经济稳定与安全部分包括职业养老金、疾病补贴、工作场所培训和儿童抚养帮助等，并且该部分还能帮助缓解家庭和工作生活的需要。

郑功成认为员工福利可以分为收入保障计划、健康保障计划和员工服务计划。丁学娜则认为职业福利按照福利性质可以分为法规补充部分和工资替代部分；按照供给形式可分为货币型职业福利和非货币型职业福利，非货币型职业福利主要包括以服务、时间、实物等形式提供的福利项目。同时指出，法规补充部分的补充功能大于工资替代型的补充功能。

不同研究者依据对职业福利概念的不同理解做出了不同的类型划分，职业福利概念的创立者蒂特马斯是从需要和依赖的角度提出这一概念的，因此职业福利应该基于员工的某种需要或依赖建立。另一方面，福利是帮助其覆盖人群对抗某种风险的手段，在应对风险方面职业福利是法定公共福利的补充或替代，由此将附加给付(不能与法定福利产生补充或替代关系的企业福利项目，如免费或低价享受互联网、夏日度假屋、更好的汽车、报纸、午餐和休假等)排除在外。基于这两个标准，本书将其进一步划分为个人安全与健康型福利、生活服务型福利、社会交往型福利以及个人发展型福利。

个人安全与健康型福利是指为了维护个人经济生活安全与身体健康而设置的福利项目，主要包括企业内贷款、补充养老保险、补充医疗保险、补充失业补贴、补充工伤补贴、健康和失能保险、大病和住院保险、人寿保险、意外险、住房财产保险、一次性住院补助等困难补助、住房公积金、住房安置补贴、按揭贷款补贴及健康检查等。

生活服务型福利是指解决员工乃至其家庭生活问题或帮助其渡过难关的福利项目，主要包括婚丧补助、员工幼托费、儿童照料津贴、单亲家长津贴、餐饮补贴、降温或取暖费用补贴、探亲假路费等货币形式福利，以及员工宿舍、企业内设餐厅、健身设施、补充产假或育儿假、儿童或老年人照料假、儿童或老年人照料服务(企业内设托儿所、育婴室或日间照料)、弹性工作制、工作时间账户等非货币形式的福利。

社会交往型福利是指为了满足员工社会交往的需要而设立的福利项目，主要包括带薪休假、团体旅游、社交场所与设施的供给等。

个人发展型福利是指企业为了鼓励员工的个人知识、素养等的提升而设立的福利项目，例如职工援助计划、教育和培训等。

12.2.3 职业福利的发展

职业福利与公共福利在所要达成的目标方面是一致的，区别仅在于达成目标的方法不同。20 世纪 70 年代，福利国家危机面临着严重财政赤字问题，福利国家纷纷以削减福利开支来应对，福利国家的民营化、私有化成为重要的改革途径。由此，雇主所提供的职业福利获得了越来越多的重视，它们应对社会风险的重要性日益凸显。

20 世纪 70 年代，西方国家从工业时代向后工业时代的经济转型使得新型风险群体出现，主要集中在女性、有儿童的家庭、年轻人以及没有适用技能的人身上，他们未被传统福利制度覆盖。新型风险群体面临的风险更多的是家庭照顾、年轻人的教育和培训等。在国家公共福利不能实现的地方，职业福利发挥了重要的作用。例如在荷兰，通过工会与雇主协商确立了兼职工时制、儿童照料和家长假等职业福利形式，非常好地补充了国家公共福利的空白。

但随着社会的不断发展，员工对职业福利的需求也日渐多元化，且部分福利项目在应对重大社会风险方面的作用并不显著，乃至出现了员工对职业福利价值的低认同感。对亚洲太平洋国家的职工福利调查发现，40％以上的员工对企业为其提供的福利项目价值没有感知或具有很低的价值感知；而在中国则超过55％的雇主认为他们为员工提供的福利项目没有得到员工的重视。因此，增强员工的价值感知成为职业福利设计时的重要考虑内容。20世纪70年代，弹性职业福利计划在美国兴起。弹性职业福利是指在固定的福利费用预算内，针对不同层次员工的个性化福利保障需求，设计和实施多样化的福利项目供员工选择，使每个员工的福利保障需求得到最大满足。弹性福利制度的核心是“个性化”地满足员工需求。员工选择的范围由员工的福利购买力决定，而其购买力就基于资历和绩效两个主要因素。因此，员工需要努力工作并通过竞争来提高其绩效，这样便增强了员工的工作积极性与主动性，弹性福利的激励性便凸显出来。弹性福利制度成为重要的职业福利发展方向。

中国在养老、医疗等方面的职业福利已经得到一定程度的发展，但由于长时间重视保险领域的发展，涉及生活服务类的福利项目发展水平较低，特别是照料休假、妇女哺育、照料后代及照顾老人等相关福利仍比较缺乏。2016年《中国职工福利保障指数报告》调查结果显示，大中城市企业员工福利保障充实性指数为72.5，相对较低，处于基础保障层次；职业福利的人群覆盖范围公平性指数是所有指标中最低的，仅为69.1。而与企业相比，职工认为获取职业福利条件更加苛刻，报告测得其获得非保险类福利、商业补充保险的公平指数分别为64.8和59.6。大部分企业的全职员工可以享受基础福利项目，但更多的福利项目要以工作年限、工作绩效等为条件，说明较少的职工能够享受到更多的福利。因此，政府应当引导企业提供生活服务特别是生活照料类的福利项目，并不断扩展职业福利范围，降低福利门槛，以使多数员工均能受益。并且，逐步建立弹性职业福利制度，针对不同的员工提供个性化福利，更大限度地发挥职业福利的补充保障作用。

12.3 企业年金

12.3.1 企业年金及其特点

1. 企业年金的概念

企业年金是企业及其职工在依法参加基本养老保险的基础上，自愿建立的补充养老保险制度。1875年美国快递公司设立退休金计划，标志着企业年金制度的建立。在随后半个世纪中，美国先后出现了约400个退休金计划。对私人退休金计划发展有积极意义的一个关键事件是保险公司进入退休金业务。1921年，美国大都会人寿保险公司发出第一份年金合同，标志着美国保险公司进入退休金业务。与此前被动承担员工福利不同，企业年金是企业主动建立的，这主要是基于两个原因：首先，企业年金是为了解决员工年老工作效率低下而造成的损失；其次，企业年金能够增强员工的忠诚度，提高企业的凝聚力和活力。

2. 企业年金的特点

企业年金与基本养老保险有着本质的不同，相比较来看，企业年金有以下特点：

(1)与强制实施的基本养老保险不同，大多数国家的企业年金计划都是企业自愿建立的，并非由政府机构进行管理，而是通过市场进行，具有较大的灵活性。

(2)企业年金是企业提供的私人产品，因此，政府不直接承担责任，更多的是通过政策进行引导,并实施适度的监管。

(3)企业年金的财务运行模式一般只有完全积累制(唯一例外的是法国,法国实行全国统筹、现收现付的强制性企业年金计划),企业年金的缴费、投资收益等全部资产均计入个人账户。并且,该账户属于职工个人所有,不能调剂使用。

(4)基本养老保险基金一般由政府机构管理、运营,有些交由私营机构管理运营,政府也有严格的规定。保值增值的手段也比较保守,更注重安全性。虽然中国已经开始将基本养老保险基金投入股票市场,但比例仍然较低。企业年金则是通过资本市场来运作,投资手段更加多样,更加注重投资收益率。

(5)基本养老保险是建立在社会公平的原则之上,虽然企业年金是对基本养老保险的补充,但其作为一种企业激励手段,仍然非常注重效率原则。

12.3.2 企业年金的功能

企业年金不仅是劳动者退休后生活保障的重要补充,也是企业调动员工积极性、吸引人才、稳定职工队伍、增强企业竞争力和凝聚力的重要手段。企业年金的功能有很多,大致可以归纳为以下几点:

(1)分配功能。企业年金具有国民收入初次分配性质,也具有国民收入再分配性质。因此,企业年金形式的补充养老金计划又被视为对职工的一种延迟支付的工资收入分配。对于企业里的中老年员工来说,非常重视退休后的收入保障,因此,企业年金作为一种为员工长远利益考虑的工具,非常有效地解决了这个问题。

(2)激励功能。企业年金计划根据企业的盈利和职工的绩效为职工年金个人账户供款,对于企业吸引高素质人才,稳定职工队伍,保障职工利益,最大限度地调动职工的劳动积极性和创造力,提高职工为企业服务的自豪感和责任感,从而增强企业的凝聚力和市场竞争力,获取最大经济效益,又是一种积极而有效的手段。

(3)保障功能。建立企业年金可以在相当程度上提高职工退休后的养老金待遇水平,解决由于基本养老金替代率下降而造成的职工退休前后的较大收入差距,弥补基本养老金保障水平的不足,满足退休人员享受较高生活质量的客观需求,发挥其补充和保障的作用。例如,在工业化国家,企业年金的目标替代率一般为20%~30%,与基础养老金合计可达到60%~70%的总替代率水平。

12.3.3 企业年金的基本内容

1. 企业年金的实施方式

虽然在多数国家企业年金均以企业的自愿性为原则,但基于不同国家的法律、政策规定,企业年金制度可以分为强制性企业年金、准强制性企业年金和自愿性企业年金三类。

强制性企业年金的建立基础是依据国家法律规定,例如冰岛、瑞士和澳大利亚等国家;准强制性企业年金的建立基础是工会与雇主的集体谈判结果,例如丹麦、瑞典和荷兰等国家;自愿性企业年金的建立基础是企业为员工自愿建立的养老金计划,例如美国、加拿大和英国等国家。

强制性企业年金制度有着极高的覆盖率,使得保险制度的风险共济功能得以发挥,促进了收入的再分配。此外,强制性企业年金制度采取的是基金积累制,克服了现收现付制的弊端,从而能够更好地应对人口老龄化危机,减轻政府负担,澳大利亚等实施强制性企业年金制度的国家，都很好地解决了第一支柱和企业年金计划如何统筹协调的问题。

在中国，1991年6月，国务院就明确提出，建设多层次养老保障体系，发文称，“逐步建立起基本养老保险与企业补充养老保险和职工个人储蓄性养老保险相结合的制度”，即养老金的“三支柱”体系。第一支柱是政府主导的基本养老保险制度；第二支柱为机关事业单位建立的职业年金和企业建立的企业年金；第三支柱是个人养老金账户制度。职业年金是指机关事业单位及其工作人员在参加机关事业单位基本养老保险的基础上，建立的补充养老保险制度；企业年金是指企业及其职工在依法参加基本养老保险的基础上，自愿建立的补充养老保险制度。

职业年金与企业年金最大的区别在于职业年金具有强制性，而企业年金的建立是企业的自愿行为。2015年1月，国务院发布《关于机关事业单位工作人员养老保险制度改革的决定》，明确提出“机关事业单位在参加基本养老保险的基础上，应当为其工作人员建立职业年金”，实施职业年金的重要原因在于为养老保险“并轨”减少改革阻力，在短期内确实会带来一些问题，解决之道还在于完善企业年金制度。

在中国，也有人提出，“企业年金与职业年金之间存在不平衡和不充分的冲突，应该将其统一起来。最大的冲突首先在于，企业年金遵循自愿原则，而职业年金则采用强制原则。其次，企业年金是实账积累，而职业年金是半虚半实的”。并建议将其二者融合为一，都变为强制性执行和实账操作，不用区分机关事业单位或者企业单位，以及是否是大企业或小企业。就强度而言，可以采取强制或半强制型。

2. 企业年金的运行模式

企业年金主要有三种模式，即待遇确定型计划(DB)、缴费确定型计划(DC)和混合型计划。

DB计划一般由雇主单方缴费，但有时雇员也需缴纳其工资的一定比例，由雇主弥补剩余部分。通常是雇主向雇员允诺其退休后的待遇，由精算师依据该待遇水平计算出每年的储存(缴费)金额。具体的计发办法主要有：一是统一福利待遇，即向每一个参加企业年金计划的退休雇员提供固定数额的退休金，而不考虑雇员退休前的工资水平与工龄等；二是根据雇员的工作年限和退休前一定时期内的工资水平，确定不同条件的雇员领取不同数额的退休金；三是将雇员的工资收入与工龄的乘积再乘以退休金系数(一个百分比)来确定。DB计划的优势在于收益是确定的，能够保障退休后的收入；缺点是企业年金不能与物价水平联系，可能会面临通货膨胀等风险。

DC计划是先确定缴费比例，再采取雇主缴费或雇主与雇员共同缴费的形式积累企业年金，并计入雇员个人账户。雇员退休之后，将个人账户中的所有收入一次性或定期支付给雇员。

发达国家对DC和DB两种模式各有应用，且随着企业年金的发展有所变化。目前法国、希腊、匈牙利、波兰等国都采用了完全的DC计划，芬兰、德国、瑞士采用了完全的DB计划，意大利、西班牙、丹麦、美国、新西兰、冰岛等大部分国家采取了DB计划和DC计划的混合模式，两种计划的成分多少各有不同。发展中国家对DC计划应用较多，阿尔巴尼亚、秘鲁、泰国、马来西亚等大部分发展中国家采用了完全的DC计划，肯尼亚、巴西、牙买加等国采用了两种计划混合的模式，极少发展中国家使用完全的DB计划模式。随着社会经济的发展，DB计划向DC计划的转变成为一种趋势，在一些经济不发达的发展中国家，就业竞争十分激烈，企业的生存寿命也难以确定，因此劳动力流动更加不稳定，这也是企业年金制度采用DC计划的重要原因。

3. 企业年金的监管

企业年金的监管有分散监管和集中监管两种模式。分散监管是指多方监管机构(一般至少三个)各司其职,发挥所长,共同承担起企业年金审核注册、投资运营、待遇支付等全部监管工作。英国、美国、爱尔兰等国采取分散化的监管方式对企业年金进行监管。比如,爱尔兰由养老金监管委员会、中央银行与税务委员会三方机构对企业年金实现监管。

集中监管是指设立专门的机构对企业年金进行集中管理,比如荷兰的企业年金监管工作就由保险监督委员会这唯一的法定管理机构执行。

此外,英国等国还依靠强大的社会监督力量对企业年金计划进行监管,审计事务所、会计师事务所、律师事务所、咨询和精算机构、新闻媒体等中介机构都会参与到企业年金计划的监管之中,美国等国建立了完备的信息披露和报告制度。

不同国家对企业年金的监管机构也有差别,德国、瑞典等国的企业年金监管机构较为单一,德国是由德国联邦保险监理署对企业年金基金的投资经营状况、财务状况等方面进行监督和管理,瑞典是由金融监督局进行监督。美国、澳大利亚等国的企业年金监管机构则分工较细。以美国为例,美国政府负责执行《保障法》的部门是劳工部,而具体负责雇主养老金监管的是劳工部下设的雇员福利保障局,国家税务总局则负责税收优惠政策的制定,同时负责审批企业年金计划税收优惠方面的资格。

中国的企业年金以企业年金投资管理机构为经办机构,仅有政府监管机构进行管理,企业年金监管部门分散、分工不明确,存在效率低下以及投资管理效果差等问题。

12.3.4 中国的企业年金

1. 中国企业年金的发展

中国企业年金的雏形出现于20世纪80年代,随着企业职工养老保险从计划经济体制下的“劳动保险”向“社会保险”转变,一些“福利基金”比较富裕的行业或国有企业便开始尝试建立企业补充养老保险,但仅出现在个别企业中。中国企业年金的出现带有利益补偿和平衡的性质。国务院于1991年6月颁布《关于企业职工养老保险制度改革的决定》,提出企业可根据自身经济能力建立企业补充养老保险。1994年7月颁布的《中华人民共和国劳动法》规定,国家鼓励用人单位根据本单位实际情况为劳动者建立补充保险,为建立我国企业补充养老保险制度提供了法律依据。

2000年,国务院颁布《关于完善城镇社会保障体系的试点方案》,将“企业补充养老保险”正式更名为“企业年金”,并且规定了给企业年金提供税收优惠①。2001年,以辽宁为试点进行了企业年金试运行。这一阶段,政府对建立企业年金的思路越来越清晰,各种规定也越来越有针对性,中国企业年金制度的基本轮廓大体清晰,并从辽宁省等部分省市开始进行有指导性且相对谨慎的试点工作。

2004年是中国企业年金发展史上的重要一年,1月,劳动和社会保障部颁布《企业年金试行办法》,对企业年金的地位、建立企业年金的条件和决策程序、企业年金计划的构成要素、缴费比例、管理办法、待遇给付以及监管和法律纠纷的解决都给出了明确规定。2月,《企业年金基金管理试行办法》发布,对企业年金基金的受托管理、账户管理、托管以及投资管理进行了规

---

① 并且同时规定,“有条件的企业可为职工建立企业年金,并实行市场化运营和管理。企业年金实行基金完全积累,采用个人账户方式进行管理,费用由企业和职工个人缴纳,企业缴费在工资总额4%以内的部分,可从成本中列支。这是第一次以正式文件的形式给企业年金提供了税收优惠。

范。此后，一系列配套企业年金政策法规和实施办法出台，市场化投资原则得到具体落实。

2015 年 4 月，国务院印发《机关事业单位职业年金办法》，规定职业年金所需费用由单位和工作人员个人共同承担，单位缴纳职业年金费用的比例为本单位工资总额的 8%，个人缴费比例为本人缴费工资的 4%，由单位代扣。单位与个人缴费基数与机关事业单位工作人员基本养老保险缴费基数一致。2016 年 9 月，政府又发布了《人力资源和社会保障部、财政部关于印发职业年金基金管理暂行办法的通知》，对职业年金管理职责、基金投资、收益分配及费用、计划管理及信息披露、监督检查等做出明确规定。

职业年金的发展为企业年金的进一步发展带来了契机。2016 年 6 月，人力资源和社会保障部对 2004 年制定的《企业年金试行办法》进行了修订，并于同年 12 月审议通过，2018 年 2 月 1 日起施行，对企业年金进行了较为全面的规定。该办法弱化了企业年金的自愿性质，鼓励引导符合条件的企业建立企业年金。这是贯彻落实党的十九大关于全面建成多层次社会保障体系要求的具体举措，也是进一步完善企业年金制度的内在要求，有利于进一步激发企业及其职工建立和参加企业年金的积极性，扩大企业年金覆盖面；有利于促进企业长期发展，以及更好地保护职工的企业年金权益；有利于适应市场发展需要，促进企业年金市场健康发展。

2. 中国企业年金的主要内容

根据规定，企业年金基金由企业缴费、职工个人缴费及投资运营收益三部分组成。其中，企业缴费每年不超过本企业职工工资总额的 8%，企业和职工个人缴费合计不超过本企业职工工资总额的 12%。企业年金实行完全积累，为每个参加企业年金的职工建立企业年金个人账户。企业缴费应当按照企业年金方案确定的比例和办法计入职工企业年金个人账户，职工个人缴费计入本人企业年金个人账户。企业当期缴费计入职工企业年金个人账户的最高额不得超过平均额的 5 倍。职工企业年金个人账户中个人缴费及其投资收益自始归属于职工个人，对于企业缴费及其投资收益部分，企业可以与职工一方约定其自始归属于职工个人，也可以约定随着职工在本企业工作年限的增加逐步归属于职工个人。

为保障流动就业职工的企业年金权益，企业年金可以进行转移接续。

职工领取企业年金需要一定的条件：①职工在达到国家规定的退休年龄或者完全丧失劳动能力时，可以从本人企业年金个人账户中按月、分次或者一次性领取企业年金，也可以将本人企业年金个人账户资金全部或者部分购买商业养老保险产品，依据保险合同领取待遇并享受相应的继承权；②出国(境)定居人员的企业年金个人账户资金，可以根据本人要求一次性支付给本人；③职工或者退休人员死亡后，其企业年金个人账户余额可以继承。

企业年金的领取方式具有一定的灵活性：①倡导按月领取，有利于发挥企业年金长期养老保险的作用。②允许分次领取，有利于退休人员根据本人企业年金个人账户资金额，结合企业年金个人所得税政策和自己的需要，选择合适的领取次数。③保留了一次性领取方式，更加人性化，给予退休人员更多选择。④可以购买商业养老保险产品，进一步丰富补充养老保险方式。

企业年金虽然倡导性地实施了多年，但到 2017 年底建立年金计划的企业数只有 8 万多户，占比不及百分之一。同时，中国社保协会的调查报告显示，企业年金充足度指数和企业保障程度指数由 2015 年的 58.7 下降到 2017 年的 56.5，显示出企业对年金计划的动力正在削弱。不过，职业年金后来居上，加之属于强制缴纳，基金规模有望在短期内超过企业年金，这将有利于倒逼中国企业年金的加速发展，从而刺激企业年金快速扩大覆盖面。而企业建立企业年金的意愿更多的是取决于企业在基本养老保险层面的负担，因此，想要真正全面实施企业年金制度,落实税收优惠,适当调整养老体系第一支柱的比例,更加重视对高素质人才的吸引,则是政府、社会和企业各方应该做出的努力。

12.4 慈善事业

12.4.1 现代慈善事业

慈善事业与分散的慈善行为不同,它是以慈善组织为实施主体,以救助特定群体或特定标的为目标,按照既定的操作规范、制度或原则实施的长久的社会化行为。

西方基于宗教教义与恩赐情怀的传统慈善事业,已经转向现代慈善事业。现代慈善基于社会公平正义,并且以独立法人的组织形态为载体,完全按照现代组织的治理方式运作,构成了当代社会结构的有机组成部分。现代慈善事业的标志可以从组织形态、参与主体和政策体系三个层面来描述。

1. 以专业化的慈善组织为运作主体

传统慈善事业大多是私人之间直接帮助,之后随着社会分工的发展和人们对平等的追求,专门从事慈善事业的慈善组织才出现。成熟的现代慈善组织是发展现代慈善事业的必要条件,也是区分传统慈善与现代慈善事业的首要标志。

现代慈善事业是以民营慈善组织为组织基础,它是慈善事业之所以成为一项有益的公益事业而非单个施舍行为的组织前提。以现代公司制为模式的高度专业化的慈善组织是现代慈善事业得以高效运作的重要环节,也是现代慈善事业开始出现的标志。这些组织具有独立的法人身份,并且拥有正式专业组织的特征,如正式的章程、规范的组织结构、明确的内部分工、清晰的权力结构并聘有专职的工作人员等。

2. 以广泛的社会力量为参与主体

慈善事业的参与主体主要是指慈善活动的捐赠主体,即通过提供资金、实物、服务等形式自愿参与慈善活动的个人、群体或组织。

传统慈善呈现出鲜明的精英主导特征。在中国,古代的慈善活动基本上是由地方精英主导,不管是政府实施的慈善救助,还是民众自发开展的救济活动,往往都是由地方士绅或官员等德高望重人士主办,普通公众很少参与其中。现代慈善事业则以社会化为重要特征,参与主体不以贫富、地位等为标准进行划分,所有的社会成员都可以参与其中。2016 年美国全年慈善捐赠总额达到 3900.5 亿美元,人均捐赠 1155 美元,占美国 GDP 的 2.1%。其中,个人捐赠占捐赠总额的 72%,遗产捐赠占捐赠总额的 8%,企业捐赠仅占捐赠总额的 5%。

3. 以完善的政策体系为制度保障

慈善事业的政策体系是指国家机关为了促进慈善事业发展而出台的一系列法律、法规、规章等的总称。

制度是决定人们的相互关系而人为设定的一些制约,是对行为边界的设定。政策体系构成了传统慈善向现代慈善转变的制度基础。在传统慈善阶段,主要根据习俗、惯例或乡规民约等非正式制度对慈善行为进行规范,所以多半都是临时之举,难以规模化和持续化。即使偶有民间组织参与其中,但依然难以成为真正意义上的慈善事业,其中一个重要原因就在于缺乏完善的制度安排。现代慈善事业的一个重要特征就在于制度化，构建完善的政策体系进行规制和激励是慈善事业真正走向现代化的重要基础。

12.4.2 中国的慈善事业

在中国，秉持仁爱之心的慈善理念和践行乐善好施的慈善行为源远流长。新中国成立后，特殊时期对慈善事业的污名以及整体贫困的现实，使得慈善事业丧失了存在的政治条件和社会基础。20 世纪 90 年代开始，慈善事业伴随着改革开放的进程走向复苏，以《人民日报》发表题为“为慈善正名”的社论和中华慈善总会的成立为标志。

中国最初成立的慈善组织具有明显的官方背景，改革开放之初以官办基金会的形式存在。这些基金会基本是由政府发起成立的，尽管具有对外募捐的资格但同时可以获得政府的财政拨款，管理人员和办事人员大都具有国家公务员身份。20 世纪 90 年代中期产生的慈善会基本是从民政部门分化出来的，和各级政府存在密切联系，运作过程也和政府相似。当时的捐赠主体以海外力量为主，根据当时的统计，中国每年的捐赠大约 75%来自国外，15%来自中国富人，10%来自平民百姓。

2004 年 6 月，中国第一部《基金会管理条例》正式颁布。2004 年 9 月，中共十六届四中全会公报正式把慈善事业列为中国社会保障制度的重要组成部分，慈善事业开始处于与社会保险、社会福利、社会救助并列的地位。政府也开始倡导慈善事业发展，明确鼓励企业和个人通过设立非公募基金会等形式参与慈善活动。本土企业，尤其是民营企业取代政府和海外力量，成了慈善捐赠的主导者，企业捐赠占历年慈善捐赠总额的比重基本维持在 50%至 70%。基金会分成公募基金会和非公募基金会，截至 2015 年底，非公募基金会达到 3198 个，占基金会总数的 66.8%。此外，各种网络慈善组织和“草根”慈善组织也在蓬勃发展。然而，民间慈善组织在兴起的同时，官方慈善组织也在不断发展，并且官方慈善组织依然占据主导地位。

2016 年 3 月 16 日，第十二届全国人民代表大会第四次会议通过了《慈善法》，重塑了现代慈善事业的价值与理念，成为中国慈善事业从传统向现代转变的重要节点。《慈善法》明确规定了慈善组织的性质是依法成立的以面向社会开展慈善活动为宗旨的非营利性组织，可以采取基金会、社会团体、社会服务机构等组织形式。在慈善组织的准入环节，《慈善法》明确取消了双重管理体制①，允许慈善组织直接向民政部门登记；同时规定了慈善组织依法成立行业组织，实行行业自律。在募捐环节，《慈善法》放开了慈善组织的公募资格，并且明确规定了政府支持慈善事业发展的促进措施，例如税收优惠等。《慈善法》鼓励慈善捐赠、慈善服务等的社会化，为社会各界参与慈善创造了良好的条件。此外，《慈善法》合理规范了网络募捐行为，有序引导公众参与网络捐赠。比如，最新发布的首批 12 家互联网平台年报显示，2017 年全年，共有 62 亿人次通过 12 家互联网募捐平台进行捐赠，相当于全民全年人均完成 4.5 次捐赠。

《慈善法》的颁布实施标志着中国的慈善事业正式走向法制化、规范化道路，是实现现代化慈善事业的重要保障。首先，它对慈善内涵予以开放性、广泛包容的界定，为慈善组织明确和

---

① 1988 年颁布的第一部有关基金会的立法——《基金会管理办法》，明确了基金会准入的“三重管理体制”，成立基金会不仅需要获得业务主管部门的同意以及向民政管理机关登记，还需要接受中国人民银行的审批和管理；1989 年出台的《社会团体登记管理条例》进一步明确了“双重管理体制”，并规定对基金会的登记管理也适用于该条例。

扩大业务领域提供了法律依据。其次，进一步规范了慈善组织的运作，要求慈善组织结合实际情况，对现行的规定和做法予以完善，并严格执行。再次，《慈善法》引领了慈善组织工作创新方向，要求我们进一步解放思想，抓住新的发展机遇，开拓新的领域。

12.4.3 慈善事业与社会保障

社会保障是维护社会稳定、促进社会发展、增进公共福利水平、提高国民生活质量的立法宗旨的具体体现；而慈善事业是关乎社会成员利益的一种公益事业，是政府主导下的社会保障体系的必要补充。因此，社会保障与慈善事业之间既有明确区分，又有相互联系之处。

社会保障与慈善事业的区别主要体现在：一是本质属性不同。社会保障是国家法律规定的、旨在帮助社会成员应对风险并保障或提高其生活水平、以实现社会公平为目标的制度安排，更多体现的是国家责任。慈善事业是由非营利组织或个人自愿开展的施助活动，是一种无私奉献的事业。二是资金来源不同。社会保障的资金主要来自雇主、雇员缴费和国家财政补贴，或是个人缴费与财政补贴，或是国家税收。慈善事业的资金主要来源于个人或机构的捐赠，政府在税收政策上给予一定优惠。三是受益范围与内容不同。社会保障是要实现全覆盖，使全体社会成员均能受益，但受益内容有具体项目的划分。慈善事业则通常是针对社会弱势人群或个人实施的，受益范围较小，但内容比较丰富。

虽然慈善事业与社会保障之间存在很大的差别，但其共同致力于社会进步的目标是一致的。如何有效并有机地融合，是慈善事业今后发展的重要方向。现代慈善是促进社会公平的手段，是社会建设的重要途径，是行善立德的社会行为，是社会教化的一种方式，也是个人自由选择下的具有公共服务性质的集体主义行为，有效地回应了个体的生命需求，是个人生命价值和积极态度的体现。慈善事业与社会保障应实现融合、协调、有机发展，因为两者有机协同既是社会保障发展的需要，也是慈善事业发展的需要，慈善事业的发展需要观念创新和理性化，需要“政、商、学、社”协同起来。

12.5 互助保障

12.5.1 互助保障的内涵及特征

在社会保障制度成立之前，社会上长期存在是自愿互助组织及各类互助活动，由它们完成社会保护的使命。随着政府干预力量的增强，社会保障制度建立，社会互助成为社会保障制度的重要补充，并将其称为互助保障。互助保障是指社会成员以单位与社会为依托，自愿组织的相互之间提供物质帮助、服务帮助的社会保障系统，通常具有社会性、非营利性、封闭性及规范性等特征。

(1)互助保障具有社会性。互助保障与亲友、家庭成员间的互助不同，家庭或亲友间的相互支持也是一种互助，但互助保障是指社会化互助，通过社会化手段筹集资金，以保证参与成员在互助中实现自助与他助。

(2)互助保障具有非营利性。互助保障是由非营利性组织承办的互助活动，体现的是成员间的互助共济，而不是以营利为目的。

(3)互助保障具有封闭性。互助保障一般是由特定范围内的群体自愿参与的互助活动，且受益对象也是局限于特定范围内的。如职工互助一般是由某行业或某个企业内部成立的互助活动,受益对象也只是对应范围内的员工。

(4)互助保障具有规范性。互助保障的运行组织一般是经由政府部门批准的正规组织,也要接受相关部门的监管。

除此之外,互助保障的内容比较丰富,一般是根据参与成员的需求或群体意愿来设置互助项目,可以包括经济保障、服务保障乃至情感保障等多种类型。

12.5.2　互助保障的分类

1. 按照保障对象和范围分类

互助保障按照保障对象和范围可以分为社区互助、职业互助和社会互助等。

(1)社区互助是指以社区为单位自发组织的社区成员之间的互助活动,主要是面向特殊困难成员提供扶贫、帮困或服务。现代社区互助的主要形式是社区服务,如医疗互助服务、护理互助服务等。社区医疗互助服务是指为社区内居民提供的有偿或无偿的医疗服务。护理互助服务是指以居委会或村委会为主题,为社区居民提供护理服务,同时组织本社区内符合一定条件的居民(健康、低龄、无业等)为社区内的高龄、病、残人员提供护理服务,服务对象只需支付较低的费用。

(2)职业互助保障也称职工互助保障,一般是由行业协会或企业内部组织的针对特定成员的互助活动。例如中国的中华全国总工会倡导组织的职工互助保障,包括医疗互助、互助保险等。职业互助保障与其他福利性措施有所不同,例如,职工帮扶和职工互助保障同为职工互助服务事业的重要组成部分,职工帮扶如金秋助学、农民工平安返乡等,具有明显的福利性特征。但职工互助保障要求会员依法依规缴费,体现出互助性。

(3)社会互助保障是指在社会范围内,跨越区域和单位,由有关方面或组织自发为其成员建立的保障形式,是一种非强制性的、内容非常丰富的低层次互助保障机制。社会互助保障的主要内容是医疗互助保障,包括:一是特殊重病互助,即针对患癌症等特殊重病者,按照医疗费支出的一定比例给予资助;二是对遇有疾病、死亡等特困投保人及家属,及时给付一次性互济金或抚恤金;三是意外伤害互助,主要对因自然灾害、交通事故等意外伤害而造成伤残或死亡的投保人,根据具体情况给付一定的互助保障金。

2. 按照互助内容分类

互助保障按照互助内容不同可以分为经济互助和志愿服务。经济互助是指向受助者提供资金、物品等。志愿服务则是向受助者提供服务。国外的一些国家,志愿者占国民数量的30%,有的甚至高达约60%。例如,美国有60%以上的社会成员参加义工,以色列有20%以上的人参加志愿活动。据民政部门统计,截至2017年6约30日,中国注册志愿者人数为4242万名,与上一年相比,增长率达到29%。虽然与发达国家相比还存有一定差距,但可以看出一直处于发展的状态。

3. 按照运作方式分类

互助保障按照运作方式不同可以分为互助保险、互助救济、互助服务等。互助保险是由社会团体或委托专业的保险机构承办,按照自愿和互助互济原则建立会员制合作组织,以保险形式运作的互助行为,其基金主要来源于会员缴费,例如法国的互助医疗健康体系、中国的职工互助保险等。互助救济是由慈善组织或非营利机构等承办，对社会弱势群体以救济形式提供基本生活帮助的互助机制，其经费主要来源于私人募捐、财政拨款及社会捐助等。互助服务一般是由行业协会等向其成员提供的以服务形式为主的保障机制，例如北京市实施的工会会员互助服务卡，对其会员提供多项免费或优惠服务，包括法律咨询、就业咨询等。

本章小结

补充保障是指在基本社会保障制度之外的各种社会化保障机制，其主体是社会，但政府也在其中发挥监管及宏观调控的作用。补充保障主要包括职业福利、企业年金、慈善事业和互助保障。

职业福利是指基于国家法定社会保障项目之外的、由企业自主建立的、为了提高员工的应对风险能力及生活水平而设置的福利项目，可分为个人安全与健康型福利、生活服务型福利、社会交往型福利以及个人发展型福利。

企业年金是企业及其职工在依法参加基本养老保险的基础上，自愿建立的补充养老保险制度。中国实施职业年金和企业年金两种制度，其中职业年金针对的是机关事业单位，具有强制性；企业年金则具有自愿性。

慈善事业是以慈善组织为实施主体，以救助特定群体或特定标的为目标，按照既定的操作规范、制度或原则实施的长久的社会化行为。现代慈善事业的标志可以从组织形态、参与主体和政策体系三个层面来描述。中国的慈善事业一直处于发展之中，特别是《慈善法》的颁布实施，标志着中国的慈善事业正式走向法制化、规范化道路。

互助保障是指社会成员以单位和社会为依托，自愿组织的相互之间提供物质帮助、服务帮助的社会保障系统。互助保障有不同的类型，按照保障对象和范围可以分为社区互助、职业互助和社会互助等；按照互助保障的内容不同可以分为经济互助和志愿服务；按照运作方式不同可以分为互助保险、互助救济、互助服务等。

思考题

1. 如何理解政府在补充保障中的角色？
2. 你认为应当如何促进职业福利的进一步发展。
3. 企业年金与基本养老保险的联系与区别是什么？
4. 如何理解慈善事业与社会保障的关系？
5. 你认为中国慈善事业的发展趋势是什么。
6. 你认为互助保障的价值是什么。

案例讨论

水滴互助

2016 年 5 月，水滴互助上线。水滴互助认为自身的模式是互联网互助保障模式，以会员之间互相帮助、共摊风险为目的，提供的是风险保障，而非高额投资回报。以水滴互助当前推出的第一款保障产品——抗癌互助计划为例，用户只要充值 9 元即可正式成为水滴互助社群的会员。经过观察期后，便能享有购买抗癌保障计划的所有权益。在 180 天的观察期后，一旦会员确诊为癌症，在社群提出互助申请经过技术手段验证后，可获得相应的社群互助资金用于治疗疾病，而这笔资金是由抗癌互助社群内所有会员进行分摊捐献，社群人数越多，每人分摊的金额就越少。但其本身模式和运营能力仍要市场进一步验证，当患者大量密集出现时，平台是否有足够的资金赔付，是不容忽视的问题。

业界往往将这类的互助平台作为互联网保险的一种模式。自 2015 年以来，互联网保险成为业界关注的热点。有数据显示，截至目前，互联网保险创业公司已有超过 100 家。2015 年共发生 23 起融资事件，融资总金额超过 70 亿人民币。

实际上，水滴互助不是行业内的首家创业公司。在此之前行业已经存在多家基于互联网通过互助手段与理念进行保险保障服务的创业企业，如夸克联盟、e 互助、壁虎互助、同伴互助、抗癌公社等互助平台。

互联网互助机构往往回避“保险”称谓，强调自身是基于互联网的互助共享平台，但行业监管的问题不容忽视。目前的行业监管主要是银保监会的风险提示。2016 年 5 月 3 日，针对互助计划与保险的差异及可能存在的风险，保监会发布风险提示，提醒广大消费者注意：互助计划的经营主体不具备保险经营资质，部分经营主体的持续经营能力和财务稳定状况存在隐患，消费者可能面临资金安全难以保证、承诺保障无法兑现、个人隐私泄露、纠纷争议难以解决等风险。

问题：

1. 互助保障有哪些特征？
2. 你认为水滴互助等互联网互助共享平台是不是互助保障？为什么？
3. 网络互助共享平台为何能得到快速发展？其发展过程中可能存在哪些问题？

参考文献

[1] 陈良瑾. 社会保障教程[M]. 北京：北京知识出版社，1990.

[2] 美国社会保障署. 全球社会保障：1995(阅读指南)[M]. 北京：华夏出版社，1996.

[3] 北京大学中国保险与社会保障研究中心课题组. 构建个人经济保障体系迫在眉睫[N]. 中国证券报，2004-06-02(19).

[4] 侯文若. 社会保障理论与实践[M]. 北京：中国劳动出版社，1991.

[5] 郑功成. 中国国社会保障论[M]. 武汉：湖北人民出版社，1994.

[6] 董克用. 中国经济改革 30 年：社会保障卷(1978—2008)[M]. 重庆：重庆大学出版社，2008.

[7] 史柏年. 社会保障概论[M]. 北京：高等教育出版社，2004.

[8] 李珍. 社会保障理论[M]. 3 版. 北京：中国劳动社会保障出版社，2013.

[9] 郑功成. 社会保障学[M]. 北京：中国劳动社会保障出版社，2005.

[10] 柏杰. 我国所适用的社会保障原则探讨[J]. 清华大学学报(哲学社会科学版)，2000(1)：30-35.

[11] 杨兆敏，陈媚娜. 人口结构变化：决定社会保障制度改革最终方向[N]. 工人日报，2007-11-21(7).

[12] 杨荣珍，孙然. 社会保障福利模式比较研究：选择性与普遍性[J]. 中国劳动，2007(11)：29-31.

[13] 孙光德，董克用. 社会保障概论[M]. 北京：中国人民大学出版社，2000.

[14] 吕学静. 各国社会保障制度[M]. 北京：经济管理出版社，2001.

[15] 张浩淼. 社会保障制度安排的模式及其比较[J]. 学习与实践，2008(1)：124-136.

[16] 斯密. 国民财富的性质及其原因的研究：下卷[M]. 北京：商务印书馆，1994.

[17] 庇古. 福利经济学[M]. 北京：华夏出版社，2017.

[18] 胡威. 社会保障制度及其政治价值原则研究：以社会正义为视角[D]. 长春：吉林大学，2005.

[19] 凯恩斯. 就业、利息和货币通论[M]. 北京：商务印书馆，1993.

[20] 郑功成. 社会保障学：理念、制度、实践与思辨[M]. 北京：商务印书馆，2000.

[21] 肖压梅，尹盼盼. 社会学理论视野下的社会保障[J]. 劳动保障世界(理论版)，2013(3)：4-6.

[22] 韩沛伦，马中英. 贝克“风险社会”理论批判[J]. 青海社会科学，2007(5)：17-21.

[23] 肖水源，杨德森. 社会支持对身心健康的影响[J]. 中国心理卫生杂志，1987(4)：183-187.

[24] 丘海雄，陈健民，任焰. 社会支持结构的转变：从一元到多元[J]. 社会学研究，1998(4)：3-5.

[25] 郑杭生. 转型中的中国社会与中国社会的转型[M]. 北京：首都师范大学出版社，1996.

[26] 马斯洛. 动机与人格[M]. 徐金声，程翰翔，译. 北京：华夏出版社，1987.

[27] 汤剑波. 现代社会保障的道德基础研究[M]. 北京：中国社会科学出版社，2014.
[28] 巴里. 福利[M]. 储建国，译. 长春：吉林人民出版社，2005.
[29] 萨逊，丁怡. 欧洲福利国家：历史演变与改革现状[J]. 社会保障研究，2008(1):23－33.
[30] 罗尔斯. 正义论[M]. 何怀宏，等译. 北京：中国社会科学文献出版社，1998.
[31] 魏新武，张建新. 五十个国家社会保障制度[M]. 北京：劳动人事出版社，1995.
[32] 邹根宝，郝群. 若干发达国家社会保障制度改革的比较[J]. 世界经济文汇，2000(2):50－56.
[33] 胡平生，张萌. 礼记:上[M]. 北京：中华书局，2017.
[34] 丁建定. 社会保障概论新编[M]. 北京：中国人民大学出版社，2016.
[35] 黄清敏. 三国时期宗族组织探略[J]. 广西社会科学，2003(1):142－144.
[36] 王文涛. 汉代民间互助保障的主体：宗族互助[J]. 学术交流，2006(11):172－175.
[37] 王卫平. 明清时期残疾人社会保障研究[J]. 江海学刊，2004(3):135－140＋223.
[38] 毕天云，刘梦阳. 中国传统宗族福利体系初探[J]. 山东社会科学，2014(4):37－41.
[39] 郭艳红. 宗法制度影响下的同乡互助[J]. 企业导报，2016(1):99.
[40] 潘荣陛. 帝京岁时纪胜[M]. 北京：北京古籍出版社，1983.
[41] 李珍. 社会保障理论[M]. 3 版. 北京：中国劳动社会保障出版社，2013.
[42] 战建华. 农村五保供养制度的历史演变[J]. 经济与社会发展，2010(5):86－89.
[43] 岳经纶，陈泽群，韩克庆. 中国社会政策[M]. 上海：格致出版社，2009.
[44] 郑秉文. 全国社会保障基金理事会管理体制的转型与突破:写在基本养老基金投资进入市场之际[J]. 辽宁大学学报(哲学社会科学版)，2017(3):1－25.
[45] 穆怀中. 社会保障国家比较[M]. 北京：中国劳动社会保障出版社，2014.
[46] 孙光德，董克用. 社会保障概论[M]. 北京：中国人民大学出版社，2015.
[47] 邓大松，刘昌平. 社会保障管理[M]. 北京：中国人民大学出版社，2011.
[48] 邓大松，丁怡. 国际社会保障管理模式比较及对中国的启示[J]. 社会保障研究，2012(6):3－8.
[49] 罗志先. 关于完善我国社会保障管理体制的法律思考[J]. 新疆社会科学，2004(5):68－73.
[50] 宋士云，吕磊. 中国社会保障管理体制变迁研究(1949—2010)[J]. 贵州财经学院学报，2012(2):65－72.
[51] 陈少晖. 养老金来源：马克思的观点与新古典学派的解析[J]. 当代经济研究，2003(4):36－40,73.
[52] 孟祥宁. 中国城镇居民养老保险对消费行为的影响研究：基于 Feldstein 生命周期假说模型[J]. 桂海论丛，2013(2):53－57.
[53] 杨燕绥. 我国居民养老保险进入机制建设轨道[EB/OL]. (2018－04－02) [2018－12－24]. http://www.mohrss.gov.cn/SYrlzyhshbzb/dongtaixinwen/buneiyaowen/201804/t20180402_291433.html.
[54] 齐鹏. 中国城乡居民养老保险问题研究[D]. 济南：山东大学，2016.
[55] 温海红，师山霞，李瑶. 城乡居民社会养老保险缴费水平及其影响因素：基于陕西省三市的调查[J]. 西安交通大学学报(社会科学版)，2014(1):77－83.
[56] 李唐宁. 人社部酝酿城乡居民养老保险基金投资[N]. 经济参考报，2017－08－23(3).
[57] 孙光德，董克用. 社会保障概论[M]. 5 版. 北京：中国人民大学出版社，2016.

[58] 人力资源和社会保障部. 中国社会保险发展年度报告2015[M]. 北京：中国劳动社会保障出版社，2016.
[59] 白天亮. 养老基金投资不等于买股票[N]. 人民日报，2016-04-26(13).
[60] 穆怀中. 社会保障国际比较[M]. 3版. 北京：中国劳动社会保障出版社，2014.
[61] 马蔚姝. 医疗保险费用控制的制衡机制研究[D]. 天津：天津大学，2010.
[62] 王虎峰. 医疗保障[M]. 北京：中国人民大学出版社，2011.
[63] 马斌. 社会保障学[M]. 北京：科学出版社，2015.
[64] 国锋，孙林岩. 患者道德风险与医生诱导需求的影响与控制[J]. 中国卫生经济，2004(7):77-78.
[65] 郑荣鸣. 社会医疗保险的经济学分析[J]. 经济学动态，2004(7):60-63.
[66] 郭晋辉. 仅17%农民工有城镇医保 专家呼吁全民统一医保[EB/OL]. (2017-11-27)[2019-02-02]. https://www. yicai. com/news/5377963. html.
[67] 王泽鉴. 民法学说与判例研究:第三册[M]. 北京：中国政法大学出版社，2005.
[68] 李满奎. 强制性工伤保险制度研究[D]. 重庆：西南政法大学，2014.
[69] 王丽. 我国工伤保险制度的现状特点和展望[J]. 中国人力资源社会保障，2018(4):32-34.
[70] 李文琦. 日本失业保险制度的运行及对中国的借鉴[J]. 陕西行政学院学报，2010(1):32-34.
[71] 韩克庆，唐钧. 贫困概念的界定及评估的思路[J]. 江苏社会科学，2018(2):24-30.
[72] 雷诺兹. 微观经济学[M]. 马宾，译. 北京：商务印书馆，1993.
[73] 森. 以自由看待发展[M]. 北京：中国人民大学出版社，2012.
[74] 青连斌. 贫困的定义和类型[N]. 学习时报，2006-06-05(5).
[75] 虞崇胜，余扬. 提升可行能力：精准扶贫的政治哲学基础分析[J]. 行政论坛. 2016(1):22-25.
[76] 联合国开发计划署. 1997年中国人类发展报告:《人类发展与减贫》[R/OL]. (2013-10-09)[2019-01-04]. https://www. cn. undp. org/content/china/zh/home/library/human_development/china-human-development-report-1997. html.
[77] 纳拉扬. 谁倾听我们的声音[M]. 付岩梅，译. 北京：中国人民大学出版社，2003.
[78] 厄延. 减少贫困的政治[J]. 国际社会科学杂志(中文版)，2000(4):43-48，4.
[79] 世界银行. 贫困与对策[M]. 北京:经济管理出版社，1996.
[80] 张朋辉. 世界银行十年来首次上调国际贫困线标准[N]. 人民日报，2015-10-06(3).
[81] 林万亿. 福利国家:历史比较的分析[M]. 台北:巨流图书公司，1994.
[82] 张开云. 社会保障学导论[M]. 2版. 北京：科学出版社，2015.
[83] 全国减灾救灾标准化技术委员会. 自然灾害灾情统计:第1部分 基本指标：GB/T24438.1-2009[S]. 北京:中国标准出版社，2009.
[84] 祝明. 国际自然灾害救助标准比较[J]. 灾害学，2015(2):138-143.
[85] 关信平. 关于全面建立临时救助制度应当注意的几个问题[J]. 中国民政，2015(7):19-21.
[86] 关信平. 朝向更加积极的社会救助制度：论新形势下我国社会救助制度的改革方向[J]. 中国行政管理，2014(7):16-20.
[87] 谢勇才，丁建定. 从生存型救助到发展型救助:我国社会救助制度的发展困境与完善路

径[J]. 中国软科学,2015(11):39－49.
[88] 兰剑,慈勤英. 中国社会救助政策的演进、突出问题及其反贫困突破路向[J]. 云南社会科学,2018(4):32－38.
[89] 吉登斯. 第三条道路[M]. 北京:北京大学出版社,2000.
[90] 刘波. 当代英国社会保障制度的系统分析与理论思考[D]. 上海:华东师范大学, 2005.
[91] 崔凤鸣. 美国《残疾人教育法》与残疾人高等教育[J]. 比较教育研究,2006(10):70－72,81.
[92] 黄苏宁. 美国社会保障制度及残疾人福利政策的考察与启示[J]. 中国残疾人, 2009(3):50－51.
[93] 余向东. 美、德、日三国残疾人社会保障法律制度概览[J]. 当代世界,2011(2):63－66.
[94] 刘玉梅, 刘红梅. 跨文化背景下的人类学视角的研究:西方儿童发展研究概述[J]. 齐鲁师范学院院报, 2011(12):17－20.
[95] 彭绮娴. 德国儿童公共服务研究[D]. 武汉:华中科技大学, 2015.
[96] 赵毅博. 日本养老保障体系研究[D]. 长春:吉林大学, 2014.
[97] 曹立前. 社会救助与社会福利[M]. 青岛:中国海洋大学出版社,2006.
[98] 北京师范大学壹基金公益研究院, 儿童福利研究中心, 联合国儿童基金会. 2011 年中国儿童福利政策报告[R/OL]. (2012－08－21)[2019－01－30]. https://www. unicef. cn/reports/child-welfare-china-stocktaking-report－2011.
[99] 郑功成. 中国社会福利的现状与发展取向[J]. 中国人民大学学报,2013(2):2－10.
[100] 沈光芹. 论军人社会保障的现状及发展[J]. 社会科学研究, 1998(2):3－5.
[101] 张凡, 严湘军. 我国军人社会保障体系构想[J]. 军事经济研究, 2001(4):51－53.
[102] 樊曼莉. 中美军人社会保障理论基础比较[J]. 军事经济研究, 2004(7):45－49.
[103] 丁学娜, 林闽钢. 职业福利的定位及其发展趋势[J]. 社会保障研究, 2013(3):92－99.
[104] 丁学娜. 中国企业职业福利发展研究[J]. 浙江学刊, 2016(3):211－220.
[105] 何旎,郑莉莉. 企业年金的国际经验借鉴[N]. 中国社会报, 2018－07－02(7).
[106] 葛佳. 人社部前副部长:建议强制推行企业年金, 与职业年金统一起来[EB/OL]. (2018－03－04)[2019－02－01]. https://www. thepaper. cn/newsDetail_forward_2015008.
[107] 齐传钧. 中国企业年金的发展历程与展望[J]. 开发研究, 2017(4):13－19.
[108] 陈斌. 改革开放以来慈善事业的发展与转型研究[J]. 社会保障评论, 2018(3):148－159.
[109] 菅宇正. 筹款总额超 25 亿, 公募慈善组织参与偏低[N]. 公益时报, 2018－03－06(8).
[110] 许琳. 社会保障学[M]. 北京:清华大学出版社,2012.
[111] BEVERIDGE W H. Social insurance and allied services[M]. London: HMSO,1942.
[112] CAPLAN G. The family as a support system[M] //CAPLAN G,KILLILEA M. Support system and mutual help: multidisciplinary explorations. New York:Grune & Stratton,1974.
[113] BARRERA M,AINLAY S L. The structure of social support: a conceptual and empirical analysis[J]. Journal of Community Psychology,1983(11):133－143.
[114] LIN N,ALFRED D,WALTER M E. Social support, life events and depression[M]. Salt lake: American Academic Press,1986.

[115] Social Security Administration. Social security programs throughout the world: 1999 [M]. Washington: United States Government Printing Office, 1999.
[116] COHENS, WILLSTA. Stress, social support, and the buffering hypothesis[J]. Psychological Bulletin, 1985(2): 310－357.
[117] HALLERöD B, LARSSON D. Poverty, welfare problems and social exclusion[J]. International Journal of Social Welfare, 2008(17): 15－25.
[118] Townsend P. The international analysis of poverty[M]. New York: Routledge, 2013.
[119] KLOSSE S, HARTLIEF T. Shifts in compensating work-related injuries and diseases [M]. Vienna, AUT: Springer Vienna, 2007.
[120] DAU-SCHMIDT K G, HARRIS S D, LOBEL O. Labor and employment law and economics[M]. Northampton: Edward Elgar Publishing, 2009.
[121] ALCOCK, P. Understanding poverty[M]. London: The Macmillan Press Ltd. 1993.
[122] BYRNE. Social exclusion[M]. London: McGraw-Hill Education (UK), 2005.
[123] GANS H J. The war against the poor[M]. New York: Basic Books, 1995.
[124] WILENSKY H L, LEBEAUX C N. Industrial society and social welfare[M]. New York: The Free Press. 1965.
[125] RICHARD T. The social division of welfare: some reflections on the search for equity [M] //RICHARD T. Essays on the welfare state. London: Allen and Unwin, 1958.
[126] GREVE B. Occupational welfare: winners and losers[M]. Massachusetts: Edward Elgar Publishing, 2007.
[127] FARNSWORTH, K. Welfare through work: an audit of occupational social provision at the turn of the new century[J]. Social Policy and Administration, 2004(38): 437－556.
[128] WRIGHT, A. Reward Management in Context[M]. London: CIPD Publishing, 2004.
[129] FARNSWORTH, K. Corporate power and social policy in a global economy[M]. Bristol: The Policy Press, 2004.